中国法官

第二辑

王贵国 主编

法律出版社
LAW PRESS·CHINA

感谢
国家空管法规标准研究中心
北京航空航天大学航空法律和标准研究所
对本书出版所做的贡献

序

《中国法官》第一辑承万鄂湘副委员长作序。第二辑不好再麻烦他，我当然也不必写什么序。然文稿付梓之际，再次翻阅各位法官同学的大作，脑海中自然浮现出他/她们孜孜不倦学习的情景和探寻知识的眼神，令我情不自禁地拿起了笔。

《中国法官》的出版是为了展现内地法官的内心世界，让读者在法官娓娓的倾诉中感受中国的司法环境，体味中国的司法文化，见证中国的司法改革。自2013年4月《中国法官》第一辑出版以来，中国内地的司法制度和环境发生了重要变化。正所谓"春江水暖鸭先知"，这些变化自然反映在我们法官的文章中。"文如其人"。我们的法官同学通过文章既表现出其人性化的一面，又展现出其专业化的一面，既表现出其对司法改革的殷切期盼，又展现出其分析、解决、反思法律问题的能力。或可说，这些文章的共通之处是"接地气"，即法官们的分析是基于实践，故建议和方案具可操作性，至少在他/她们影响所及的范围应有直接作用。

出于对知识的追求、对了解外部世界的渴望，我们的法官同学在不惑之年远离亲人，负笈担簦到香港城市大学求学。虽然授课的时间仅及一载，但他/她们勤奋好学、刻苦努力的精神却深深地感动了全体教师和同学。功夫不负有心人。《中国法官》第二辑收入的文章无不在字里行间浸透出作者求学的艰辛。让我们应该向他们致敬!

《中国法官》第二辑的出版,适逢一些高级法官法学博士论文成功答辩之时。这些作品势将成为外部世界了解内地法律制度、司法制度和运作以及司法改革的窗口。

本书的出版一如既往地得到了香港城市大学司法教育与研究中心、法学院同仁的鼎力协助,得到了国家空管法规标准研究中心、北京航空航天大学航空法律和标准研究所的资助,以及法律出版社朱宁分社长和黄琳佳编辑的积极合作。在此,特向诸位同仁和支持者深表谢忱!

《中国法官》第一辑出版时,我曾言一本书难以准确展现中国法官的全貌。《中国法官》第二辑的出版虽然提供了进一步了解内地法官的机会,但充其量也只是管窥一斑。“路漫漫其修远兮”。相信大家的不懈努力定将使中国的法官走向世界,让世界全面了解中国法官。

王贵国
香港城市大学司法教育与研究中心主任
中国法与比较法讲座教授
二〇一四年二月一日

目录

2012年中国法官法学博士课程(JSD)

王玮，男，1961 年 6 月出生，毕业于山东大学法学专业，大学学历，法律硕士学位，香港城市大学在读法学博士研究生；1977 年参加工作；1988 年考入法院，先后在日照市人民法院和日照市中级人民法院任书记员、助理审判员、审判员、副庭长、办公室主任、审委会委员、副院长，2010 年任山东省菏泽市中级人民法院院长，同时兼任中国法学会审判理论研究会刑事审判专委会委员，山东省法学会刑法学研究会副会长，山东省刑事诉讼法学会常务理事，山东大学刑事司法与刑事政策研究中心研究员，山东曲阜师范大学、山东政法学院教授，山东法官培训学院教官。

王玮在刑法学、刑事诉讼法学、刑事证据法学领域有一定的理论研究和丰富的审判、教学实践经验。从 20 世纪 90 年代以来，他多次作为授课教师参加最高人民法院和省高级人民法院组织的法官培训活动，为多所高校学生授课和做专题讲座，曾多次作为法官代表到美国、韩国、中国香港考察学习。先后在《中国刑事法杂志》、《山东审判》等报刊上发表论文数十篇，担任主编或者副主编出版《法官职业道德与行为规范概论》等三部法学类著作。承担全省法院的重点调研课题五次，成果在省级期刊上刊发。

浅谈法官层级遴选制度在我国之实践与构建

——以S省H市中级人民法院为例

王　玮*

法官遴选制度是法官制度的重要组成部分，是指规定法官资格、选任法官机制的行为准则。[1] 它包括法官的任职资格和法官的选任机制。法官选任的形式多样，包括采取从社会招录公务员的方式选任法官或者拟任法官人员，[2] 或者自军转安置人员中选任，或者自基层法院选调生、法官等人员中选任。本文所论法官层级遴选制度，是指各级法院法官出现缺额时，必须从其下一级人民法院的法官中选任的制度。具体而言，最高人民

---

* 作者为山东省菏泽市中级人民法院院长、香港城市大学2012级中国法官法学博士班学员。

〔1〕 王琦："我国法官遴选制度的检讨与创新"，载《当代法学》（双月刊）2011年第4期（总第148期）。

〔2〕 选任法官，是指从符合条件的人员中直接选取并任命为助理审判员以上职务的法官。选任拟任法官人员，是指从符合法官资格的人员中选取，但暂不直接任命法官，待合适条件成就时即任命为助理审判员以上职务的法官。本文将选任法官或者选任拟任法官人员放在一起进行分析，是因为S省H市中级人民法院对拟任法官的选任，其实就是为法官选任而进行的，只是任命条件尚待成就。

法院的法官出现缺额时，应当从高级人民法院的法官中选任；高级人民法院的法官出现缺额时，应当从中级人民法院的法官中选任；中级人民法院的法官出现缺额时，应当从基层人民法院的法官中选任。据此，任何一名法官必须从基层人民法院任职开始，且任何一名上级人民法院的法官必须具有下一级人民法院法官的履职经历。法官层级遴选机制虽然已经最高人民法院改革纲要所论及，也在我国司法机关进行了许多的实践，但是制度的不完善、实践的非规范化以及人们对其必要性认识的不足等问题依然存在。

因此，本文试图根据S省H市中级人民法院2003年以来法官或拟任法官选任情况为例，分析法官层级遴选制度在我国中级人民法院法官或拟任法官人员选任层面的实践状况，进而论证该项制度建构的必要性，并提出在我国完整地建立该项制度的构想。

一、选任法官或拟任法官人员之实践

S省H市中级人民法院自2003年以来，选任法官或拟任法官人员总数为84名。其中：从社会招录74名公务员中，有48名已被任命为法官，有15名待任命；自基层人民法院招录的7名选调人员中，有4名已被任命为法官，有3名待任命；自基层人民法院调入的11名人员中，有10名已被任命为法官，有1名待任命；军转安置3名人员中，有1名已被任命为法官，有2名待任命。[1] 具体呈现出以下几个特点：

（一）自基层人民法院之外选任表现为从社会直接公开招录公务员为常态，军转安置为非常态

选任法官或拟任法官人员，是指法院根据法官法规定的条件，自符合初任法官条件的人选中选拔任用法官或拟任法官人员的机制。[2]《法官

---

〔1〕 文中所引用的相关数据均来源于S省H市中级人民法院组织人事部门提供的统计报表。

〔2〕 根据《法官法》第9条、第12条的规定，我国初任法官必须具备的条件是：具有中华人民共和国国籍；年满23岁；拥护宪法；有良好的政治、业务素质和良好的品行；身体健康；高等院校法律专业本科毕业或者高等院校非法律专业本科毕业具有法律专业知识，从事法律工作满2年，其中担任高级人民法院、最高人民法院法官，应当从事法律工作满3年；获得法律专业硕士学位、博士学位或者非法律专业硕士学位、博士学位具有法律专业知识，从事法律工作满1年，其中担任高级人民法院、最高人民法院法官，应当从事法律工作满2年；通过国家统一司法考试取得资格。

法》规定了初任法官的条件，但没有限定上级人民法院自行选任法官的来源。也就是说，上级法院既可以从社会直接招录法官或法官拟任人员，也可以从基层人民法院层级遴选，还可以从其他单位调入。实践中，中级人民法院以对社会公开招录公务员的方式，逐年选拔任用初任法官呈现出常态化特征。（详见表1）

表1　S省H市中级人民法院2003～2012年从基层人民法院之外选任法官或拟任法官人员情况表〔1〕

类别 人数 年份	2003年	2004年	2006年	2007年	2008年	2009年	2010年	2011年	2012年
招录	10	8	8	6	7	7	6	8	3
军转安置						1	1	1	

表1的内容反映出，S省H市中级人民法院自2003年以来从社会公开招录选任的法官或拟任法官人员63名，占全部选任法官或拟任法官人员总数84名的75%；军转安置方式任命法官1名，待任命2名，占全部选任法官或拟任法官人员总数的3.57%。这一数据显示近十年以来，S省H市中级人民法院的法官或拟任法官人员的选任更多地来自于从社会直接公开招录公务员，而军转安置的方式则不具有规律性和常态性。

（二）层级遴选表现为逐年较少数量地从基层人民法院选调人员〔2〕中招录，或者非规律地从基层人民法院调入

最高人民法院于1999年提出，逐步建立上级人民法院的法官从下级人民法院的优秀法官中选任的制度，〔3〕要求改革原有的法官来源渠道。此后，最高人民法院于2004年进一步提出逐步推行上级法院法官主要遴选自下级人民法院的制度，要求，探索在一定地域范围内实行法官统一招

〔1〕表中所引用的相关数据均来源于S省H市中级人民法院组织人事部门提供的统计报表。2005年和2013年该市中级人民法院没有招录公务员，也没有接受军转安置人员，所以表中没有设计这两年内容。

〔2〕选调人员，是指经组织部门批准，由省级法院系统会同同级组织部门联合选调到基层人民法院工作的应届优秀大学毕业生。

〔3〕《人民法院五年改革纲要（1999－2003）》第32条规定。

录并统一分配到基层人民法院任职的制度。逐步推行上级人民法院法官主要从下级人民法院优秀法官中选任以及从其他优秀法律人才中选任的制度。[1] 2009年最高人民法院在法官层级遴选制度上又推进一步规定，最高人民法院、高级人民法院和中级人民法院遴选或招考法官，原则上从具有相关基层工作经验的法官或其他优秀的法律人才中择优录用。[2] 根据人民法院改革纲要的精神，S省H市中级人民法院于2008年开始逐年少量地从基层人民法院遴选法官或拟任法官人员；同时，该院还根据法院干部任用惯例非规律性地从基层人民法院调入部分法官。（详见表2）

表2 S省H市中级人民法院2006～2013年从基层人民法院选任法官或拟任法官人员情况[3]

类别 人数 年份	2006年	2007年	2008年	2009年	2010年	2011年	2012年	2013年
招录选调生			1	1	2	2	1	
基层人民法院调入	1	3		2			4	1

通过表2可以看出，采用招录选调生的方式，从基层人民法院选任法官或拟任法官人员的数量合计为7名，占2003年以来全部选任法官或拟任法官人员总数的8.33%；采用从基层人民法院调入的方式，选任法官或拟任法官11名，占2003年以来全部选任法官或拟任法官人员总数的13.1%。

（三）层级遴选人员表现为选调人员的年龄低、职务低、学历高和审判经验不足的现象，以及调入人员的职务高、年龄中等偏高、在职教育学历较多和审判一线法官缺乏的现象

最高人民法院改革纲要提出，要从基层人民法院具有基层工作经验的优秀法官中择优录用为上级法院的法官。这一标准强调的是法官职业

[1] 《人民法院第二个五年改革纲要（2004－2008）》第37条规定。

[2] 《人民法院第三个五年改革纲要（2009－2013）》第14条规定。

[3] 表中所引用的相关数据均来源于S省H市中级人民法院组织人事部门提供的统计报表。2003年到2005年之间该院没有从基层人民法院选任选调生，也没有调入人员，所以表中没有设计这三年的内容。

能力和职业品德的优秀,但是,实践中上级法院在遴选法官或者拟任法官人员过程中,往往较多地考虑所在法院的法官职级结构、年龄结构等现实因素,更倾向于层级遴选一些年龄较轻、职务较低和具有较高学历层次的人员,而对于他们的审判经历则没有过多的要求。(详见表3)

表3　S省H市中级人民法院2008~2012年自基层人民法院招录选调人员情况〔1〕

年份 \ 人数 \ 遴选人员基本情况		年龄	职务	学历、学位	基层人民法院工作年限	工作部门	办案件数
2008年	1	27	助理审判员	大学、法律硕士	6年	民二庭	168
2009年	1	24	助审员、副科	大学、法律硕士	3年	研究室	0
2010年	1	26	审判员、科员	法学硕士研究生	4年	研究室	0
	1	27	科员	大学、法学学士	3年	研究室	0
2011年	1	25	审判员、科员	大学、法学学士	4年	研究室	0
	1	24	科员	大学、法学学士	3年	审监庭	0
2012年	1	30	科员	大学、法学学士	7年	执行局	0

表3记载的内容,反映出S省H市中级人民法院自2008年以来逐年从选调人员中遴选的法官或拟任法官人员的情况:遴选人员中平均年龄

〔1〕 表中办案情况的统计数据来自S省H市人民法院的“审判业务管理系统”。另外,因为其他年份没有招录选调生,所以,此表有关数据只统计招录的相关年份。

为26岁,最大的为30岁,最小的为24岁;有1名副科级助理审判员,2名科员级审判员,其他4名均为科员级助理审判员或科员级无审判职务人员;学历普遍为全日制大学以上学历,其中法学学士学位4名,法学或法律硕士学位3名;7人在基层人民法院平均工作年限为4.3年,最长工作年限为7年,最短工作年限为3年;有4名从事研究室工作背景,只有3名在审判执行部门工作,且6名没有办过案件。

目前,从基层人民法院层级遴选的人员,除了选调生外就是通过市组织部门调入的基层人民法院的领导干部或者部分特殊需要的优秀人才。这些人员的调入,通常是在法院换届之时,为解决领导干部的职务安排而进行的,或者根据需要而个别的调整调入。(详见表4)

表4 S省H市中级人民法院2006~2013年自基层人民法院调入人员情况〔1〕

调入人员情况 年份	人数	年龄	职务	学历、学位		基层法院工作年限	到基层法院任职前部门	审判工作经历
				全日制教育	在职教育			
2006年	1	52	院长	高中	大学(法律专业)	4年	中院刑庭	15余年
2007年	1	39	院长	大学、法学学士	研究生(政治学)	5年	中院执行局	15余年
	1	49	院长		大学(法律专业)	5年	基层人民法院	20余年
	1	54	院长		大学(法律专业)	11年	县委组织部	11余年
2009年	1	40	副院长	大学、法学学士		4年	中院审监庭	20余年
	1	44	政治处处长	中专(会计专业)	大学(财政专业)	3年	中院执行庭	4年

〔1〕表中所引用的相关数据均来源于S省H市中级人民法院组织人事部门提供的统计报表。对于2003年到2013年之间该院没有从基层人民法院调入人员的年份,表中均没有设计这些年的内容。

续表

调入人员情况 年份	人数	年龄	职务	学历、学位		基层法院工作年限	到基层法院任职前部门	审判工作经历
				全日制教育	在职教育			
2012 年	1	42	院长	大学、法学学士	法律硕士	10 年	中院研究室	15 余年
	1	51	院长	中专（预审专业）	大学（法律专业）	4 年	县民政局	4 年
	1	50	院长	大学、工学学士	大学（法律专业）	4 年	乡镇	4 年
	1	51	院长	高中	大学（法学专业）	4 年	中院审监庭	20 余年
2013 年	1	42	主任	大专（政教专业）	大学（政治教育）	19 年	教委	

表 4 记载的内容显示，从基层人民法院调入的人员年龄在 39 岁到 49 岁的 6 名，50 岁以上的 5 名；担任基层人民法院院长或副院长的 9 名，中层负责人的 2 名；学历中在职教育多于全日制教育，有少数是非法学教育背景的；多数到基层人民法院工作之前具有在法院工作或长期从事审判岗位的经历，而较少数人员为党委等非法院单位的，且在调入中级人民法院前 4 年或 5 年间均没有在审判一线岗位直接办理案件的经历。

二、法官层级遴选制度建构之必要性

S 省属于中国东部沿海发展较快的省份，而 H 市属于 S 省人口较多的欠发达地区，同时又比邻中国中部和部分沿长江省份，因此，其法院工作的发展状况既有东部地区特点，又含有中部地区成分。因此，H 市中级人民法院对于法官层级遴选的实践，能够在一定程度上体现出我国人民法院目前对法官层级遴选的实际状况。对照《人民法院第三个五年改革纲要（2009－2013）》提出的各级人民法院遴选法官原则上从具有基层工作经验的法官中择优录用[1]的要求，结合S省H市中级人民法院的实践，可以发现法官层级遴选在我国人民法院没有刚性的制度建构；各地人民法院对此项制度的重要性也没有形成长远的认识，在实施中往往没有长远规划，只考虑眼前利益，表现出非规律的任意性；所选人员要么是有理论而实践欠缺，要么多为法院领导人员，且较长时间脱离审判一线。这些问题的存在，均难以满足上级法院对职业化法官遴选的需要，因此，有必要进一步强调建构法官层级遴选制度的必要性。

（一）法官层级遴选制度的构建有利于我国四级人民法院不同职责的落实

我国《法院组织法》规定了人民法院的四级二审终审制度，[2]同时《刑事诉讼法》、《民事诉讼法》以及《行政诉讼法》也对此作出了相应的规定。该项制度明确了最高人民法院、高级人民法院、中级人民法院和基层人民法院对一审案件的不同审判职责，同时，又赋予了上一级人民法院对下一级人民法院的二审审判监督权，且最高人民法院还有司法解释权利。这些不同层次的职责要求，体现出法律设置不同层级的人民法院是根据案件的难易程度的标准确定的；案件复杂程度越高，人民法院的层级也相应提高。因此，越高层级人民法院的法官职业素质要求也相应地越高。所以，那些认为各级人民法院法官的能力都应当是一样的观点，显然是一种理论上的空想，也不符合法律对于四级人民法院职责设置的要求。既然上一级人民法院的法官审理的案件要复杂于下一级人民法院的法官所审理的案件，而且还要监督指导下一级人民法院的法官的审判，那么，上一级人民法院的法官就一定要比下一级人民法院的法官职业能力强，且必然要胜任下一级人民法院的法官职责。如此，上一级人民法院的法官必须具有在下一级人民法院的法官岗位上的良好履职经历。

---

〔1〕《人民法院第三个五年改革纲要（2009－2013）》第14条规定："完善法官招录培养体制。配合有关部门完善法官招录办法。最高人民法院、高级人民法院和中级人民法院遴选或招考法官，原则上从具有相关基层工作经验的法官或其他优秀的法律人才中择优录用。建立选任法官的综合素质全面考察标准……"由于本文只是谈层级遴选法官，因此就没有提及该纲要所提的"其他优秀的法律人才"的问题。

〔2〕《法院组织法》第11条、第24条、第27条、第29条、第31条和第32条规定。

（二）法官层级遴选制度有利于法官职业能力的提高

法官职业能力，是指法官审查证据，形成心证予以确认事实，并运用法律分析法律关系，解决当事人诉辩争议的职业能力。其具体包括判断事实、适用法律和化解纠纷的能力。这三项能力中，除了法律适用能力可以通过较多的理论学习而不断地提高之外，其他两项能力都必须通过大量的司法实践才能够有效地提高。层级遴选制度恰恰有利于鼓励在基层人民法院或者下一级人民法院工作的法官努力参与司法实践，而正是那些在实践中职业能力得到真正提高的法官，才得以承担上一级人民法院更加复杂的审判职责。同时，层级遴选制度也迫使每一位有志成为职业法官的人员，必须从基层人民法院履职开始，逐渐晋升至上级法院的法官，乃至成为最高人民法院的法官。如此层层遴选优秀法官，将会对全国四级人民法院法官的整体职业能力的提高，产生巨大的推动作用。

（三）层级遴选制度有利于法官职业品格的塑造

法官职业品格，是指法官在履行审判职责过程中表现出的公正、廉洁和为民的良好品质和风格。法官的职业品格不仅对外代表了法官的形象，而且也会直接影响法官职业能力的正确发挥。如果没有良好的法官职业品格，法官职业能力越强的法官，其违背良心曲解事实、歪曲法律本意、滥用审判程序的能力，也会变得越强，危害性也会更大。所以，良好的法官职业品格是法官正确行使职责所不可缺少的内在素养。正是因为其为内在的职业素养，人们难以采取一般的方法获知，所以只有通过法官较长时间的司法实践状况来判断。下级人民法院的法官要晋升到上一级人民法院的法官，必须具备良好的法官职业品格，而只有对那些审判过一定时间一定数量案件的法官才能考察清楚。这就要求那些具有晋升愿望的基层人民法院的法官或者下一级人民法院的法官，在日常的审判工作过程中努力自觉地培养自己的职业品格，以满足上一级人民法院的层级遴选需要。

三、法官层级遴选制度之构建

法官层级遴选制度符合我国人民法院四级二审终审制的不同职责划分需要，有利于法官职业能力和职业品格的培养，而实践中作为具有承上启下重要作用的中级人民法院却没有完全彻底地实施法官层级遴选制度，就使得该项制度应有的优越性发挥不出来。这就要求中级人民法院在今后法官选任时，必须从基础法院法官中择优遴选，而不是像目前这样仅仅从部分选调生选任或从院长等领导中调任。省级以上的人民法院也应当逐层择优遴选，最终达到各级法院的法官都经过下面各级法院审判工作的历练，并具备丰富的审判实践经验和理论适用以解决纠纷的能力，而不是只会著述立说在书本上谈论法律的所谓专家型法官。要真正实现这一目标，就必须建立刚性的法官层级遴选诸项制度，使之相互配套、相互支持。

（一）实行法官员额确定制与法院辅助人员分类管理制相结合的办法

S 省 H 市中级人民法院目前具有中央专项政法编制 248 名。从理论上说，只要符合《法官法》规定的法官任职条件，其所有在编人员都可以任命为法官，但是，目前 S 省 H 市中级人民法院具有法官 145 名，而真正在审判岗位上的只有 96 名，占全院法官总数的 66.21%。可见大量的法官并没有直接从事审判工作，而不断增加的大量案件需要更多的优秀法官去审判。这便是当前我国人民法院案多人少的实际现状。同时，上级法院遴选法官的制度没有完整地建立起来，实践中也没有刚性要求，所遴选的人员更多的是一些没有实际审判工作经验的法官，或者是上级法院需要的一些从事文字等审判辅助工作的人员，故而使为了遴选优秀法官而设置的层级遴选机制变成了遴选优秀法官辅助人员的途径；或者遴选的多是一些几乎不再办理案件的法院领导人员，故而使其变成了领导干部选拔的途径。因此，要真正彻底地实施法官层级遴选制度，就必须实现法官员额确定制度与法官辅助人员分类管理制度。根据各地人口的数量确定一定数额的法官员额限制，同时，根据法官员额比例确定一定数额的法官辅助人员，明确各自职责，分类进行管理。当法官员额不足时，明确规定必须从下一级人民法院的法官中层级遴选，而不能从法官辅助人员中遴选。优秀的法官辅助人员有能力和愿望从事法官职业时，可以参加基层法官的遴选以成为法官中的一员。

（二）规定层级遴选的法官必须达到的最低任职期限

从 H 市中级人民法院法官层级遴选的实践看，该院从基层人民法院选调生中遴选的法官或拟任法官人员,平均工作年限为4.3年;除去《法官法》规定的2年从事法律工作时间之外,这些人员担任法官的年限也只有2年多一些时间,甚至有的人员还没有被任命为法官;更重要的是他们中许多人没有办理过案件,只有极少数人员办理了部分案件,审判实际经验不足的问题是明显的。当然这些人员都具备潜在的法官优秀素养,经过进一步实践和培养定能成为优秀法官,况且目前已有人员成为市中级人民法院的审判业务能手,但是,相对于本文立论的基础是层级遴选最成熟和最优秀的法官进入上一级人民法院来说,这么短的法官任职期限和办案实践经验是有待弥补的。此外,从基层人民法院院长等领导干部中选调的法官,有的缺少直接从事审判工作的经历。因此,笔者建议上级法院层级遴选的法官必须在下一级人民法院任法官5年以上,并且必须每年实际参加一定数量的合议庭从事案件的审判工作。

(三)成立专门遴选机构,规范层级遴选程序

H市中级人民法院从基层人民法院选调生中选任法官或拟任法官人员的机构是H市公务员主管部门,其采取的程序也是公务员录用的步骤和方法;从基层人民法院院长等人员中调入的,则由H市党委组织部门负责,采用组织部门的领导干部选拔任用条例的规定。这些均不符合法官这一特殊职业层级遴选的客观需求,难以达到层级遴选最优秀法官的要求。所以,要实现本文所提的法官层级遴选机制,就必须根据最高人民法院关于"完善法官招录培养体制,配合有关部门完善法官招录办法"[1]的规定精神,成立有别于其他公务员录用或党政领导干部选拔任用的专门法官遴选机构。结合十八届三中全会有关司法人事权省级统一管理的改革目标,建议在省法院成立法官层级遴选委员会,委员由全省法院推选出的资深高级别法官担任,实行少数服从多数的表决原则。省法院人事部门为该委员会的具体办事机构。具体操作程序可以规定为:首先,各级法院法官缺额时要向省法院人事部门提出遴选要求;其次,省法院人事部门审查批准后,发出遴选公告,通知符合条件的人员提出参加遴选的申请;再次,省法院人事部门可以自行组织一定数额的遴选委员会委员进行

〔1〕《人民法院第三个五年改革纲要(2009-2013)》第14条规定。

考核或者面试，也可以委托中级人民法院人事部门依照该程序进行；最后，遴选的法官候选人需要根据现行的组织人事程序报省级党委组织人事部门批准，并依照规定提请权力机关任命。在这个过程中，要强调严格遵循最高人民法院有关“建立选任法官的综合素质全面考察标准”〔1〕的精神，建立对法官层级遴选的考核面试标准，包括法官庭审驾驭能力、裁判文书制作能力、纠纷化解能力以及法官职业品格能力等综合素质标准，以此确保选出最优秀的法官进入上级法院。

〔1〕《人民法院第三个五年改革纲要(2009－2013)》第14条规定。

卢祖新，1963年3月生，重庆璧山人，西南政法大学法学硕士，新加坡南洋理工大学管理经济学硕士，香港城市大学在读法学博士，现任重庆市第一中级人民法院院长，二级高级法官。

法律效果与社会效果相统一的理论认识与实践路径

——对人民法院审判工作效果的一个初步解释

卢祖新

近年来,从执政党到国家领导人都越来越重视公平正义在司法领域实现路径方法的革新再造,让运送正义的方式更加亲切和公开透明。同时,媒体时代的到来,让人民法院身处的话语模式和舆论环境、占有的资讯格局发生急剧变化,面临前所未有的压力。例如,李昌奎案、许霆案、彭宇案、邓玉娇案等在网络助推下引起全社会的广泛关注,形成"公案"。此时,法律效果与社会效果有机统一的作用更加凸显。作为一名身处其中的法院工作者,我对人民法院审判工作如何把握法律效果与社会效果,结合自身司法实践,形成了一些自己的想法。

一、法律效果与社会效果统一论的提出

我国提出法律效果与社会效果相统一有一个历史背景,那就是全国法院办理案件的效果不甚理想,涉诉信访情况较为严重。据最高人民法院2003年工作报告反映,1998年至2002年五年间,全国法院共接待处理群

众来信来访4224万件(人)次,而此五年间,全国各级法院总共才审结各类案件2962万件,可见“案结事不了”现象较为严重。在此形势下,追求办案法律效果与社会效果相统一逐渐被重视。1999年年初,最高人民法院开展了“坚持审判的法律效果与社会效果相统一”的大讨论活动。同年11月,最高人民法院出台的《全国法院民事案件质量工作座谈会纪要》中,明确提出“在审理新类型民事案件时,要注重探索,讲求社会效果”。2002年12月9日,最高人民法院副院长李国光同志在全国法院民商事审判工作会议上指出,“衡量人民法院审理民商案件质量的好坏的重要标准,就是看在办案中能否从党和国家的大局出发,始终坚持法律效果与社会效果的统一。注重案件审理的法律效果与社会效果,不仅是一个审判技巧问题,更是一个涉及审判观念及影响司法公正的重要问题”。2003年12月15日,最高人民法院肖扬院长在全国法院院长会议上指出,“要充分发挥聪明才智,化干戈为玉帛,变冤家为朋友,真正实现法院工作法律效果与社会效果的有机统一”。2004年4月7日,肖扬院长在全国法院纪检监察工作会议上再次指出,“人民法院在审判等各项工作要力争法律效果与社会效果的统一,每一起案件都要严格依法裁判,都要维护最广大人民群众的整体利益,惟从中国国情出发,从实际需要出发,从维护人民群众利益出发,严格依法办案,法律才有公信力,司法才有权威,这是法院工作最大实效,有的法院和法官不善于将法律效果与社会效果有机结合起来,影响了司法审判实效”。2006年4月11日,罗干同志在社会主义法治理念研讨班上明确指出,“牢固树立政法工作为全党全国工作大局服务的意识,始终坚持法律效果和社会效果的统一,坚决克服和有效防止单纯业务观点的倾向”。此后,坚持法律效果与社会效果相统一这一提法逐渐成为主流话语,出现在各种正式文件和上级精神当中,成为全国各级法院的办案要求。

此外,当前也有“政治效果、法律效果与社会效果有机统一”的提法。从中外司法的发展进程及各自特点来看,司法与政治具有天然的关系,两者并非孤立,更非对立。审判工作讲求政治效果具有正当性。我国的司法制度是中国特色社会主义司法制度,强调司法的政治性与法官的政治意识,是人民法院坚持正确的政治方向,是顺利开展各项审判工作的重要前提和政治保障。所以,政治效果无疑也是人民法院工作必须追求的效果。但我认为,政治效果是法律效果与社会效果的上位效果、集合效果,体现在法律效果与社会效果有机统一之中,体现在人民法院工作的宏观层面和整体性工作中,而具体的司法个案更多涉及法律效果与社会效果问题,为此我仅对法律效果与社会效果有机统一这一话题展开讨论。

二、对法律效果与社会效果统一论的理解

说到追求法律效果与社会效果相统一,或许有人会潜意识地认为这只是一个带政治色彩的口号,甚至还有人可能产生抵触情绪。其实我们细想之,追求法律效果与社会效果相统一,不仅有理论依据,也是现实所需,具有合理性与正当性。两千多年前,著名罗马法学家塞尔苏斯就指出:"认识法律不意味着抠法律的字眼,而是把握法律的意义和效果。"这其实就是主张追求法律效果与社会效果的相统一。我们既要坚持依法办案,在准确查明事实的基础上严格适用法律并作出正确裁判,但又绝不能仅仅满足于依法办案,而要以依法妥善化解矛盾、实现社会公平正义为目的,重视人民群众对裁判的认可和接受程度,努力实现法律效果和社会效果的有机统一。

我一直很关注学者关于司法民主化与司法职业化的论争。我非常赞同陈忠林教授提出的"三常理论"即常识、常情、常理。可以说这是有效实现法律效果与社会效果相统一的必不可少的"润滑剂"。如果司法缺乏常识、常情、常理,与社会民众长期所普遍认同的基本经验、基本道理、基本情感相背离,必然会导致司法恣意和骄横,以致司法产品质量必然不好,司法公信度必然不高,司法权威性也必然大打折扣。

(一)什么是法律效果与社会效果

法律效果是指通过审判活动使法律包括程序法和实体法得到严格遵守和执行,从而发挥法律对社会生活的规范和调节作用。换言之,就是通过司法过程把停留在纸面上的法变为现实中的法,以发挥其应有的作用。它依据于法律条文,侧重于形式逻辑的推理,偏向于法的外在价值的实现特别是规范价值的实现。法律效果的评价标准主要有正确适用法律、审判过程遵从法律程序、法的规范作用得以发挥等。简言之,就是"执行了

法律、表达了法律、彰显了法律价值”。

社会效果则指通过审判活动维护社会公平正义，化解矛盾纠纷，体现国情民意，从而使审判结果得到社会认可。它依据于法律和政策，侧重于辩证逻辑的推理，偏向于法的内在价值的实现特别是正义价值的实现。它强调审判行为的社会意义和目的，注重司法裁判对社会产生的影响和作用。社会效果的评价标准主要有社会矛盾纠纷得以有效化解、社会和谐稳定得以实现、公民合法权益得以维护、社会公平正义得以彰显等。简言之，就是“化解了纠纷、维护了正义、得到了社会认可”。

2004 年，最高人民法院肖扬院长在耶鲁大学发表演讲时，对我们国家的审判工作为什么要强调法律效果与社会效果相统一作了解读，对我们理解什么是法律效果与社会效果很有启发。他谈道：“对于一个正向法治目标迈进的国度来说，法律是司法机构和法官必须考虑的首要因素，但是中国传统上又是一个‘礼俗’社会，法律不可能成为解决所有纠纷的‘灵丹妙药’，法律以外的因素如道德、情理也是司法过程中不可忽略的。判决不仅是单纯的法律责任的判断，更重要的，它是一个可能造成一系列社会影响的司法决策。为此，中国司法机构提出了审判的法律效果与社会效果的有机统一问题。”

（二）法律效果与社会效果关系辨析

1. 两种对立的观点

关于法律效果与社会效果关系的论辩，存在法律效果至上论和社会效果决定论两种对立的观点。法律效果至上论者主张，法官应该对法律忠诚，把法律规则放在最高的位置，追求法律的稳定性，不得超越法律到法律之外去寻找判决根据，其实质是追求一种形式合理性。例如，法国伟大的启蒙思想家、法学家孟德斯鸠便认为，法官只不过是宣布法律条文的喉舌，他纯粹是个被动的人物，既不能缓解法律的威力，也不能削弱其严格性。意大利刑法学家贝卡里亚也认为，“刑事法官根本没有解释刑事法律的权力，因为他们不是立法者”、“当一部法典业已厘定，就应逐字遵守，法官唯一的使命就是判定公民的行为是否符合成文法律”。我们有些法官也认为，法院是讲求依法办案的地方，法律至上是审判工作的最高原则，甚至引用马克思“法官除了法律就没有别的上司”的论断予以论证。

社会效果决定论者则认为,法官不应仅局限于法条以及法律的稳定性价值,而应为了追求正义、秩序、效益等价值去勇敢地超越法律条文,其旨在追求一种实质合理性。例如,美国大法官卡多佐强调,“法律的终极原因是社会的福利。未达到其目标的规则不可能永久地证明其存在是合理的”,当法官“应召就现存规则应如何延伸或如何限制而发言时,他们一定要让社会福利来确定路径,确定其方向和其距离”。

对于上述两种论调,我们细想会发现,法律效果至上论带有形式主义或机械主义色彩,会导致合法而不合理的现象,而社会效果决定论者则带有现实主义或实用主义的色彩,会引致合理而不合法的现象,故均有欠缺。我们所强调的法律效果与社会效果关系相统一,是追求情、理、法的统一,而非偏颇其一。

2. 法律效果与社会效果的关系

法律效果与社会效果具有统一性,也有矛盾性,即立法制定上的统一性与法律实施上的矛盾性。

在立法制定层面,法律效果与社会效果是必然统一的。立法机关在制定法律时就已充分考虑了社会效果,不能说立法机关在立法时无视社会效果。托马斯·阿奎那曾指出:“法必须以整个社会的福利为其真正的目标。”法律是用来调整社会关系、解决社会问题的。法律的终极目的是实现社会的福利。根据法理学原理,我国社会主义法是工人阶级领导的全国人民共同意志和利益的体现,而法的作用又分为规范作用和社会作用。规范作用涵盖五个方面即指引作用、评价作用、预测作用、强制作用和教育作用;社会作用大体上可归纳为维护阶级统治和执行社会公共事务两个方面。规范作用是手段,社会作用是目的,法的规范作用和社会作用的发挥,就是法律效果与社会效果的彰显。社会效果统一于法律效果之中,只要通过立法程序制定出来的法得到正确实施,其社会效果便得以体现。

在法律实施层面,法律效果与社会效果又非必然统一。根本原因在于法律自身的局限性,表现在以下几个方面:一是法律是保守的、滞后的,而社会生活总是鲜活的,所以难免存在法律真空地带;二是法律是稳定的、连续的,但社会生活是不断发展变化的;三是法律具有普遍性、概括性,而社会生活千姿百态,非法律所能全面涵盖;四是法律是用语言文字来表达的,但语言文字总有其局限性、模糊性。此外,法律适用过程讲求程序、依赖证据等特性也在一定程度上阻碍了法律效果与社会效果的统一。需要指出的是,除了法律自身的局限性和司法的特性外,法律适用过程中的"人"即法官个人因素,在一定程度上也影响法律效果与社会效果的统一。不仅法官的个人道德立场、价值取向和社会认知会影响办案效果,法官的工作作风、工作方式、司法礼仪等同样会对办案效果产生影响。最近发生的几起成为全国舆论焦点的案件便是例证。例如,深圳市龙岗区人民法院以"醉酒驾驶距离不远"为由对被告人莫王松免予追究刑责,并以"涉密"为由拒绝公开此案判决书。又如,东莞中级人民法院在回应公众质疑被告人敖翔猥亵虐杀少女一案时,称判处死缓是考虑到被害人"有激烈反抗行为,才导致被告人杀人"。此言一出,世间哗然,社会效果便无从谈起。

所以,在立法制定层面,法律效果与社会效果是必然统一的,否则制定出来的法就有可能是"恶法",非法治国所需的良法。正如马克思所言,"如果立法本身存在问题,势必会造成法律效果的偏差;既然法律是自私自利的,那么大公无私的判决还能有什么意义呢"?但在法律实施层面,在司法方法论上,因法律自身的局限性,审判工作要努力追求法律效果与社会效果相统一。如果说审判是一门艺术的话,那么在很大程度上,审判就是如何把法律效果与社会效果有机结合起来、统一起来的艺术。一个好的裁判结果,首先应当具有良好的法律效果,如果我们不讲法律、不讲政策、不讲原则地搞"和稀泥",以牺牲社会公平正义为代价,一味满足少数人的不合理要求,那么即使某一个裁判获得了案件当事人的"赞同",也难以得到社会大众的认可,势必损害法律的威信,降低群众对法律的信赖,减弱公众对法治的信心。同样的道理,如果我们不考虑社会的实际情况,就案办案,机械司法,忽视办案的社会效果,那么即使我们的裁判确实是于法有据,即使我们内心确信裁判是完全公正的,也有可能难以得到当事人和社会公众的认同。

因此,人民法院既要坚持依法办案,在准确查明事实的基础上严格适用法律并作出正确裁判,但又绝不能仅仅满足于依法办案,而要以依法妥善化解矛盾、实现社会公平正义为目的,重视人民群众对裁判的认可和接受程度,努力实现法律效果和社会效果的有机统一。在社会主义初级阶段,特别是处理社会转型时期引发的新类型、敏感复杂和群体性纠纷,在依法办案的前提下,务必要妥善协调各方关系,审慎平衡各方利益,提高能动司法的水平,而绝不能简单地套用法律对号入座,就法论法,就案办案。

总之,对于审判工作来说,法律效果是基础,是前提,不能离开法律效果去谈社会效果,否则是“舍本逐末、本末倒置”,而社会效果则依托于法律效果,是法律效果的必然延伸和拓展。对社会效果的追求侧重体现在司法工作方法上,体现在司法工作作风上,体现在对国家大局和社会发展全局的把握上,体现在对人民群众的深厚情感上,体现在对社会普遍认同的情、理的尊重上。

三、人民法院审判工作如何实现法律效果与社会效果相统一

审判工作在方法论上要努力追求法律效果与社会效果相统一,特别是对于情、理、法相冲突的敏感、疑难等案件,更应审慎处理。概括起来,我认为审判工作要实现法律效果与社会效果相统一,应坚持三个原则、追求三重境界、用好三种方法。

(一)坚持三个原则

合法合理是公平正义的内在品质。合法就是合乎宪法和法律规定;合理就是合乎理性,符合事物的内在规律。一切组织或个人追求的公平正义和实现公平正义的方式,只有既合法又合理,反映社会整体价值观和公众利益,才能为社会公众所认可和接受。为此,审判工作要真正实现法律效果与社会效果相统一,就要在情、理、法上下工夫。

1.合乎法律

“有法必依、执法必严”是社会主义法制的基本要求之一。作为社会主义法治理念,公平正义的重要内容就是确保一切行为符合法律规定。宪法和法律是根据民主程序制定的,充分体现了人民的利益和意志,本身就蕴涵着公平正义的精神。不论是立法、行政和司法机关的公务行为,还是社会成员的各种活动,只要是严格依法进行的,就可以说合乎了公平正

义的形式要求。就人民法院来说,只有严格依法办案,作出的裁判才具有公正性和权威性,这也是人民法院工作不可逾越的底线。三百多年前英国教士托马斯·富勒曾经说过:"你决不是那么高贵,法律在你之上。"吴经熊先生也说过:"法律是本法庭唯一的偶像。"对法律的坚守是法院的立院之基、法官的立身之本。我们所强调的法律效果与社会效果相统一,其前提就是办案不违法,即首先要确保法律效果。"皮之不存,毛将焉附。"如果把违法办案当作追求社会效果的前提,就严重背离了司法工作的本质,也必将难以实现所谓的社会效果。

2. 利益衡量

利益衡量作为一种司法衡平方法,在当今世界各国的司法实践中,业已成为一种普遍趋势。英国历史上的衡平法院就是为了解决在司法实践中可能出现的明显不公、明显脱离正义的案件而专门建立的。英国著名法官丹宁勋爵可以说是利益衡量原则的最佳实践者。如他认为,法官不仅仅是执行法律而已,而应在办案过程中随着社会的变化和时代的发展,创立出与社会生活步调相一致的、新的、公正的判案原则。[1] 利益衡量从一开始是作为司法过程中法律解释的方法论出现的,但由于它具有合理、实用和灵活的特点,其功能已经远远超出了民法学方法论本身,扩展到宪法、刑法、行政法等法域,扩及立法和行政领域,且不再局限于对个别正义和实体正义的关注,而扩及对普遍正义和程序正义的关注。利益衡量使司法、立法和行政更具有社会适应性和可接受性。

就审判工作来说,严格依法裁判,实现司法公正,是对人民法院审判工作的基本要求。但是,法官在运用法律裁判具体案件时,由于事实的不确定性、法律适用的不确定性及其他因素的影响,法律不可能为法官所面临的所有问题特别是疑难问题提供完美的答案。我们都很清楚,法律的适用过程绝非如法国启蒙思想家孟德斯鸠所描述的如同自动售货机的工作原理那么简单,而是一项复杂的法律推理过程,特别是当法律规定这个大前提缺失时则必须进行实质法律推理。实质法律推理的灵魂就是利益衡量。当前,我国正处于社会转型时期,利益关系错综复杂,矛盾问题集

---

〔1〕 [英]丹宁勋爵:《法律的训诫》,刘庸安等译,法律出版社1999年版,第7页。

中凸显,新问题、新情况层出不穷,法律法规规定不能完全适应社会形势发展变化的情况时有出现。这要求我们法官在审理案件时,要在查明案情事实并对当事人双方的利益进行估量评价后,综合把握案件的实质,结合社会环境、经济状况和价值观念等,通过法律选择和适用,慎重作出判断和选择。如果此时法官还机械、刻板式地套用法律,则往往不能有效地解决纠纷,甚至可能会加大司法的法律效果与社会效果的冲突碰撞,激化矛盾以致增加社会的不稳定因素。所以,法官进行恰当的利益衡量,有助于使法律不因追求形式正义而丧失实质正义,有助于缩小裁判结果与民意期望之间的差距与紧张,有助于消解法律规则与社会现实之间的矛盾与张力,从而提高司法公信力,并实现法律效果与社会效果的有机统一。

我国明代名臣海瑞在审理案件时,对经诉讼程序仍然无法辨明是非曲直的案件,大胆进行利益衡量。例如,他提倡,“窃谓凡讼之可疑者,与其屈兄,宁屈其弟;与其屈叔伯,宁屈其侄;与其屈贫民,宁屈富民;与其屈愚直,宁屈刁顽。事在争产业,与其屈小民,宁屈乡宦,以救弊也。事在争言貌,与其屈乡宦,宁屈小民,以存体也”。其衡量的理由是,海瑞从其经验中认识到“乡宦计夺小民田产债轴,假契侵界威逼,无所不为,为富不仁,比比有之”,因此选择“宁曲乡宦”,错判的可能性更小,从而尽可能地避免错判损失,自然也为人们提供了正确的激励,有效地预防“乡宦”有预谋地掠夺“小民”的财产,鼓励人们积极地创造财富而非相互掠夺,亦有效地减少了纠纷冲突,实现良好的社会治理。而如果是“事在争言貌”,则“因乡宦小民有贵贱之别”,故“宁屈小民以存体”。海瑞这些断案思想可以说就是通过利益衡量来达到法律效果与社会效果相统一的目的。

3. 情理兼顾

重视法、理、情统一是我国的法律文化传统,其强调法律治国、诗书化人,“法令应与诗书通”。这里的诗书是指称古代《诗经》、《尚书》等所承载的公众道德标准和行为规范等。例如,《文子·上义》上说,“法生于义,义生于众适,众适合于人心”。汉代的晁错说过,“古圣王治天下,其为法令业,合乎人情而后行之”。《盐铁论·刑德》篇说:“法者,缘人情而设,非设罪以陷人也。”这里的人心和人情,就是指大众的道德心理倾向和心理需要。英国伟大戏剧家莎士比亚笔下的《威尼斯商人》,也很好地展示了法律与情理冲突的场景。虽然该案最终以鲍西娅细腻的司法推理而没有让夏洛克的意图得逞,但其实质则表达了法之公正实质内涵,让该案在当时既有的法律框架内实现了一种实质正义,兼顾了情理。人民群众衡量公平正义的一个重要标准就是不仅要合法,还要合理合情。制定的法律、作出的裁判只有道理上讲得明白、说得透彻,既解开当事人之间的"法结",又解开当事人之间的"心结",才能为当事人和社会公众理解、接受、认可和信服,才能强化法治的权威;只有立足国情民情,符合公序良俗,才能为人民群众所接受和得到贯彻执行。法、情、理的统一要求司法工作不仅充分考虑我国社会主义法治建设的发展要求,也要充分考虑我国的国情和人民群众的接受程度,既在法律之内,也在情理之中,实现法律效果和社会效果的有机统一。司法人员应依良心履行职责,而良心就是一个社会基本的是非观、善恶观,就是一个社会民众普遍认同的常识、常情、常理在一个人心目中的反映。在司法实践的个案处理上,有时会有"法无可恕、情有可原"、"合法不合理"等现象,反映出法、理、情的冲突矛盾,而这是法治社会的正常现象。只要我们牢固树立公平正义的理念,从根本上维护最广大人民群众的利益,严格执法,公正司法,以法析理,融情入法,就能使当事人接受裁决,真正实现案结事了人和。

(二)追求三重境界

我们要认识到,人民法院审判工作是一项影响深远、意义深刻的工作。虽然没能像医生救死扶伤那样作用明显,也没能像工程师、科学家那样为社会创造可看得见的使用价值,但审判工作也绝非等同简单办结一件案件,它承载着矛盾纠纷的化解、和谐稳定的维护、行为规范的指引和公平正义的实现。我们要以长远的目光来看待我们的审判工作,并在工作中努力追求以下三重境界。

第一重境界是确保案件顺利审结。法谚说,迟到的正义非正义。当前,人民法院面临的办案压力不断增大,"人案矛盾"不断加剧。在此情形下,办案法官的首要任务就是要努力使案件在法定期限内顺利审结,确保正义不"迟到"。只有案件顺利审结了,才能去谈法律效果与社会效果的统一,这是基础和前提。所以,我们法院在工作中,要严格遵守法律规定的审理期限,杜绝"以拖促调"、"久拖不决"等现象,不断提高司法效率,以高效的审判赢得群众的信任和支持。

第二重境界是确保纠纷顺利化解。案件得以顺利审结只是完成了基础性工作,我们应进一步注重案件审结了,但“事是否能了结”。案件虽然是在法定期限内顺利审结,但如果没有起到“定分止争”的作用,“案结事不了”现象仍较为普遍,则说明我们的审判工作仍有不足。所以,我们在“快办案”的基础上,要“办好案”,要对裁判可能产生的影响有一个预判,从而选择最有利于解决纠纷、化解矛盾的方法策略,而不能抱以结案了事的态度。

第三重境界是注重司法指引效果。在每一起诉讼案件的背后,都有一个群体在关注。可以说,每一份裁判文书都可能传递对社会行为的评价、指引等信息。如同肖扬院长所讲的,“它是一个可能造成一系列社会影响的司法决策”。如许霆盗窃案、吴英集资诈骗案,这些案件之所以为世人所关注,是因为这些案件的处理结果会产生司法指引效果,产生广泛的社会影响。或许,我们任何一个人都有可能成为下一个“许霆”或“吴英”。所以,我们法官在办案时,目光要尽可能地放远些,思维要开阔些,考量要多一些,除了注重案件结了、纠纷解决了外,还要考虑和注重司法裁决可能所引起的指引效果和对社会产生的影响,特别是对那些社会影响大、群众普遍关注的案件更要如此。

(三)用好三种方法

通过上面的分析我们可以得知,追求法律效果与社会效果相统一的情形,包括不违法、法律没有明确规定、法律赋予了自由裁量权以及可以依法调解等。据此,可以运用好法官自由裁量权的行使、裁判方式的准确把握以及改进司法作风三种方法来实现法律效果与社会效果相统一。

1.正确行使自由裁量权

自由裁量权在任何国家都是不可避免的,任何国家的法律都不可能做到穷尽所有的案型,总要或多或少地给法官留下一定的自由裁量空间。我国现时法律留给法官的裁量空间一般都比较大,这是由所处的历史条件决定的。我国目前正处在转型时期,很多社会关系不太确定,而立法者要兼顾到所有的情况,立法的结果就只能抽象概括,难以具体化,难以做到准确明白。法律愈简单、愈抽象、愈具有弹性,法律规定愈模糊,法官的自由裁量权就愈大。如此,怎样正确行使自由裁量权,就成为我们统一法律效果与社会效果的重要环节和重要方法。前段时间发生的云南省高级人民法院的李昌奎案以及前面提到的深圳龙岗区人民法院的莫王松醉驾案等,都是因自由裁量权的不当行使而引发全社会关注,法律效果与社会效果没有很好地统一起来,最终使司法公信受到质疑,司法权威受到挑战。所以,在办案过程中,法官要正确行使自由裁量权,做到“敢用但不滥用”,且必须在法律规定的范围内正确行使自由裁量权,确保自由裁量权的行使符合法律赋予该项权力的目的,不要把法官的自由裁量权变成了“自由的法官裁量权”。

2. 准确把握调、判结合

“调解优先、调判结合”是实现法律效果与社会效果相统一的最有效方法之一。调解与判决是人民法院两种基本结案方式,但调解与判决相比具有自身的优势。调解制度提高了当事人对纠纷处理结果的信服度和接受度,可以尽可能地消弭法院和当事人之间的紧张关系,实现纠纷的“柔性解决”,是统一法律效果与社会效果的绝佳途径。调解具有两重性,应坚持合法自愿原则。在审判实务中,法官要避免“以拖促调”、“以判压调”等问题,避免调解可能带来的损害当事人权益、淡化法律意识等负面影响。我们一方面提倡调解,充分发挥调解的特色与优势;另一方面要适时下判,真正发挥判决的警示和释法作用。只有做到调判有机结合、相辅相成、相得益彰,才能真正实现法律效果与社会效果的统一。

3. 改进司法作风

法官的工作作风及方法方式,对于促进法律效果与社会效果相统一起着重要作用。在办案过程中,我们要讲求工作方法方式,改进司法作风,自觉尊重民意民愿,而不能一意孤行,不能武断臆断。换言之,就是要推行回应性司法、说理性司法。要及时有效回应民众意见意愿,要考虑民俗、民风、习惯等对诉讼的影响,要事先想到民众可能对裁判产生反应等情况。要通过尊重民意民愿,增强司法民主性,增强司法透明度,增强司法裁判的可接受性和认同度,尽可能地减少公众对审判工作的怀疑和猜疑。特别是对于法官自由裁量空间较少甚至没有的案件,我们只能据法裁判,但我们要尽可能地做好释法析理的说服工作,包括判前释法和判后答疑等工作,尽可能自觉、主动地听取当事人意见,减少对抗情绪。法院工作也可以说是一种“舌尖上的事业”，无论是庭审中的问话、接待当事人时的交谈，还是裁判文书中的“说理”，均体现“说”的重要性，套用现在的流行语，就是“舌尖上的司法”。俗话说：“好言一句三冬暖，冷语相向六月寒。”恰当的语言表达，亲民的工作作风，会拉近我们与当事人之间的距离，增进当事人对我们的信任，减少不必要的猜忌和怀疑，对于促进法律效果与社会效果相统一作用甚大。当然，我们强调的是要“有心、自觉”地尊重民意民愿，对民意民愿要给予高度重视，给予积极回应，而不是一味顺从民意。特别是现在所处的网络信息化社会，民意真假难辨，审判工作既要自觉听取外界的各种声音，但也要保持相对的超然性，因为依法裁判永远是我们审判工作不可逾越的底线。

吕静英，女，汉族，中共党员，1971年9月出生，山西省静乐县人，硕士学历，1990年9月参加工作。历任山西省太原市中级人民法院书记员、助理审判员、审判员、立案庭副庭长、书记员管理处处长；山西省太原市晋源区人民法院党组书记、院长。现任中共太原市委政法委员会副书记，分管执法监督检查工作和涉法涉诉信访工作。

曾获"第三届太原市杰出青年卫士荣誉称号，并记二等功"、"太原市2005年度劳动模范"、山西省劳动竞赛委员会记"个人三等功"并两次授予"五一劳动奖章"、"山西省第三届十大杰出政法干警"、"全国优秀女法官"、带领庭室获"全国青年文明号"等。

求学如歌

——深明法官敬业乐群而负重致远

吕静英

掐指一算,我已工作多年了,人生过往中也是品尝了无数的酸甜苦辣、喜怒哀愁。此中,最值得感怀的,是我求学的那些日子,因为这是人生历程中的成长、耐力与验证。从小学生到博士生在读然已步履匆匆地走过了二十多个求学年头。每当想起段段求学生涯,我总会回想连篇,思绪万千,尤其是在香港城市大学就读的时光。近两年如果看作是一个可以移动的框,放到现在,则是在美丽紫荆之乡——香港度过的 40 岁到 42 岁这段人生最为激荡而又不失沉稳的中年时光。梭罗在瓦尔登湖学会了享有自在和宁静,而对于我来说,在香港求学的日子,也体验到了一种从心底里升起来的宁静和舒逸,寻回了那份消失已久的校园情愫,也是一场游历、一场冒险,也是一场人生观的洗礼。从工作到学习,再回到工作中。从 cultural shock,到适应这里的生活,到 reverse cultural shock。一开始,语言障碍、思维方式、知识跨度等,有那么多事情看着一头雾水,后来居然慢慢也能学会,然后做好。变得更加成熟、独立,也更懂得珍惜,何尝不是一种领悟,也让我把自己看清楚。

在香港城市大学(以下简称城大)感触最深的,是对其校训——“敬业乐群”的深切悟解与愉悦践行,因为它给予了我学习的一种莫大激励与指引。“敬业乐群”四字出自西汉·戴圣《礼记·学记》:“一年视离经辨志,三年视敬业乐群。”就自己的感受而言,用所谓“敬业乐群”来形容学习、工作和生活的状态,当不是妄言,对自己的学业、事业和家业皆勤勤恳恳、尽心尽力,故其“业”已“敬”了。至今想来,一直能有如此的奋力劲头与可喜成绩,除自己的努力耕耘外,很大程度上还得归因于师恩润泽。“蓬山此去无多路,青鸟殷勤为探看。”返晋后,日日倍感导师谆谆善诱给予自己在学习、工作等方面的极大影响,不时有回校看望问候各位恩师的念头,希望可以多多聆听受教。这些年,诸位导师们其道大光的人性魅力、不囿一隅的创新思想、富赡深博的学殖识见、精进纯青的教艺才能,总是不经意间让我顿悟如何去做人、如何去做事、如何去做学问,受益匪浅。和导师对话,真的有“醍醐灌顶”之悟。印象较为深切的是,贵国院长提倡告嘱我们每位学员要以批判质疑的眼光看待任何事物,要广泛阅读以拓宽眼界。每个制度都有不足之处,在借鉴外地制度优良传统的时候,亦应有所辨别,这样才能把好的经验借鉴过来,使得自己所处的制度、国家不断地强大和进步。学友们学习研究的兴趣在倍增,眼界在开阔,思维在发散,思想在丰富,见解在加深。为师之道在于为人,“窥一斑而知全豹”,从各位授课老师身上感受到城大老师们共同的师德师风——他们爱校、爱岗、爱生,皆为“教师楷模、学者风范”,让学生“亲其师,信其道,乐其学”,其独特魅力、治学襟怀即在此。师道有风,源远流长……

城大不仅搭建了促进司法交流和学术交流的平台,还为任职内地不同省市的高级法官们提供了学习心得和工作经验深度交流的难得机会,并加强学术交流,开放共融,兼容并蓄,颇有裨益。大家结识于城大,联谊于城大,共学于城大,收获于城大,意义深远。在港向多位法学大家寻知求教,与全国各地优秀法官同道共学,通过参听课程、讲座、座谈会,走访司法、立法机构等,再加上自己认真学习研究,渐续对香港法制有了更深入的了解。在此其中,既领略了香港法律改革的成效,又见证受染了香港法学家的博采众长。与其探讨、交流、争解法学思想的真谛与法制未来发展的方向，与其共享“法学王国”的乐趣，互学共励，也算是与香港法学界之“群”实实地“乐”了一通。就这样牵强地解释起来，我算是身体力行地实践了“敬业乐群”这四字箴言，不枉到城大走这一遭了。

学而时习之，到底是为了什么？世间有太多的汗水，都无谓地洒掉并且蒸发，于挥汗者并无甚助益。究其原因，很多情况下都是选择不当所致。也就是说，只有当一个人心甘情愿地为一份自己看得到希望的事业而挥汗如雨并且挥得章法适度之时，其汗水才会有积极的回报。经过在城大 J. S. D 的学习，我庶几比较确定地说，我的确是在一个正确的方向上，以基本适当的方法和力度在挥汗，并且收获了。正所谓“求学如歌”，时至今日，在港的学习算是有了个阶段性的成果。求学之时，未尝没有受人恩惠，故推己及人，亦不可吝啬些许闲暇时间与精力，是时候发挥我那“敝帚自珍”的习性，将我在城大所受学术裨益添加在品解某一感触颇深的主题——人民法官当有的修养与担当上，形诸文字，付诸楮墨，以期共享。后进者习之，自可择善而从。

美国现代实用主义法学创始人、美国最高人民法院法官霍姆斯在萨福克律师协会餐会上曾发表著名演讲——《法律，我们的情人》。他讲到，“每一种职业，当人们怀着崇敬的心情去从事的时候，都是崇高的。然而，没有一个职业能让人的灵魂实现其自发的力量，也没有一个职业能让一个人如此深深地投入到生活的洪流中——既作为见证者又作为亲历者，饱受其中酸甜苦辣的滋味”。我非常赞同。然而，在此，我更愿意将其描绘的主角——律师更换为法官。我自小崇尚公允，向往正义，因而铸才练就则自然而然地朝向法官这一正义化身的职业行进了。从事法官职业多年，有幸于不惑之年在城大研习高级法官法学博士课程，深造求知，接受更高层次法学文化和理念熏陶，接受诸多法学大家培育。在这里，学的是知识，是理念，是导师们传道授业解惑的敬业品质；学的是学问，是思想，是同仁们矢志创新的博大境界；学的更是法官当有的修养与担当，是法官的负重致远。

何以品解法官修养与责任担当呢？

中华民族的古代思想家十分重视修养，把修养看作“齐家、治国、平天下”的根本。讲修养提倡个人的“修身养性”和“反省体验”。修身必须

"见贤思齐"、"见不贤而内自省",要"养浩然正气"、"去私心、行公义"。山西省平遥古县衙,进门第一副楹联下联写道,"要酌理,要揆情,要度时世做这官,不勤不清不慎,易造孽,难欺天"。此联所表达的"公断"原则注重公众的道德教化,要求法官重情理、度时世、慎重司法,至今受用,值得借鉴。还有,宋代的包拯和明朝的海瑞之所以能成为经久不衰引导和抚慰大众社会心理的具象化人物,就是因为他们的道德品行已固化为社会大众的一种精神幻想和道德寄托。我们正处在一个孜孜追求经济、政治、文化、社会和生态文明全面发展的时代,一个全面深化改革和推进法治国家建设的时代,一个日趋重视秩序遵守维护和强调人权保障的时代。我们应当感受到莫大荣幸和肩负沉重责任,忠诚无悔地信仰法治、坚守法治、弘扬法治,做到信念坚定、执法为民、敢于担当、清正廉洁。这是我们法官的修养!

大时代呼唤大担当!习总书记在今冬出席俄罗斯索契冬奥会,接受俄媒专访谈其执政理念时概括道:"为人民服务,担当起该担当的责任。"我们法官的担当本身,即是对之司法能力的大考验,不是概念的相互证明和反复演绎,而是一步一个脚印,在不怕各种困扰的实践中切实向前推进。马克思说,人的思维是否具有客观的真理性,并非理论问题,而是实践问题;人应该在实践中证明自己的真理性,即自己思维的现实性和力量。艰难的担当,担当的伟岸,体现于马克思的话语之中,体现于主动担当的生动实践之中。曾子曰:"士不可以不弘毅。任重而道远,仁以为己任,不亦重乎?死而后已,不亦远乎?"离梦想越接近,可能遭遇的挑战越艰巨,前行的脚步也须更坚定。惟其艰辛,才更显勇毅;惟其笃行,才弥足珍贵。好法官就应"心中有事,意中有人,眼中有泪"。心中有事,即应深知职责使命所在,公正为民,献力于法治中国建设,如王船山自题其座右铭曰,"吾生有事";意中有人,即服膺在本行业登峰造极的人物,向模范学习,如杨时"程门立雪",又如齐白石"愿为青藤门下走狗";眼中有泪,即魂萦梦绕,喜怒哀乐,惟在善政养民、主持正义,如艾青诗云,"为什么我的眼里常含泪水,因为我对这土地爱得深沉"。引申到坚守正义、视责如山之上,我们法官的担当!

一路走来,为什么而学,怎么学,学到了什么,还要继续前行!在城大学习、交流的每一个环节、每一个点滴,在细心品味和领略中,对自己而言都成为具有不一样意涵的时空片断。当把这些不同视角、不同场景下原本似乎相关不大的零碎印象小心翼翼地组接起来,一幅逐渐清晰的普通法体系内质廓形慢慢浮现在我的眼前,应了莎士比亚语:“我们力尽了千辛万苦,终于在乱麻中采获了这朵鲜花”。我在城大所学专业方向主要是比较法,并懂得了“一切认识、知识均可溯源于比较”。对世界上各种不同法律秩序、法系的相互比较,可以练就在法学领域的一种国际化、全球化视野,可以使具有批判力的法学观察家们意识到更好的解决办法,有助于实现与世界的对话,有助于本国的法律改革。香港是内地瞭望普通法的窗口。耶林指出,“接受外国法律制度的问题并不是一个国家性的问题,而是一个简单明了的合目的性和需要的问题。任何人都不愿从遥远的地方拿来一件在国内已有同样好的或者更好的东西,只有傻瓜才会因为金鸡纳霜不是在自己的菜园里长出来的而拒绝服用它”。耶林打的比方巧妙而恰当,相互研究、比较、借鉴,承继精华,扬弃糟粕,多会收到事半功倍之效,这样才能不断地进步和完善。在比较法的研究过程中,我悟到了,比较法教给我们的不仅仅是法律上的比较,还启迪我们在学习中、在工作中、在生活中都要擅用这样一种借鉴比较的实用方法,要始终站在更高的平台,以更广阔的视野、更开放的胸襟进行审视定位,谋略未来发展。我们要悟到了,学到了,用上了,用好了。举个例子,在工作方式上,自身做法对其他经验做法中关于相同问题之更为良好的解决办法的继受是顺理成章的事。保持自身独特性不是拒绝好的工作方式解决自己工作中出现问题的借口。在主动继受其他好方法的过程中,根据具体情况,不仅应当考察此方法在它原来的适用环境下是否已经受考验证明是成功的,还要考察它是否适合于自身,即能否并适于本土化、自我化。在学习中传承、创新、学以致用才是学习的真正目的所在。

仔细想来,在城大的求学经历,有一种仿佛天窗一下子被打开,阳光射进来的感觉,瞬间觉得学习、工作、生活等人生的整个情结又明亮了许多,对人生的憧憬、在社会的位置、责任和义务又清晰了许多,感觉甚好!这不仅仅是做学问的过程,同时也是一种修身的过程。我带着在城大求学的见闻和感获回到工作中,以开阔的国际视野、革新的思维路径、前瞻的规划统筹、高境界的修养担当,指导前行,学以致用,发扬光大！正如高尔基所言,“要使周围的一切都大放光彩,自己也应该像蜡烛一样燃烧”。在中国法治建设的大地奔走,目光坚毅,勇于担当,敬业乐群,负重致远,做好内地、香港两地法制优长融合的最佳注脚,为实现“法治中国梦”和国家法治的发展进步传播中国法官最大的正能量!

李玉明，男，汉族，1968年12月23日出生，中共党员，高级法官；1987年以来分别在华东政法学院经济法系、南京大学法学院学习，并获得学士及硕士学位；1991年8月，进入江苏省高级人民法院工作，并先后在经济审判庭、办公室、执行局工作，目前任江苏省高级人民法院赔偿委员会办公室主任、审判委员会委员职务。期间，在省以及国家级报刊发表文章多篇，相继在全国法院学术研讨中获奖多次，并参与四部专著的撰写、统稿工作。2012年，被香港城市大学法学院录取为第二届高级法官法学博士生。

法律、法院及法官漫谈

李玉明

法律的应然与实然问题，是法学研究中的非常重要的基础性问题。法律从应然到实然，并非是线性的发展过程，而是呈曲线或者说是非规整的演进状态。其演进过程，不但涉及立法、司法及法官等诸多变量因素，还涉及经济、文化、社会以及传统等其他诸多参数及变量，有的参数或者变量甚至还起着决定性作用。正如美国威斯康星大学法学院教授考默萨教授所说，“法律的本质不在于空洞的原理或者抽象的价值。法律是什么、能够是什么，以及应该是什么，取决于制定、解释和实施法律的过程的特性”。[1]

一、法律究竟是什么

作为法律共同体之人，这个问题似乎不是问题。但实际上，关于什么是法律或者说法律是什么的问题，在不同的历史时期以及不同的学者眼中，答案是不尽相同的。从亚里士多德认为的法律可以被定义为不受任何

---

〔1〕［美］尼尔·K. 考默萨：《法律的限度——法治、权利的供给与需求》，申卫星、王琦译，商务出版社 2007 年版，第 2 页。

感情影响的理性，到布莱克的法律是政府的社会控制，再到桑托斯的法律是一张误读的地图，[1]法律的面相是各不相同的。正如庞德所言，从纪元前6世纪希腊人考虑这些事情以来，什么是法律这个问题一直是一个争论的题目。三个完全不同的东西都曾用着法律的名称，而人们都曾试图以其中一个为根据来解释所有这三者，即法学家所称的法律秩序——通过有系统及有秩序地适用政治组织社会的强力来调整关系和安排行为的制度；一批据以作出司法或行政决定的权威性资料、根据或指示；被卡多佐法官中肯地称之为司法的过程。这三种观念都使用相同的名称，由此造成了许多名称上以及意义上的混乱。[2]

事实的确如此。例如，早在公元前5世纪索福克勒斯[3]在其所著的《安提戈涅》中就借安提戈涅之口说出，法律是对自然之命令的服从，而柏拉图在《理想国》中则将法律作为强者的利益或好处。当法律及其理论发展到17世纪以后，这种争论依然存在。英格兰首席大法官爱德华·柯克在其《判例报告》——《法学总论》中曾将法律称之为一种“人为理性”，是另一种需要更长时间学习和历练才能获得的“技艺理性”，[4]是由法官提出的并在其司法决定中表述或隐含的学理体系，[5]而霍布斯则在《利维坦》中将法律称之为主权者的命令或由具有主权管辖他人的人的意志制定，[6]其本质不在于其文字而在于其意向或意义即权威的解释或立法者的看法。[7] 即使到今天，这种分歧仍然存在。美国联邦法院霍姆斯大法官则认为法律不是命令，不是不变的条文或者规则体，也不是社会秩序，

---

〔1〕 王启梁：“法律是什么——一个安排秩序的分类体系”，载《现代法学》2004年第4期。

〔2〕 [美]罗斯科·庞德：《通过法律的社会控制》，沈宗灵译，商务出版社1984年版，第20页。

〔3〕 索福克勒斯是公元前5世纪古希腊著名的悲剧作家。《安提戈涅》是其代表作，被认为是戏剧史上最伟大的作品之一。

〔4〕 于明：“爱德华·柯克的著述、理论及其影响——写在柯克爵士诞辰460周年”，载《清华法治论衡》2012年第2期。

〔5〕 [美]理查德·A.波斯纳：《法理学问题》，苏力译，中国政法大学出版社2002年版，第13页。

〔6〕 曹玉玉：“霍布斯法律解释关的现代展开”，载《西安外事学院学报》2013年第4期。

〔7〕 同上。

而是预测,[1]是对法官遭遇一系列事实时将如何行为的一种预测。[2] 中国政法大学刘星教授在《法律是什么?:二十世纪英美法理学批判阅读》(修订版)中将法律定义为一种命令,并将法律区分为行动中的法律、官员统一实践中的法律、解释性质的法律、意识形态中的法律、作为地方性知识的法律以及需求对话中的法律。[3] 这当然指的是西方的法律。其实,当我们追问法律是什么的时候,究竟是指法律的形式还是指法律的价值,是指法律的文本还是指法律的功能。思考的视角不同,看到的影像就必然不同。换句话说,从不同的角度进行追问,就可以得出不同法律面向。这其中部分地反映了法学的分歧,实际上分析法学、社会法学、自然法学和综合法学等主要法学流派的学术分野也在于此。[4]

应当说,法律的产生从来就不是理论的,而是现实的。所谓法律理论无非是学者研究法律现象得出来的东西,至于法律叫什么或者是什么仅仅是为了方便研究而已。当然从现代立法来说,也并非说法学理论不重要,作者的意思是说不要过于拘泥于理论,而应当把法律研究的重点放在实用主义或功利主义方面。也就是,要注重法律的价值或者功能问题。正如威廉·詹姆士在《实用主义》中所说,"不是去看最先的事物、原则、范畴和假定是必需的东西,而是去看最后的事物、收获、效果和事实"。[5] 正如新实用主义的先锋人物罗蒂所说,从法律产生之日起,就被用来解决问题的,是社会秩序也好还是规则命令也罢,都是为现实服务的。因此,法律在形式上是什么,也许并不非常重要。重要的是,法律应该怎样或者说能够怎么样。只要能解决实际问题、便于社会治理的东西,都可以称之为法律。当然,这要通过特定的程序来制定与发布,并非是说伦理道德或者社会公德等也是法律。从这个角度来说,法律是主权者的命令是有道

---

〔1〕 王岩云:"霍姆斯的法律预测理论",载《国家检察官学院学报》2011年第4期。

〔2〕 [美]理查德·A.波斯纳:《法理学问题》,苏力译,中国政法大学出版社2002年版,第26页。

〔3〕 参见刘星:《法律是什么?:二十世纪英美法理学批判阅读》(修订版),中国政法大学出版社1998年版。

〔4〕 李琦:"法学关于法律是什么的分歧",载《法学研究》2005年第6期。

〔5〕 苗金春:"后现代与法律实用主义——理查德·罗蒂法律理论概观",载《求索》2005年第11期。

理的。因为能够制定、可以制定法律的,从来就只有主权者。不掌握主权的阶级或者阶层绝不可能制定法律,即使制定出了所谓的法律,也没有国家强制力作为实施的保证,不是具有普遍执行意义的法律,只能约束其内部自愿遵守的人。当然,即使是主权者发布的命令,也并非想当然的、脱离实际的。法律的生命力,不是想象出来的,也不是文本意义上的。主权者的命令,还需要通过特定的机构或者官僚去实施。只有付诸实施的主权者的命令,才能被称之为法律。西方国家的法治化程度之所以比较高,并非是其法学理论水平高的缘故,而是其法律实施得好。其法律实施过程中只有全部,而没有例外,只有法律之内因素的考量,而没有法外因素的干扰。从中国的现状来看,不能说法律文本不多。早在2011年,原全国人大常委会委员长吴邦国就在十一届全国人大四次会议上庄严宣布,中国特色社会主义法律体系已经形成。截止到2011年8月底,我国已经制定现行宪法和有效法律240多部、行政法规706部、地方性法规8600多部。[1] 可见法律门类不可谓不多,条文不可谓不繁杂,但实施效果却不尽如人意。其根源不在于法学理论水平不够发达,也不在于法律本身不够完善,而在于考默萨教授所说的法律实施过程的特性。换句话说,即使法律本身不够健全或者不够完善,但只要法律实施过程中通过法律原则的指导同样能够弥补其缺陷。因此,问题的根源在于作为承担法律实施关键职能的法院及法官的地位与作用。

二、法院的职能是什么

法律产生之后,法院并非随之产生。法院的产生是法律成长的结果,也是政治权力进化的结果。但究竟什么是法院,法院是一个场所还是一个机构,是一种职能还是一种权力,同样存在一个追问视角的问题,存在一个法院面相的问题。无论是肯定还是否定的回答,总有其道理。法院既是场所也是机构,既是职能也是权力,其主要职能就是审判,其场所、机构或者权力也是审判。这是关于法院问题的基本判断。毋庸置疑,现代

---

[1] 杜娟娟:“中国特色社会主义法律体系的形成、特点及完善”,载《法制与社会》2013年第13期。

法院在任何国家中都处于法律运行过程的舞台中央,居于无可替代的核心地位,也就是德沃金所说的“法律帝国的首都”。[1]

在人类社会早期,世界上并不存在现代意义上的职业法院,法律的执行并未成为职业或者专业。在法律产生之后的相当长时期内,人类社会都经历过漫长的公共集会法院时期,如氏族大会或部族大会等形式,而且司法与行政往往混为一体。例如,英国早期的国王法院就和中央政府贤人会议、御前会议混为一体,司法只是其拥有的部分职能,直到安茹王朝建立以及普通法形成以后,司法才从行政中分离出来,出现了由法律职业者组成的专业法院,也就是普通法的三大中央法院。[2] 中国古代也是如此,而且司法与行政不分的历史更加漫长。在几千年的封建社会中,司法职能始终依附于行政,行政长官兼行司法职能,直到清末修法以后才形成现代意义上的职业法院。值得明确的是,现代意义的职业法院制度的普遍建立,应当说与孟德斯鸠提出的三权分立理论不无关系。按照这种理论,立法权、行政权与司法权应当分立,相互制衡。此外,这种理论还明确了司法独立原则,为法院在制度上的设立提供了理论基础。但由于各个国家历史条件、社会制度以及政治权力博弈不同,导致法院体系架构、职能范围以及权力行使明显不同,如普通法国家的违宪审查制度、大陆法系的行政法院制度以及林林总总的专业法院。与这些国家不同,中国不实行三权分立制度,而是代之以法院在党的领导之下,并向人民代表大会报告工作。同时,法院体系的设置也要简单得多,既没有违宪审查制度也没有行政法院制度,除四级普通法院之外仅有少数专门法院,而且,中国的司法权与强势的行政权相比,地位与资源要少得多。这就决定了中国司法权的有限性,决定了中国法院司法权行使的状态、特征与范围。通行的观点是,中国的法院作为国家审判机关,其主要职能是审判,但人民法院在行使审判权的过程中,既会涉及作为审判机关与诉讼参与人之间的关系,也会涉及人民法院作为国家机关与其他国家机关如何处理审判权的

---

〔1〕 [美]约翰·H.威格摩尔:《世界法系概览(下)》,何勤华等译,上海人民出版社 2004 年版,第 690～693 页。

〔2〕 程汉大:“中世纪英国法院制度的演变”,载《中西法律传统》2009 年第 10 期第 7 卷。

关系问题。[1] 也就是说,中国的法院不但要行使审判权,而且要协调处理各方面关系,不但要守住审判独立的底线还要防御行政权的侵蚀。从政治权力的架构看,在中国法院之上有党委及其政法委的领导,还有作为权力机关的人大的监督。这是当下中国的政治及社会制度所决定的。同时,法院周围还有行政权力的影响。

当然,在任何国家以及任何地区,司法的职能都是有限的。这是由司法的特性决定的。按照法律经济学的观点看,司法过程也是一种市场,存在司法供给与司法需求问题。界定法院在司法裁判过程中的角色,必须清楚地认识到司法自身的局限性,也就是司法的供给能力问题。正如考默萨教授所言,司法资源的妥当分配意味着,不仅要考虑司法供给还要考虑司法需求,仅仅把目光锁定在法院上是不够的。除司法之外,纠纷的解决还有其他可供选择的决策者,如政治过程、市场和非正式团体。[2] 如果过分地关注司法供给或者片面地关注司法需求,不是无谓地浪费有限的司法资源就是过分依赖司法制度,从而为法院设置超出其能力的目标或者期待。这实际上关系着法律的实然和应然问题。对各种决策者的选择,既是法律上的问题也是诉讼当事人的问题,同时也是法院对其自身身份地位及职能的认识问题。作为法院而言,尤其是作为中国法院而言,其供给能力与享有资源更加有限,因此更加需要注重司法策略,否则难以承担起无所不能的角色,而且,有的纠纷由政治过程去解决可能更加妥当,或者通过非正式团体或者替代性途径解决更加经济稳妥。没有任何国家或地区的法院能够把所有的甚至是大部分的问题都揽在自己手里。法院需要考虑司法过程的各种变量之间的互动关系,需要衡量自身判断能力的大小和所要面对的政治过程解决可能性,[3]然后选择适当的司法策略。

论及法院司法策略问题或者说纠纷解决中的资源配置问题,不能不提及司法的积极主义与消极主义之争问题。现代司法能动主义起源

---

〔1〕 莫纪宏:“法院职能配置在立法层面上的思考”,载《法律适用》2012 年第 8 期。

〔2〕 [美]尼尔·K. 考默萨:《法律的限度——法治、权利的供给与需求》,申卫星、王琦译,商务出版社 2007 年版,第 2 页。

〔3〕 同上,第 195 页。

于美国，核心问题是司法介入政治问题的解决，具有很强的宪法司法化的背景，[1]预示着法院不仅仅是被动、消极、中立的裁判者，而且也可以对法律和政策的合宪性有积极作为的判断权和否定权。这种所谓的司法能动主义不断地被西方法律学者进行扩充解读，认为司法能动主义实际上意味着不必拘泥于司法前例和成文法的规定，法院可以根据公共政策对法律加以解释并裁决案件，以此来回应社会现实和社会发展的需要。有的中国学者从司法权的功能层面将其划分为违宪审查意义上的司法能动、法官造法意义上的司法能动、法律解释意义上的司法能动和法律适用意义上的司法能动；从司法权的地位层面将其划分为权力体制意义上的司法能动、诉讼职权意义上的司法能动和权利救济意义上的司法能动。[2] 应当看到，无论是美国还是欧洲的司法能动主义，都有其特定的内涵和外延，并非是司法盲动主义，而且，司法界及法学界对司法的能动主义及消极主义的争论始终没有消停。即使在美国，也有法官或学者对司法能动主义持批判态度。随着近些年部分地方法院司法能动口号的提出，不少学者对中国法院能否奉行司法能动主义提出质疑。有的学者认为，“司法能动主义中国化问题并非是一种概念讨论和主义追求，而是对中国法律现代化问题予以系统解决的司法策略”。[3] 有的学者则认为，应当秉持司法消极主义。[4] 还有的学者认为，应当在两者之间寻找平衡。[5]

无论是奉行司法能动主义还是恪守司法克制主义，都应当结合特定的历史背景及现实条件。就中国法院而言，其既无宪法司法化意义上的能动，也无法官造法意义上的能动，而只能严格依照法律规定来裁判案件。即便如此，其还要考量自身的能力与资源，并在司法克制主义的基础之上继续严守司法谦抑的传统。实质上，少数地方法院所谓的司法能动

---

[1] 姜世波：“国际法院的司法能动主义与克制主义政策之嬗变”，载《2008 年全国博士生学术论坛（国际法）论文集》。

[2] 汪进元：“司法能动与中国司法改革的走向”，载《法学评论》（双月刊）2013 年第 2 期。

[3] 王彬：“司法能动主义的中国化”，载《法学论坛》2011 年第 6 期。

[4] 李辉：“论司法克制主义”，载《巢湖学院学报》2010 年第 1 期。

[5] 聂长建、景春兰：“司法能力主义：对司法克制主义与司法能动主义的平衡”，载《中南大学学报》（社会科学版）2012 年第 1 期。

实践，压根就不是欧美司法意义上的能动主义，仅仅是套用其概念而已，有其表而无其实。面对涌入司法程序的大量案件，如果继续采取所谓的司法能动主义，把相当的精力投放到矛盾纠纷排查或者非诉调解等额外性工作上，可能造成本就有限的司法资源更加拮据，更有可能荒废了法院的“主业”。固然，在中国的政治现实及社会条件之下，法院仅仅埋头审判也远远不够。正如前文所述，法院不仅要审判还要协调各种关系，而且，协调各方面关系也确有可能解决司法资源不足以及体制机制中的各种问题。因此，法院即使要在做好“主业”的同时适当地开展“能动”，也要切记司法的有限性特征，凡是能做的、该做的以及必须做的务必要做好，只能在还有剩余精力或资源的情形下拓展审判工作的职能。尤其在面对法律诉讼日益增加的今天，法院始终存在任务重与人手不足的矛盾，而长期超负荷的审判活动终将难以持久。由于对司法资源的需求远远大于供给，“溢出效应”必然带来司法制度的退出，[1]而且，“法院自身根本无法像它的替代性制度——政治过程和市场——那样以较快速度进行扩张”。[2] 总之，法院的职能是法定的，程序是法定的，任何时候都不能超出法定的职能或程序。

三、法官的职能及其能力

法律借助于法官而降临尘世。徒法不足以自行。法律形成之后，关键要靠人去实施。无论是司法供给还是司法需求，法官都是不可或缺的因素。如果说法院居于法律运行过程的舞台中央，那么法官则是这个舞台的中心人物。可见，“法律专业集团对社会整体化以及法制观念和司法方式的培养，始终扮演着举足轻重的角色”。[3] 法官的职业就是按照法定的程序和要求作出司法决定，生产司法产品，满足不断拓展的司法需求。但需要指出的是，法官群体的能力及其素质往往决定司法决策的可接受度与公正度，并深深地影响司法的供给能力问题。理查德·波斯纳

---

[1] ［美］尼尔·K. 考默萨：《法律的限度——法治、权利的供给与需求》，申卫星、王琦译，商务出版社 2007 年版，第 2 页。

[2] 同上。

[3] ［英］科特维尔：《法律社会学导论》，潘大松译，华夏出版社 1989 年版，第 454 页。

在《法官如何思考》中将法官划分为作为劳动力市场参与者的法官、作为偶尔立法者的法官,并阐述了法官的外部约束与内在约束问题,认为许多司法决定,都受法官的政治偏好或法律以外的其他因素的强烈影响,如法官个人特点以及个人的和职业的经验。[1] 中国有的学者则将法官分为四种类型:思想型法官、铁面型法官、矜谨型法官、精察型法官。[2] 这些无疑都是正确的。

考默萨教授在论及司法裁判的过程时强调,司法运行涉及三个广泛的制度因素即法官等作为司法决策者的权能或实有能力、诉讼的动态发展以及司法过程自身的有形容量。[3] 固然,作为司法裁判的中心人物,法官具有很强的独立性,不像政治和市场制度那样与公众关系密切。欧美国家非常注重法官制度建设,表现在法官遴选条件严格、法官任命程序复杂、法官职业保障到位等多个层面,[4] 而且还体现在法官任期较长,并且设有法官补偿金制度。[5] 但普通法系国家与大陆法系国家的法官制度也有差异,除体现在法官能否造法之外,英美国家法官是职业化的,不属于公务员体系,而欧洲大陆法官是职业制的,属于国家官僚(公务员)体系。[6] 中国的法官制度形成较迟,从形式上看既不同于欧洲大陆的法官职业制,也不同于英美国家的法官职业化。但总的来说,中国的法官尽管不属于公务员体系,但仍然参照公务员管理,尤其体现在将法官职务行政化,如厅级、处级、科级审判员,其职务升迁、岗位变动以及薪酬待遇也是参照公务员序列管理。同时,中国法院内部也同样呈现行政化问题,如上下级人民法院之间、法院内部的行政官员与法官之间,尚未完全摆脱费孝通先生提出的"差序格局"问题。这种现状,导致上下级人民法院审级不独立与法院内部的法官不独立问题。

---

〔1〕 [美]理查德·波斯纳:《法官如何思考》,苏力译,北京大学出版社 2009 年版,第 7 页。

〔2〕 杨建军:"好法官的两种形象",载《法学论坛》2012 年第 5 期。

〔3〕 同上。

〔4〕 梁薇:"西方法官制度对我国法官独立的启示",载《昆明大学学报》2006 年第 1 期。

〔5〕 [美]尼尔·K. 考默萨:《法律的限度——法治、权利的供给与需求》,申卫星、王琦译,商务出版社 2007 年版,第 36 页。

〔6〕 苏力:"经验地理解法官的思维和行为"(代译序),载理查德·波斯纳:《法官如何思考》,苏力译,北京大学出版社 2009 年版,第ⅵ页。

与西方国家相比,中国的法官队伍虽然在数量上非常庞大,但在司法能力上是无法与西方国家相比的。无论是西方的职业制还是法官的职业化,对法官的要求都非常严苛。中国的法官不仅仅体现在法律学识上,还体现在经验上。众所周知,司法过程是实践科学,经验(既包括审判经验也包括社会经验)至关重要。中国的法官基本上是迈出校门后直接跨入法院大门,几年之后就会任命为法官助理或者法官。这就决定了这些法官既缺乏司法经验也缺乏社会经验。当面对纷繁复杂的案件类型以及司法需求时,往往会作出欠火候的司法决定。当然,正如波纳斯所说的,法官并非道德或智识巨人,[1]但经验仍然是重要的。尽管近几年,最高人民法院以及各级人民法院都在提法官职业化或专业化的问题,但往往流于形式,而且,这种制度层面的问题,从来就不是司法系统自身能够解决的。《法官法》已经颁布多年,但法律规定的法官等级制度至今也仍然停留在纸面上,而目前法官的等级依然是行政化的。这就是,当下中国法官制度的现实。

中国法官与西方法官的区别还在于,中国的法官大多是奉行实用主义的,即强调司法要关心后果,以及因此而来的基于后果而不是基于概念和一般性作出政策判断的倾向。[2] 换句话说,中国法官在司法决策过程中不仅仅要考虑法条,更多地要考虑司法决策的可能后果以及社会公众的可能反应。中国法官不仅要服从法律,还要服从形形色色的官员,而且,媒体舆论与公众情绪也越来越影响中国法官的司法决策。因为,中国的法官并不能像西方的法官那样一判了之般行事,也不能像西方法官那样较少受审前信息的影响。因此,还可以在某种程度上说,中国的法官不仅仅要考虑法律,还要考虑舆论。这并非是说,舆论及公众不能监督司法决策,而是说舆论与公众不应当介入法官的正当的司法决策。实际上,除舆论及媒体之外,诉讼当事人的行为也往往影响法官的司法决策,如无休止的吵闹甚至信访,进而跟踪及威胁案件承办法官。这些都给法院及法官带来了无尽的烦恼。

---

〔1〕 [美]理查德·波斯纳著:《法官如何思考》,苏力译,北京大学出版社 2009 年版,第 7 页。

〔2〕 同上注,第 217 页。

总之,在中国的司法运行过程中,法律供给固然重要,但更重要的是,法院及法官面对日益增长的司法需求时要谨慎决策。从长远看,需要在体质及机制上改革现行的法院及法官制度,从而保证法院及法官能够专心司法,为司法需求者提供更好的司法决策。

李祖发，男，1973年10月出生于云南省师宗县，1992年考取中国政法大学，1996年大学毕业后至今在云南省曲靖市中级人民法院工作。先后从事经济审判、民事审判等工作，2002年6月起先后任民一庭副庭长、民二庭副庭长。2001年5月至2003年12月在云南大学在职攻读法律硕士学位。2012年10月至今在国家法官学院与香港城市大学举办的中国高级法官法学博士研究生班学习。现为四级高级法官，任审判委员会委员，民二庭庭长。

在迷茫的时候更需要坚守

李祖发

时光如梭，光阴似箭。回想从上大学至今，与法律打交道已经二十多年了，自己的青春、自己的执著都与这个“法”字紧密联系在一起。我始终认为法官这一职业最能真正实践法律的精神，最能真正实现大学的梦想。作为一个年轻人，为实现自己的理想，努力学习，脚踏实地的工作，希望以自己的勤奋缩短理想与现实之间的距离。但是在年复一年平凡的审判工作中，在日复一日琐碎的与一个个陌生的当事人打交道的过程中，我开始对自己所坚持的理想与信念发生了怀疑。特别是近些年来，为实现维稳要求下的社会效果、政治效果与法律效果统一而设定的各项考核指标让法官面临巨大的压力，且判案标准的多元化，使法官无所适从，司法无权威、司法无公信。法官为了保护自己，只能想各种办法去“摆平”案件。我动摇了，经常有一种莫名的凄凉与悲哀，怀疑自己这样的执著与付出是否值得。

三年前我当审判长审理的一个两个哥哥告弟弟和母亲的农村承包土地纠纷案件，在开庭时两个哥哥竟然大声指责辱骂其年近九十岁的老母亲，法庭对其制止，其不但不听法庭的制止反而大闹法庭,导致庭审无法进行。两个儿子认为是家事,看谁能管,谁敢处理其家事。恕不知自古以来,三纲五常,任何礼法,对这种逆子的行为都是要给予严厉惩罚的。但在民主法治的今天,强调依法治国,反而让这等逆子重现江湖,而法院对其这种严重扰乱法庭秩序的行为不敢依法处理。还有我们法院审理的一个刑事案件,被害人家属认为应该判处被告人死刑,而法院只判死缓,被害人亲属就到法院闹事,办案法官被被害人的母亲打耳光,造成法院一个上午无法正常工作的情况,最后只能是做思想工作,而不能对扰乱冲击法庭的人给予拘留、罚款或者追究刑事责任。去年我们审理的一个民间借贷纠纷案件,原告起诉后申请保全被告的财产,我们依法查封被告的一宗土地,被告为躲避债务不出庭应诉,但到年底被告到法院要求拿该宗土地去银行抵押贷款,在不提供其他财产作担保的情况下,非要法院解除查封,理由就是如果不解除查封贷不了款,其200多工人就发不了工资,工人没饭吃就要来法院吃饭。领导说这不就是不稳定吗?原告说法治社会怎么变成了老赖反而有理了?

上大学时是20世纪90年代初期,中国还贫穷,我们却豪情万丈,书生论政,多谈民主、自由、法治,而现在流行的是“拼爹”、“躲猫猫”、“打酱油”、“有木有”、“伤不起”,更多人喜欢用“囧”字来描述自己的现状。90年代中期刚到法院工作时,中国没有现在富裕,但没有人敢随意到法院闹事,我们的工作积极性蛮高,司法尚有权威,而今天中国这个世界上第二大经济体,法律法规多了,但好像不管用了,司法没有了威信,法官也开始迷失了方向。当今社会,很多人不相信规则能战胜潜规则,不相信风骨会胜过媚骨,而更相信讲真理的越来越少,讲享受的越来越多,讲级别的越来越多,讲理想的越来越少。在这个迷茫的时代,如果不能坚守好自己的激情与理想,那还真会迷失了自己。古人说,书中自有黄金屋,书中自有颜如玉。在这种迷茫的时候也许不断学习是更好坚守自己激情与理想的重要途径。

2012年3月看到国家法官学院的通知,自己具备参加香港城市大学(以下简称城大)与国家法官学院联合举办的法学博士研究生的报考资格。自己是既高兴又担心,高兴的是有这样的机会,而且单位也鼓励报考;担心的是在全国法院系统招考,我们在西部地区法院工作的人能够竞争得过东部发达地区法院的同行吗?但我还是抱着试试的态度报了名。因为工作繁杂,所以也没有更多的时间准备。临近要到北京面试了,因为心里没底,我与两位报考城大法官硕士的同事都有打退堂鼓的想法,但我们院长不同意,鼓励我们一定要去试试。7 月 2 日我同报考城大法官硕士的两位同事一起到了北京,本来她们面试完的后一周就是我们面试,但因故推迟到了 7 月 21 日才报到,与原来的时间相比推迟了近两周。来一次北京不容易,如果为了这次考试两次往返,生怕被单位同事笑话。因此,我只好将情况给院长汇报,院长要求我好好准备考试,回与不回由我自己决定,但一定要考好。领导的要求对我来说无形中压力倍增,心想考不上,回单位怎么交代呢?已没有了退路,自己一定要坚持!幸好在京期间得到大学同学的帮助,时间过得很快。7 月 21 日一大早就到国家法官学院报到,报完到我按约定乘地铁前往石景山与同学一起去潭柘寺,当时还没有下雨,但中午到石景山时大街上的水就已经淹过膝盖,幸有好心的师傅劝我们不要去了。这天北京碰上了百年不遇的大暴雨。后来回想,如果那天执意去了潭柘寺这次面试肯定就耽误了。7 月 23 日上午在外等候面试时有些紧张,进入面试现场王贵国院长虽然严肃,但所提的问题自己还能回答,就慢慢放松下来,再看看面带微笑的关文伟老师和扬帆老师,一场交谈式的面试很快结束了。面试完毕,我迅速往机场赶。在北京待的时间太久了!回程中我一直祈祷能够考上,因为自己太在意这次机会了。7 月 24 日我打开电子邮箱看录取结果,果真有自己的名字,太激动了。

初到城大,感觉全新的场景呈现在自己面前。大学是一个没有围墙的大学,大学直接连通又一城大型商场。城大的民主墙,展现了香港的民主程度,学生、老师、校方均可自由表达自己的观点,但很理性,制度运行有序。同学、老师彬彬有礼,每个人对自己该做的事认真负责,学校会公平对待每一个学生。在城大学习,讲法治,讲规则,不需要考虑“潜规则”。这确实是一股新风,自己当好好感受。

在城大学习要求严格,上课强调师生互动,课堂氛围既认真又活跃。王贵国院长的课气势恢宏,具有广泛的国际视野;顾敏康副院长的课深入浅出，纵论中外；梁美芬老师的课让我们从香港基本法的角度深入了解了香港的现状；贺欣老师的课让我们在研究方法上开拓了视野，受益匪浅；林峰老师的课让我们进一步理解了司法审查是法治的重要基石；美丽的扬帆老师的课内容丰富，特别是国外商事仲裁、调解的内容给了我们很大的启示。还有城大法学院为我们特意安排的多位专家学者的讲座，让我们了解了很多其他学科领域国际上的新成果、新经验。参加两次由城大法学院主办的国际研究会，聆听了很多国家的法学专家对不同法律问题的见解，也进一步理解了东西方文化在很多问题上的差异。但在自己研读一些判例等英文资料时，因为英语基础差，每天晚上熬到很晚都不知其所以然，特别是论文的难度与我们的想象大相径庭时，心里也十分忐忑。心想再难，自己也得好好坚持。

学习期间，我们还穿插访问了香港立法会、香港高等法院、区域法院、律政司，近距离地了解了香港的立法、司法等部门是如何有序运作的，是怎样在维持香港的法治。特别是到访韩国的国民议会、韩国大法院、首尔高等法院、商事仲裁院、律师事务所等，后又在高丽大学法学院学习了有关韩国法律的介绍课程，真实地了解了韩国经济近二十多年迅猛发展后的法治支撑。

通过在城大的学习，自己真正理解了实行法治是一种大势所趋。世界潮流浩浩荡荡，顺之者昌，逆之者亡。从 1997 年党的十五大就提出了依法治国的方针，党的十八政治报告中进一步明确法治是治国理政的基本方式，要全面推进依法治国，法治中国建设迈开了步伐。从十八大报告、习近平总书记一系列重要讲话精神到十八届三中全会作出全面深化改革的决定来看，推进法治中国建设摆在了非常重要的位置。现在常说危机倒逼改革，问题倒逼改革。法院作为审判机关，问题和危机是什么呢？这些年以来，我们在法院工作的人感觉到案件越来越多，压力越来越大，我们的工作量是成倍的增加。但为什么社会舆论和广大群众反而认为司法不公、司法腐败呢？其实这些年我们的法律制度和司法实践中仍然存在很多违背法治理念的问题，特别是正如前述的案例中所反映出的一些官员和普通民众受到维稳心态和社会不公平现象的影响，对法治的理解出现了很大的偏差，甚至对法治产生了质疑。还有就是我们的司法权力的运行机制和司法体制存在一定的问题,其已经不能适应当前社会对司法公正的需求。习近平总书记也指出,这些年来,群众对司法不公的意见比较集中,司法公信力不足很大程度上与司法体制和工作机制不合理有关。所以,十八届三中全会作出的《中共中央关于全面深化改革若干重大问题的决定》中对司法改革才有了具体规定。其中最重要的就是规定"改革司法管理体制,推动省以下地方法院、检察院人财物统一管理,探索建立与行政区划适当分离的司法管辖制度。建立符合职业特点的司法人员管理制度。改革审判委员会制度,完善主审法官、合议庭办案责任制,让审理者裁判,由裁判者负责。增强法律文书说理性,推动公开法院生效裁判文书"。司法改革具体举措的出台让我们重新看到了希望,但对此项改革我们法官准备好了吗?我们做法官的能裁判、能负责吗?就香港的实践看,从某个角度可以说法治不过是那些受过严格法律训练的人对社会生活管理与调整。其基石是法律知识、法律语言、法律推理技术、法律职业伦理规则的稳定性以及法律职业者决策过程的公开性,从而导致这种司法决策具有相当的可预期性。因此,只有造就一大批尊重规则、追求正义的法律职业者来运作法律的程序,才能使法律规范、司法制度有序运行。

怎样才能真正融入当前的司法改革中呢?我认为作为法官,就自身来说,最重要的就是提升自身素质。只有让自身素质达到真正能承担起对案件自己裁判、自己负责的水平,才不会被司法改革所淘汰。可以说,城大的学习就正好给了自己提升素质的新平台。现在觉得,城大的博士学位对我们来说很重要,但在城大学习的过程、跟各位老师学做论文研究的过程、开拓自己国际视野的过程才是受益自己终生的财富。

"过而不能知,是不智。"城大的学习让我能够深入理解健全司法权力运行机制的改革为什么要强调"让审理者裁判,由裁判者负责"。因为我们现行的审判权力运行是为了应对维护稳定的压力,审判权力行政化表现比较突出,审判委员会制度、请示汇报制度、庭长院长审批案件、上级法院对下级人民法院直接干预、各级法院按照行政运作的方式来处理、对待司法审判。权力的运行机制存在严重的行政化倾向,行政化违反了司法权本身的运行规律。虽然这样的机制有利于分担法院、法官所承担的风险,但其弊端就是司法的无责任化。

“知而不能改,是不勇。”城大的学习让我更加明白面对此项改革自己应当怎么做。法官不仅在庭审驾驭能力上要“会说”,而且在裁判文书的制作上要“会写”,更主要的还要有一种担当精神。法官办理案件的过程实际就是依照法律规定对双方当事人利益进行调整的过程,其面对的矛盾十分尖锐,难免会遇到各种诱惑、困难和挑战。在诱惑面前要守得住廉政底线,不唯利益是从。在困难和挑战面前,要坚守法律底线,不唯权力是从,不唯舆论是从。始终坚持法律在心中,公平正义在心中。此时想起城大郭位校长在开学典礼上的讲话,大意是从城大毕业的各位法官不能贪腐,如果法官都贪腐了,国家、民族还有什么希望?

就这是我的心路历程:在迷茫的时候更需要坚守自己的理想与激情,不断的坚守总会有收获。坚守,让我有了到城大学习的机会。城大的学习进一步夯实了自己的基石。面对司法改革的浪潮,自己做好了充分的准备。

张仲侠，男，中国高级法官，中国政法大学硕士研究生毕业，香港城市大学在读博士研究生。曾任北京市房山区人民法院副院长。现任北京市第三中级人民法院民四庭庭长。曾先后在《人民司法》、《法学研究》、《法制日报》、《人民法院报》等多家核心期刊和报刊发表文章，并有多篇文章在全国法院学术论文研讨会获奖。目前重点调研优化合议庭审判权运行机制。

法官职业化的中国式路径探索

——兼论法官尊荣回归之道

张仲侠

“法院是法律帝国的首都，法官是帝国的王侯。”[1]法官职业是世界公认的高等职业，在经济发达国家和地区，法官的社会地位极高，长期受到法律信仰者的大力追捧。然而，在全球经济一体化和社会主义法治不断发展完善的今天，我国的法官职业却受到了冷遇：一方面，法院缺乏良好的职业氛围，法官得不到相应的尊重和职业保障，社会地位与职业特征不相匹配；另一方面，当事人对法官缺乏信任感，尚未形成法官职业化、精英化的普遍认知，司法权威和司法公信力与法治国家的标准相比仍有差距。

法官职业化，是指法官以行使国家审判权为专门职业，并具备独特的职业意识、职业技能、职业道德、职业地位和职业保障。它的指向是共同职业信仰、道德礼仪、知识背景下的法官群体所具有的独特的职业精神、

---

〔1〕［美］德沃金·R：《法律帝国》，李常青译，中国大百科全书出版社1996年版，第361页。

职业尊荣及职业地位。[1] 作为当前深化司法改革的重要课题之一,法官职业化是破解法官职业冷遇、构筑法官职业尊荣的关键方法,也是树立司法权威、提升司法公信力的重要保障。

一、转变思路:职业化是实现法官尊荣回归的关键方法

当今世界,法官任命一般是经历加精英,走职业化道路。法官职业化是法院队伍建设的终极目标。通过法官职业化建设,逐步形成一个具有坚定的法治信仰、良好的专业训练、娴熟的司法技能、优秀的职业养成以及高尚的职业道德的整体,从而形成特有的职业传统和职业气质,[2] 并以此实现司法权的科学归位。法官职业化建设能够对引导、培养整个社会的法律意识和法治精神起到不可替代的作用。法官职业化,在法院外部,能够增加社会公众对法官的尊重和对法律的信仰,提升法官的职业尊荣感,并进而提升司法公信力;在法院内部,有利于全面提高法官素质,实现法官职权的真正回归,让法官能够体面地做法官。法官职业化是实现法官尊荣回归的关键。

(一)法官职业化有利于实现法官精英化,提升法官的职业尊荣感

法官职业化需要具备两个条件:一是法官独立行使审判权;二是专业化的法律人才。法官职业化的重要尺度在于审判的独立程度,审判越独立,法官职业的专门化程度也越高;相反,法官的职业化程度越高,就越能促进审判独立和公正,二者是相辅相成的。通过法官职业化建设,还权于法官,让法官真正独立行使审判权。职业化对法官提出了非常高的要求。一名职业化的法官必须具有坚定的法治信仰、良好的专业训练、娴熟的司法技能以及高尚的职业道德。符合这一专业化条件的法官群体,在长期审判实践中形成法官特有的职业传统和职业气质,而这种传统和气质不仅会使法官区别于其他行政人员,还会成为一种强大的内在力量,确保法官具有抵御外界干预的勇气和能力。

法官职业化的上述条件与要求,必然提高法官入职的条件与门槛,带

---

〔1〕 最高人民法院《关于加强法官队伍职业化建设若干意见》,2002 年 7 月 18 日颁布。

〔2〕 王为民:“关于法官职业化建设的思考”,载人民法院网,http://old. chinacourt. org/html/article/200406/29/121407. shtml,2014 年 3 月 2 日访问。

来的“大浪淘沙”的效应,使得审判权掌握在高素质的精英人才手中,从而实现法官的精英化,并进而外化于社会对法官的评价,提升法官的职业荣誉感,吸引更多的优秀人才加入法官队伍,构建起合理的法官人才梯队。

（二）法官职业化有利于实现法院管理科学化,优化法官职业保障

目前,我国法官人数已经达到 19.6 万,占法院人员总数的 58%。[1]根据国际惯例,我国 13 亿人口对应的法官人数应为 13 万,而目前我国法官数量已经超过国际平均标准。面对人民群众日益增长的司法需求,法院不可能无限制地通过增加人员数量来解决,而必须从实际出发,转变思路、目光向内,把内涵式发展作为解决问题的现实路径,把强化自身建设加强内部管理作为持续发展的根本动力,更多地依靠自我完善和内部挖潜提高审判效能。

最高人民法院院长周强同志强调:“加强正规化、专业化、职业化建设,是建设一支高素质法院队伍的必然要求,是确保司法公正、提升司法公信力的重要前提,是当前和今后一个时期法院队伍建设的基本方向。”[2]2013 年 3 月,中共中央组织部与最高人民法院联合印发《人民法院工作人员分类管理制度改革意见》,要求:“各级法院要明确法官、审判辅助人员、司法行政人员的类别和职责,设置各类人员的员额比例,确定职务序列和职数,实施分类管理。”[3]可以看出,无论是中央组织部门还是最高人民法院,都已经认识到进行法官职业化建设的必要性。只有以法官职业化为法院管理制度的基础,才能实现法院管理目标、管理手段向审判中心工作、向公正与效率实现良性回归,才能达到法院管理为法官服务、优化法官职业保障的效果。

（三）法官职业化有利于树立法官权威地位,提升司法公信力

司法公信力是指社会公众对司法制度以及在该司法制度下法官履行

---

[1] 袁定波:“法院人员分类管理尚存三大问题亟需解决”,载《法制日报》2013 年 7 月 25 日版。

[2] 周强:“加强法院队伍正规化、专业化、职业化建设”,载《人民法院报》2013 年 7 月 26 日版。

[3] 王为民:“关于法官职业化建设的思考”,载人民法院网,http://old.chinacourt.org/html/article/200406/29/121407.shtml,2014 年 3 月 2 日访问。

其审判职责的信心与信任程度。[1] 司法公信力主要体现为民众对司法三个层面的认同：一是对司法主体的充分信任与尊敬；二是对司法过程的充分依赖与认同；三是对司法裁判的自觉服从与执行。由于法官在整个司法活动中居于核心地位，法官形象在很多场合就是法院甚至司法形象的具体化，因此可以说，法官队伍的整体素质是影响司法公信力至关重要的因素。只有树立起法官在民众心目中的权威地位，才能引导民众对法院和法律产生尊重和信赖，并进而形成对司法的信任。

法官职业化建设在“才”与“德”两个层面都为法官素质的养成创造了良好条件。一方面，职业化建设内涵专业素质的要求，只有具备博学的法律知识，精通复杂的程序，具有深厚的法学理论基础、丰富的生活阅历的人才能从事法官职业；另一方面，职业化建设能够为法官提供相应的职业保障，解除法官的后顾之忧、降低法官的道德风险，让法官独立、自主、体面地从事审判工作。法官职业化造就出德才兼备的法官形象，不仅契合司法公正的本质要求，也符合民众对司法的期待，并最终将有利于司法公信力的提升。

二、目光向内：管理问题是影响法官职业化进程的重要原因

自2002年最高人民法院首次提出法官职业化的概念以来，法官职业化的推进并不顺利，法官职业受到冷遇的状况并未得到根本改观，主要表现为以下两个方面：一方面，具有丰富审判经验的资深法官逐渐转向非审判岗位，造成人员结构不均衡、资深法官出现断层；另一方面，正处于职业发展上升期的部分年轻法官或申请调往行政机关，或申请辞职下海，法院发展后继乏人。长期以来，待遇问题被认为是造成法官职业冷遇的根源，但其实不然。笔者经调研发现，资源配置不当、职责不清、职业风险高、外界干扰多、考核标准复杂等法院内部管理上的问题才是导致法官职业冷遇的主要原因。基于同样的原因，法官职业化的推进也是困难重重。

（一）资源配置单一，法官职责不清

审判实践中，无论是基层人民法院还是中级人民法院，审判资源一般

---

[1] 毕玉谦：《司法公信力研究》，中国法制出版社2009年版，第3页。

都按“一审一书”配置。即使是中级人民法院的合议制，由于《人民法院组织法》对法官与辅助人员的配置没有明确规定，一般也是三个“一审一书”的综合体。这种配置造成法官包揽诉讼过程，事无巨细，职责不清，难以抵御各种侵蚀。一方面，合议庭成员之间独来独往、单打独斗，陪而不审、合而不议，对彼此案件互不关心，造成合议制名存实亡，集体审判的作用难以发挥。另一方面，由于法官与辅助人员之间职责不清，法官除了审理案件外，还需参与大量繁重的事务性工作，使其无暇深入研究案件、提升理论素养。审判资源配置单一难以形成专业化的审判组织与审判氛围，一定程度造成审判资源浪费，法官尊荣难以体现。

（二）职业风险高，审判干扰多

司法实践中，审判主体是法院，而责任主体则是法官，形成“审者不判，判者不审”的局面。案件一旦出现问题，轻则法官调离审判岗位，重则追究法官刑事责任。长期以来，司法机关人财物地方化造成的司法权力地方化、审判管理层级制造成的审判管理行政化以及熟人社会带来的人情化，形成对审判工作的现实影响：审判内外部干预因素过多，法官的独立审判权难以保障，法官时常陷入领导、同事意见与法律标准相左的两难境地。这种情况在基层人民法院特别是对外开放不足的地区尤甚。法官的职业风险非常高。

（三）考核标准复杂，审判管理异化

当前的审判管理实践中，人民法院一般以数字化管理为考核手段，且考核标准复杂，甚至出现相互制约的情况：一是考核评价体系过于复杂，指标内容过多，操作难度太大；二是计算方法过于复杂，工作指标分解困难，无法有效指导审判工作；三是部分指标设置不合理，评价指向不明确；四是指标权重设置不合理，不符合审判规律；五是指标取值范围不合理，满意值设置过高，不符合审判实际。上述问题造成法官对考核指标的认知度较低、认可度不高，且存在较大的抵触情绪。

在指标的硬性压力下，各级人民法院和法官为追求考核成绩，出现唯数据论的倾向。例如，为了追求均衡结案指标，导致该立的案件不能及时立，该报结的案件不能及时报结，部分案件撤诉后又重复立案。有的片面追求调解率，反复要求权利人放弃或者妥协，造成违约者逍遥，“老赖”不断滋生。审判管理的异化不仅增加法官工作量,而且难以体现法官的实际工作水平,严重影响审判的社会效果,让法官倍感压力与无奈。

(四)法官队伍年轻化,尊荣感缺失

当前,我国人民法院系统普遍在法官任命、使用上相对被动。为缓解审判压力和迎合年轻人早日当法官的愿望,对于进入法院两至三年的大学生,在其刚具备法官资格时就任命为法官,由于缺少法官选用管理机制,一旦被任命,在审判部门未经任何试用期,未经任何甄别即让其走上审判岗位审理案件。

与此相反,在英美法系国家,做一名合格法官,不仅需要系统的法律知识,而且需要丰富的诉讼经验和处理复杂问题的能力。另外,丰富的人生经验和阅历也是公正恰当地行使司法权力的重要保障,成熟的人才能作出“成熟”的判决,初出茅庐的年轻人往往难当此重任。[1] 为此,其法官一般从执业律师及大学教授中产生,初任法官一般都在40岁以上。英美法系这种偏爱成年法官的传统,对世界其他国家的法律制度产生很大影响。即使大陆法系国家,其法律工作资历及年龄的要求一般也高于我国。例如,担任德国初任法官的资历条件是本科毕业后需通过两次国家考试,淘汰其中90%的候选者,并经过3~5年的试用期,才能被任命为正式法官。[2] 如果担任高级人民法院法官,则需要有担任初级、中级人民法院法官10年以上经历,年龄一般也都在40岁以上。

法官入职标准单一与选用门槛降低,导致我国法官队伍年轻化。这种做法无异于饮鸩止渴。一方面,法官过于年轻在一定程度上削弱了法官这一职业的专业化、精英化特点,忽视了法官阅历的分量,加重当事人对法官的不信任感;另一方面,由于社会阅历浅,社会责任感和正义感相对欠缺,法官容易受到各方面的侵蚀和诱惑,稍有闪失就会损害法官职业的整体形象。上述问题加剧了整个社会对司法裁判的抵触和藐视,降低

---

[1] 周泽民:《国外法官管理制度观察》,人民法院出版社2012年版,第81页。

[2] 法学本科毕业后,首先要参加第一次国家考试,考试合格后,经过2年社会见习(必须分别在法院、检察院、行政机关和律师事务所接受各3个月的实习,随后可以在立法机关、公证机构、工会、仲裁等机构中选择三个机构,分别接受为期6个月的实习),之后再参加第二次国家考试。第二次考试的成绩是挑选法官的主要依据,通过率约为10%。此外,考生只有两次机会参加第一次国家司法考试,如果两次都无法通过,将不再获得参加国家司法考试的资格。

了司法的公信力,使得法官难以感受到职业应有的尊荣。

法官职业应有的尊荣与当前我国法官职业受到冷遇的现实反差,究其本质原因,主要还是审判资源配置和法院内部管理问题。实践表明,只有科学配置审判资源、优化审判权运行机制、坚定地走法官职业化道路、以专业化和精英化为目标去培养呵护法官、以公平和效率为重心去规范法官、让法官都能体面地工作,才能从根本上解决法官尊荣回归问题,才能提高司法权威与司法公信。

三、路径探索:优化审判权运行机制,以固定模式合议庭推进法官职业化建设

在司法实践的层面探索法官职业化的实现路径,必须考虑现实困难与制约因素。只有准确把握影响法官职业化进程的原因,才能对症下药、有的放矢。从审判资源、审判特点、示范效应来看,中级人民法院具有率先实现法官职业化的优势,也具有推广示范、引领带动的条件。

(一)中级人民法院应率先实行法官职业化

2002 年 7 月,最高人民法院颁布《关于加强法官职业化建设的若干意见》,明确提出,要根据审判工作规律和法官职业特点,采取一系列措施,培养法官的职业素养,提高法官队伍的整体素质。首席大法官肖扬院长,在当年召开的队伍建设会议上指出,法官职业化建设是提高法官队伍整体素质的重要途径,在今后一个相当长的时期,是法院队伍建设的一条主线。

经过多年的司法改革,特别是司法准入制度的实施,我国部分法院法官的职业准入、职业意识、职业技能、职业道德、职业监督等已经基本符合职业化的要求。例如,北京法院系统一直坚持高标准招收人才,以审判长选任制、法官助理制度及书记员聘任制度设置审判工作的门槛,特别是三个中级人民法院,已经具备实行法官职业化的前提条件。

就首都人民法院而言,法官职业化应当在中级人民法院先行。北京各中级人民法院现有法官,基本上都具有研究生学历,平均年龄也在 32 岁以上,学历、经历上都基本符合法官职业化的要求。根据中级人民法院审理案件均为合议制审判的特点,中级人民法院在确定法官员额,实行法

官助理制度的基础上,仅仅需要重新配置审判资源,通过固定模式合议庭制度优化审判权运行机制,即能使法官队伍符合法官职业化的要求。

(二)优化资源配置,以固定模式合议庭推进法官职业化建设

固定模式合议庭,是指在一个法院范围内,根据审判任务多少,在各审判部门设置统一固定模式的合议庭。每个合议庭中法官、法官助理和速录员的数量、比例、标准统一。三者之间职责明确,单独考核,实行分类管理。例如,各审判庭可根据审判任务多少设立若干固定模式合议庭,每个合议庭由三名法官、若干名法官助理(初期以三名为宜)和一名速录员组成。法官负责合议庭案件的审与判,法官助理负责合议庭案件庭前准备等全部的事务性工作,速录员负责庭审记录。三者之间职责明确,分工负责,相互配合,共同完成审判任务。固定模式合议庭主要有以下优点:

1. 固定模式合议庭能够推进法官职业化进程。

固定模式合议庭设置下,需要实行法官员额制度。所谓法官员额制度,就是将法官定编,确定一个相对科学、稳定的员额,经过严格遴选,使一定数量高素质人才到审判岗位担任法官、行使审判权。实行法官员额制度,同时需要建立法官助理制度。减少法官数量,就要减少法官的工作量,减少的事务性工作交给法官助理完成。法官助理是审判辅助人员,不具有审判权,其职责是完成审判过程中的事务性工作,协助法官高效行使审判权。实行法官员额制度,由于相对减少法官数量,选任的法官素质、能力必然得到提高。法官任职标准的提高,客观上可以实现法官的职业化、精英化。

2. 固定模式合议庭以法官为中心,能够显著提高法官尊荣。

固定模式合议庭设置下,需要建立以法官为中心的审判权运行机制,实行审判长负责制。审判长负责制,是指在还权于合议庭的基础上,建立起由审判长负责组织协调的职责明确、分工负责、互相配合、高效运转的审判权运行机制。还权于合议庭,就是要改变"审者不判、判者不审"、责任模糊的审判机制,建立法官有权审、有权判,符合司法亲历性审判规律的审判机制,落实"让审理者裁判,由裁判者负责"的理念。

固定模式合议庭创新之处还在于创设法官助理职位。为法官配备助

理,从事审判辅助工作,彻底改变传统审判组织“一审一书”职责混同、缺少监督的弊端,使法官从繁重的事务性工作中解脱出来专司审判。一方面,可以使法官集中精力研究相关法律问题、提升专业化水平,可以体面地、专心地做法官;另一方面,法官可根据法官助理的个人特点选择使用,对优秀法官助理,经所在合议庭推荐可以进入到法官序列。法官对法官助理具有使用、选择和推荐权。这一制度可以大大提高法官地位,使法官成为法院内部人人向往的岗位。

3. 固定模式合议庭能够提高案件审判效率和质量。

固定模式合议庭以合议庭为审判主体,合议庭成为被考核单位。以合议庭为审判主体,就要改变传统承办人办案的制度,使案件审判主体始终保持在合议庭层面,实行合议庭集体审判。在考核制度上,以考核合议庭为主、考核合议庭法官为辅。通过考核合议庭,促使合议庭成员之间,互相支持,互相补台,确保合议庭集体审判作用的发挥。固定模式合议庭设置下,合议庭成员相对固定,成员之间职责清晰,在审判长的组织协调下,经过长期配合,可以形成各司其职、运转高效的良性工作机制。例如,对于送达与调取、核实证据等外出工作,法官助理可以统筹安排、集中办理,全面提高诉讼效率。这既符合诉讼经济原则,又满足当事人的诉讼期待。

此外,固定模式合议庭设置下,可以根据案件性质,确定若干个专业合议庭,对专业性质较强的案件集中审理,一方面有助于培养专家型法官、统一裁判尺度,另一方面也有助于提升案件审理质效。

实行固定模式合议庭不会影响正常的审判工作。例如,同样是70名审判人员的审判庭,按传统“一审一书”配置,可以形成35个“法官+书记员”组合;按固定模式合议庭配置,可以形成10个“3+3+1模式”合议庭,即30名法官、30名法官助理和10名速录员。在同等人员情况下,如前所述,10个固定模式合议庭,在职责明确、分工负责、互相配合的审判权运行机制主导下,案件审理质量和效率会得到全面提高,同时,还因减少了5名法官员额,为法官精英化提供了前提条件。

4. 固定模式合议庭可以保障廉洁审判。

固定模式合议庭设置下,实行科学合理的审判流程,可以保障法官廉洁审判。审判主体是合议庭,案件的结论由合议庭决定。庭前准备及排期开庭由法官助理独立完成。这种审判工作环节化的做法在一定程度上化解了行政化、人情化对案件"承办人"造成的各种干预,避免了"承办人"案件长期搁置的现象。例如,合议庭受理案件后,法官首先开始阅卷及庭前合议,由于此时法院尚未通知开庭和告知当事人合议庭组成人员,法官不会受到任何人情因素的干扰,书面审理及合议的标准只有一个,就是法律。在合议庭确定争议焦点及审理方向后,由法官助理指导双方当事人举证并安排开庭,合议庭集体开庭审判、集体合议可以共同构筑强有力的审判团队,既可以让当事人感觉受到司法的尊重,也可以抵御来自各方面的干扰。这一机制确保合议庭发挥集体审判的作用,同时也保障了廉洁审判。

5. 固定模式合议庭能够搭建年轻法官的综合成长平台。

固定模式合议庭设置下,法官助理成为独立的职业。法官助理这一独立岗位的设立,为培养、锻炼年轻法官搭建了一个重要平台,使法官助理成为法官人选的后备生力军。随着法官门槛的提高,法官任职不仅要求一定的专业素养,而且需要具备一定的阅历与审判经验,只有能力和经验均达到相应标准,才具备任命为法官的条件。在固定模式合议庭设置下,刚刚进入法院两三年、符合法官条件的年轻同志,并不需要马上走上法官岗位,而是要在法官助理的岗位上进行培养、锻炼,在法官员额出现空缺时,经法官(合议庭)推荐,充实到法官岗位。

当然,在目前的情况下,为了不降低法院整体队伍的经济待遇,对于符合预备法官条件的年轻同志,仍然可以按规定任命为法官,但暂时从事审判辅助性工作,待法官员额有空缺时再走上审判岗位。

当前,我国正处于社会转型期,社会纠纷不断上升,公众对司法的期望越来越高,权利保障意识也不断增强,这就形成了司法资源稀缺与诉讼上涨之间的矛盾。只有实行法官职业化、优化配置法官员额、提高人民法院法官队伍整体素质,才能确保案件审理的公正高效。

中国语境下的法官职业化应当至少包含法官的非大众化、法官的非行政化、法官的非地方化三个维度。因此,建立有别于一般公务员的法官选任、培训、晋级和惩戒制度，是法官制度改革的基本路径。[1] 进而，构建审判权力运行新机制，真正还权于法官、还权于合议庭，是推进法官职业化建设的应有之义。同时，为解决法院管理问题，科学配置审判资源、实现责权利统一，是推进法官职业化建设的必然手段。固定模式合议庭建设契合了法官选任、培训、晋级和惩戒的要求，也贯彻了“让审理者裁判、由裁判者负责”的理念，从根本上解决了传统模式下法院管理问题。此外，实行法官职业化，除了优化审判资源配置、实行法官员额、为法官配备助理、优化审判权运行机制、还权于法官加强法院内部管理、重归法官尊容以外，还要不断提高法官职业保障水平，建立有别于普通公务员的法官制度，确保法官享有任期保障、人身安全保障及职务行为豁免保障。以上制度的建立和完善才是加快推进法官职业化建设、实现法官尊荣回归的有效路径。

〔1〕 贺小荣：“掀开司法改革的历史新篇章”，载《人民法院报》2013年11月16日版。

张国锋，男，安徽省亳州市人，1971年5月出生，中共党员，国家三级高级法官。现任安徽省高级人民法院审判管理办公室主任，安徽省高级人民法院审判委员会委员，安徽省直属机关青年联合会委员、常委，中华全国青年联合会委员。

1988年至1992年，本科就读于国家"211"工程重点高校安徽大学，主修法学专业，大学期间，任校学生智囊团团长、校学生会副主席、法律系学生会主席。1998年至2001年，在安徽大学法学院攻读法律史专业研究生，获法学硕士学位。2012年至今，参加最高人民法院与香港城市大学联合举办的法学博士项目，现为香港城市大学法律学院在读法学博士。

重点研究法律史、行政审判、知识产权审判、刑事诉讼法、民事诉讼法等方面，主要著作有《行政自由裁量行为的瑕疵及法院对其的司法规制》、《实用新型专利侵权纠纷案例评析》、《关于刑事财产刑执行情况的调研报告》、《民事执行权分权运行的调研报告》、《执行中群体性事件的成因分析与对策》、《法院执行难问题调查分析》、《关于执行案件信息网络系统的意见》等。相关著作多次被收录进《最高人民法院执行工作指导》、《中国审判》、《社会动态专报》、《安徽审判》、《安徽科技与企业》等。

论人民法院在依法治国进程中的司法担当

张国锋

我国长期以来主要凭借执政党和政府的力量来推动社会进行发展与变革，由此而导致了司法工具主义盛行，造成司法的地位与功能未能得到充分重视的结果。随着改革开放和发展的不断深入，中国社会也在不断地走向多元化，在造成了社会上各种利益关系日趋复杂的同时，社会矛盾也愈加凸显，尤其体现在社会纠纷多发易发现象上，而这就要求了司法需要发挥其作为社会平衡器的作用。[1] 在依法治国的进程中，法院担当何种角色、承载什么责任，不仅关系到司法事业的科学发展，也关系到法治建设的未来前景，更关系到公平正义的切实维护，是一个必须科学解答的重大命题。

一、法院功能的比较研究

对法院的功能进行明确、合理的定位，是一个国家

---

〔1〕 周斌："论转型期中国的司法功能"，安徽大学 2006 年硕士学位论文。

的司法制度的重要组成部分。[1] 从历史变迁、中西对比、制度分析等角度研究中国法院功能的应然状态,进行比较分析,是切实找准当代中国法院功能定位的前提和关键,也有利于找出对于法院功能的改革和推进道路。

(一)从中国法院功能的历史变迁进行考量

在中国古代奴隶社会和封建社会,司法、行政往往不分,审判权统归行政机关行使,皇权高于一切,帝王可以左右司法、裁断纠纷、出入人罪。在很长的历史时期,中央没有专设的法院组织,只是设立相应的官职,如周朝士师、眚史负责审理王畿以内的诉讼。春秋时代各国设有司寇,秦有廷尉。到南北朝北齐时,才在中央设立了大理寺,专事审核刑狱案件。其后,除元代外,各代均分别由大理寺或刑部主管司法事务。在地方上则由郡守县令均兼掌司法,各级官署就是司法衙门也许是更为熟悉的称呼,司法与行政的高度合一使人难以辨明何为“司”,何为“政”。[2] 近代清朝末期和中华民国时期才引进了西方的法律制度,设立了法院,但发挥的作用有限。从以上可以看出,中国历史上对于法院专门机构建设和司法的独立作用重视不够,法院功能相对弱化,缺乏构建现代法治社会的深厚基础,也对当代中国法院功能的发挥产生了消极影响。[3]

(二)从中西方法院功能的异同进行考量

西方法治理念起源于古希腊,成型于资本主义制度。西方法制性质自然有其阶级性和特殊性的一面,然而内含的法律至上、法律面前人人平等、依法办事、司法独立、分权制衡等基本思想和原则,则对西方国家产生了巨大影响。以美国为例,法院除具备基本的纠纷解决功能之外,其权力制约功能比我国人民法院强大得多。“马伯利诉麦迪逊案”[4] 奠定了美国违宪审查制度的基础,且“布朗诉教育委员会案”[5] 使得美国种族歧视

---

[1] 丁以升:“法院的功能”,载《贵州警官职业学院学报》2008 年第 6 期。

[2] 毛兴勤、董万伟:“应然与实然:关于法院功能的思考”,载《六盘水师范学院学报》2012 年第 1 期。

[3] 陈洪杰:“论法官的角色扮演与功能担当——关于司法如何回应当下的两种叙事策略”,载《司法改革论评》2008 年第 1 期。

[4] *Marbury v. Madison*, 5 U. S. 137(1803).

[5] *Brown v. Board of Education of Topeka*, 347 U. S. 483(1954).

归于平静，简直是没有一个政治事件不是求助于司法的权威。[1] 美国的判例制度给予了法院在参加社会管理、权力制约方面以强大的能力。而在中国则完全不同，因司法权威不足而不得再审的案例比比皆是。在规则制定方面，美国法院的造法功能是强大的，主要通过判例法来实现造法功能，具有多元、主动、灵活的特点，而中国法院在这一方面差异较大。从以上论述中可以看出，一个理想的司法体系应当能够发挥权威的纠纷解决、有效的权力制约、与适当的规则创制这几个方面相辅相成、有机联系的完整功能，并使它们构成现代法院司法功能的基础。[2]

（三）从我国的司法制度进行考量

我国《宪法》第 3 条第 3 款明确规定："国家行政机关、审判机关、检察机关都由人民代表大会产生，对它负责，受它监督。"第 123 条和第 126 条又分别规定，"中华人民共和国人民法院是国家的审判机关"、"人民法院依照法律规定独立行使审判权，不受行政机关、社会团体和个人的干涉"。这是我国《宪法》给人民法院确定的政治地位和法律地位。可见，根据《宪法》，由人大产生的行政机关、审判机关和检察机关，都是在党的领导下，根据职权范围，贯彻党的方针政策，执行宪法法律，为建设中国特色社会主义事业服务的国家机器。虽然说我国的"一府两院"体制与西方国家的"三权分立"体制有着本质区别，但至少在我国宪法的框架内，"一府两院"之间的法律地位应该是基本相当的。然而，在我国现实的政治生活中，人民法院的这一法律地位并没有得到真正体现，现行的国家机构及干部管理体制并没有将人民法院摆在宪法确认的适当位置，人民法院常常被视为同级党政机关的一个职能部门。人民法院的机构设置、人员编制、经费保障等均受制于当地政府相关部门这个问题得不到解决，将在一定程度上影响人民法院的职能发挥和科学发展。[3] 因此恰当确立并充分落实人民法院的宪法地位，是建设社会主义法治国家的必然要求，也是保证法院功能充分行使的重要前提。

---

〔1〕［法］托克维尔：《论美国民主》，董果良译，商务印书馆 2004 年版，第 131 页。

〔2〕周斌："论转型期中国的司法功能"，安徽大学 2006 年硕士学位论文。

〔3〕陈洪杰："论法官的角色扮演与功能担当——关于司法如何回应当下的两种叙事策略"，载《司法改革论评》2008 年第 1 期。

二、当前人民法院功能发挥现状

当前,在中国进行深入改革开放的时代背景下,人民法院在功能发挥方面面临着一系列困境和挑战,化解纠纷的基本职能发挥得不充分,同时在制约权力和公共政策创制等方面的功能更是比较脆弱,因此需要进行加强以适应时代和社会的发展要求。

(一)化解纠纷方面

在改革开放之后纠纷的大量涌现和公众对法院裁判利用率提高的背景下,人民法院受理和审结的案件数连年大幅度攀升,在化解纠纷方面无疑正发挥着十分重要的作用。[1] 但是,从法院功能现代化的角度来看,法院目前所拥有的正当性资源与自己日益增大的作用不相适应。[2] 一方面受案数量不断增加,办案法官基本没变,办案压力不断增大,案多人少的矛盾较为突出。以安徽省的人民法院为例,最近10年,全省人民法院法官及干警总共增加不到400人,但案件却增长74%,案少人多情况十分明显。另一方面是案结事不了,裁判既判力缺失,司法公信力和法院的地位却并没有随着工作任务的增长而提高,反而日渐式微,法院工作正面临着前所未有的挑战和困境。

(二)权力制约方面

总的来看,人民法院的权力制约功能是相当脆弱的。长期以来,我国司法机关受到地方和行政的影响很大,没有体现出应有的力量。同时无论是在制度层面还是在现实运作层面,人民法院都没有取得与权力机关、行政机关相抗衡的力量,难以发挥出权力制约作用,而这突出表现在人民法院对于违宪审查权的缺失方面。要行使违宪审查权,必须先拥有宪法解释权,而《宪法》仅仅赋予全国人大常委会以宪法解释权,所以实际上只有全国人大常委会才能行使违宪审查权。在我国,人民法院被设定为单纯的法律适用机关,是没有违宪审查权的。与除了在违宪审查方面不具应有的权力之外,人民法院权力制约功能的脆弱性同样也表现在行政诉

[1] 杜豫苏、黄大卫:“司法社会责任的担当:通往司法公信之路”,载《人民法院报》2012年11月14日第8版。

[2] 王亚新:《社会变革中的民事诉讼》,中国法制出版社2001年版,第6页。

讼领域，尤其是体现在可诉行政行为的范围被作出了多种不合理的限制方面。[1] 根据《行政诉讼法》的规定，可诉行政行为只限于具体行政行为，不包括抽象行政行为；只限于外部行为，不包括行政机关对其工作人员的奖惩、任免等内部行为；只限于侵犯人身权和财产权的行为，不包括侵犯其他权利的行为。《行政诉讼法》关于可诉行政行为的规定大大限制了人民法院对于行政行为的制约权限。这就造成了人民法院对于行政权力的制约方面难以起到应有的作用，在很大程度上不能发挥。因而要真正发挥司法权对行政权的制约功能，仍然有很大的空间，要实现司法权对于行政权制约的任务，依然任重而道远，但仍然值得司法从业者为之辛苦努力。

（三）公共政策创制方面

与西方国家相比，我国人民法院无论是在法律解释还是在创造判例方面的功能都存在明显不足，且在公共政策的创制方面还远远不能达到应有的要求，需要在法院的法律解释和判例创造两方面共同进行加强。首先，根据我国法律，人民法院并不专享有法律解释的权力。[2] 法律解释权主要由全国人大及其常委会来行使，除了最高人民法院以外，其他各个层级的人民法院不具有司法解释功能。其次，就创制判例来说，近年来，最高人民法院先后进行了积极主动的探索，通过人民法院公报发布了一大批典型案例，并于2011年建立了指导性案例制度，要求下级人民法院在审判类似案件时应参照最高人民法院发布的指导性案例。但这些典型案例并不具有拘束力，主要目的在于统一法律适用，与英美法系的判例制度相差较远。高级人民法院也经常发布一些参考性案例，但这种案例的效力位阶更低，远远实现不了创制社会规则、引领社会风尚的作用。

在转型期的中国，司法功能严重受制于现阶段特有的社会政治与文化条件。[3] 受到极大限制的司法功能在特定的时代环境，如计划经济时

---

〔1〕 丁以升、孙丽娟："论我国人民法院公共政策创制功能的重构"，载《法学评论》2005年第5期。

〔2〕 同上。

〔3〕 陈洪杰："论法官的角色扮演与功能担当——关于司法如何回应当下的两种叙事策略"，载《司法改革论评》2008年第1期。

代环境下可以发挥作用,但是随着改革开放的发展,中国的市场经济正在蓬勃发展,同时也积极走向世界,参与全球村的环境。同时中国本身的社会环境正在逐步走向多元化,在政治权威对社会的控制力从先前计划经济时代的强控制到现在必须开始减弱的当代,司法功能应当在社会控制和发展方面起到更大的作用,而避免受到行政权能的过度影响。当前司法权的薄弱问题显然将限制中国的进一步深入改革和发展,并必然将影响社会的稳定发展。[1] 因而接下来最重要的课题必然是探讨如何在特定的时代环境下释放司法功能,并加强司法权能,以期在社会发展中发挥其应有的作用。

三、人民法院功能发挥不足的原因分析

人民法院功能缺失的原因是多方面的,既受意识形态、政治体制的影响,也受传统文化、公众法律意识的制约,还有法院自身方面的不足。

(一)司法体制仍不够完善

在国家权力体系博弈制衡中,司法权较之于其他权力处于较低地位。现有的诉讼制度导致终审不终,司法裁判的确定力、拘束力名存实亡。司法管理的行政化色彩浓厚,没有体现出司法工作固有的特点和规律,不能发挥司法应有的功用。发挥人民法院的功能,首先要解决的问题就是完善司法体制,去行政化,通过提高司法裁判的确定力和拘束力来提高公信力。

(二)公众法治意识仍不够强

我国是一个有着两千多年封建历史的国家,人治主义传统和儒家思想的影响根深蒂固,社会公众关于司法权力的民族记忆先验性地决定了司法公信力在我国当前不可能有很高的地位。[2] 在权利需要救济或纠纷需要解决时,公众往往倾向于选择权力救济而不是法律救济,而这一定程度上导致了司法功能难以充分发挥,在公众基础上限制了司法功能的发挥。改善薄弱的公众法治意识现状是发挥司法功能的必由之路。

---

〔1〕 周斌:"论转型期中国的司法功能",安徽大学2006年硕士学位论文。

〔2〕 温珍奎:"论司法公信力:概念、内涵、制约因素——基于社会公众认知视角的思考",载http://www.iolaw.org.cn/shownews,2013年12月20日访问。

(三)司法公信力相对缺乏

没有司法权威就没有法治,因此法治的前提是树立司法权威。[1] 有限的司法资源,不能满足转型期下社会公众大幅度增长的司法需要,司法供给与司法需求之间的矛盾加剧了公众对司法的不信任。同时,部分公众受不正确的引导,错误地认为法院能很好地解决一切问题,导致社会内部消化不了的各种矛盾(特别是社会转型期出现的问题)都涌向法院,使得法院站在了风口浪尖上。当这些期待无法实现时,司法便成为批评的对象。[2] 当事人一旦不能实现自己的法律预期,就将原因归咎于法院和法官,认为司法不公、不能为民做主等,对司法不信任,甚至四处告状,进京上访,极大地影响了司法功能的发挥。

(四)法院自身尚存在一些不足

法院自身尚存在以下不足:一是司法主体素质仍不够高。由于历史和现实的原因,我国法官队伍过于庞杂,素质参差不齐。近年来虽然实行了统一司法考试,提高了法官职业准入门槛,但司法能力不强的状况不是短期内能够根本改变的。二是司法行为不够规范。少数司法人员不能严格做到慎言、慎行、慎微、慎独等,使当事人乃至社会公众对司法的公正性产生合理怀疑;司法效率有待进一步提高,有的案件久拖不决,久执不结,当事人反映强烈;司法人员的腐败现象还未完全根除,极少数司法工作人员廉洁自律意识不强,甚至枉法裁判,严重损害司法权威。三是司法裁判结果质效不高。少数案件司法不公的现象还未完全杜绝;部分裁判文书质量不高、说理不透彻、论证不严密,裁判结果难以令人信服;自由裁量权的行使不规范,同案不同判仍不同程度的存在;司法裁判所应具有的指引、教育、评价等功能难以发挥,司法的统一性及权威受到损害。

四、完善人民法院功能的现实路径

在改革开放不断深入发展的背景下,法治正在中国逐渐成为一种主流的社会治理方式、社会活动方式和社会生活方式。这为在新的历史起

---

〔1〕 张卫平:“民诉法再修改:检察监督问题”,载《法制日报》2011 年 12 月 7 日第 12 版。

〔2〕 汪建成、孙远:“论司法的权威与权威的司法”,载《法学评论》2001 年第 4 期。

点上全面落实依法治国方略、加快建设社会主义法治国家奠定了坚实的思想理论基础、法律制度基础和社会群众基础。但从目前来看,加快建设社会主义法治国家的任务仍然十分艰巨而紧迫,需要我们的党和国家在更广领域、更深层次,以更大的力度、更快的速度推进建设社会主义法治国家的进程。对于中国人民法院功能完善来说,其是一个综合性的系统工程,需要一系列的整体架构和配套制度的完善。当前应通过渐进式的改革,对自身功能和作用进行重新塑造和定位,以期更好地化解纠纷、制约权力,进而实现对社会关系的良好调整。

(一)进一步完善纠纷解决功能

律者,定分止争也。司法最原始最基本的功能就是解决纠纷,因此,完善中国人民法院的司法功能,首先需要从完善纠纷解决功能做起。[1]从我国三大诉讼法的规定看,人民法院主要承担着刑事、民商事、行政等审判职能。化解矛盾纠纷首先就是应认真贯彻宽严相济刑事政策,切实做到宽严依法、宽严有度,有效维护社会稳定,减少社会对抗。其次应坚持以保障民生和促进经济发展方式转变为目标,不断加强民商事审判工作,准确运用调解和判决等司法手段,平息和化解社会上各种复杂的利益纠纷。司法机关的根本任务应该是努力保护和实现广大人民群众的合法权益。最后应认真履行合法性审查职责,妥善化解行政争议,维护相对人合法权益,监督和支持行政机关依法行政,促进行政关系和谐。在充分发挥审判职能的同时,鉴于目前法院案多人少的矛盾比较突出,要不断完善以司法为核心的多元化纠纷解决机制,促进通过人民调解、行政调解和仲裁等来分流一部分纠纷。人民法院在此过程中应注重发挥好监督功能,通过司法确认等方式,切实增强非诉讼纠纷解决的有效性、合法性,使得非诉纠纷解决方式既能充分发挥各自的功能和优势,又不致对法治造成威胁;既能实现效益的最大化,又不致损害当事人的合法权益。

(二)进一步完善权力制约功能

法治社会要解决的核心问题是对权力的控制,应把权力装在制度、法

---

〔1〕 左卫民:“法院制度功能之比较研究”,载《中外法学》2001年第1期。

律的笼子里。[1] 法院作为社会公平正义的最后一道防线,理应充分发挥权力制约功能,规范权力运行,减少权力滥用,保障人民权益。加强权力制约,最关键的是探索建立违宪审查制度。对此,法学界提出了多种方案,如在全国人大设立专门的宪法委员会,将违宪审查权交由最高人民法院行使,设立独立于现行立法体系和司法体系的宪法法院等方式,不一而同,但都从不同的方面强调了人民法院在违宪审查方面所应当起的重要作用。我们都应当进行慎重考虑,并积极推动试验。虽然,违宪审查制度的改革方向和未来违宪审查制度的具体运作模式牵涉甚广,并且是涉及宪政的问题,还需要从全局和细节上进行慎重论证,稳步推行,但逐步实行违宪审查权从立法机关向司法机关的转移则是值得肯定的。[2] 据统计,现今世界上已有104个国家建立了违宪的司法审查制度。[3] 要在我国建立违宪司法审查制度,必须冲破思想观念的束缚、突破利益固化的藩篱,正确认识人民法院行使违宪审查权,仅仅是对人大作为立法机关所拥有的立法权进行制约,不会对人民代表大会制度形成冲击。一方面,要创新行政案件的管辖模式,探索建立跨行政区域的行政法院,减少地少对行政诉的不当干预;另一方面,应切实加强有限的司法审查在政府法治建设中的作用,逐步将抽象行政行为纳入司法审查的范围。

(三)进一步完善规则制定功能

人民法院作为专门司法机关,是依法治国方略的实践者、法治精神的守护者,必须充分发挥裁判的导向作用,努力通过审判工作为社会提供“公共产品”,促使公众形成正确的行为预期,推动社会规则确立,调控社会秩序,弘扬法治精神,引导形成良好的社会风尚,有效促进经济社会管理事务步入民主法治轨道。主要有以下两条渠道:一是扩大人民法院的司法解释权。目前,我国人民法院的法律解释权受到极大的限制。应当赋予最高人民法院在法律解释上的更大的权限,尽量减少人民法院按照行政机关、检察机关的解释来裁决案件的情形。当然最高人民法院的法

---

〔1〕 谢晖:《价值重建与规范选择》,山东人民出版社1998年版,序言,第3~5页。

〔2〕 丁以升、孙丽娟:“论我国人民法院公共政策创制功能的重构”,载《法学评论》2005年第5期。

〔3〕 李晓兵、王兆鹏:“违宪审查与法院的角色”,载《当代法学》2001年第10期。

律解释权应尽量避免对某一部法律作出的全面、系统的解释，而是应该体现司法不同于立法的功能和性质，尽可能多地针对具体案件的审判来作出解释，协助社会形成各种价值决定。[1] 二是探索建立具有中国特色的判例制度。英美法系的判例制度是否可以植入深受大陆法系影响的中国司法体制中一直是值得探讨的问题，但我们仍可以引入判例制度中较为可以借鉴的方式，对中国的司法体制进行补充。审级较高的人民法院尤其是最高人民法院应该在判例制度的建立上发挥主导作用，在严格程序的基础上公布一些典型案例，以更好地统一法律适用，避免同案不同判现象，同时通过典型案例裁判规则的阐述，更好地引导公众行为。[2]

（四）进一步完善促进社会治理的功能

司法建议是人民法院依法延伸审判职能的重要途径，是推进社会管理创新的重要手段。作为法院来说，必须坚决避免就案办案、一判了之的倾向，而应密切关注执法办案中反映出的社会管理方面存在的漏洞和不足，善于从法治的角度对影响社会管理的普遍性、深层次问题进行研究，分析原因，有针对性地向党委政府和有关单位提出改进工作的建议。加强法制宣传教育，提高全民法律素质，营造良好的法治环境，是人民法院拓展司法功能的重要方式。各级人民法院应坚持把法制宣传与执法办案有机结合起来，寓教于案、以案说法，在化解矛盾纠纷过程中体现法律价值和司法智慧，[3]使广大人民群众更直观地了解法律、遵守法律，提高分清是非、正确处理矛盾和纠纷的能力，真正达到审结一案、教育一片的良好效果，有效提升全社会的法律意识。

五、结语

虽然目前人民法院仍然受困于司法体制仍不够完善、公众法治意识仍不够强、司法公信力相对缺乏、法院自身尚存在一些不足等问题，但仍

---

〔1〕 侯猛："最高人民法院的功能定位——以其规制经济的司法过程切入"，载《清华法学》2006年第1期。

〔2〕 余建华、孟焕良："担当司法责任、提升司法公信——访全国人大代表、浙江省高级人民法院院长齐奇"，载《人民法院报》2013年3月13日第8版。

〔3〕 余建华、孟焕良："金融危机中的司法担当——浙江法院牵手重点工程促进依法行政纪实"，载《人民法院报》2010年4月12日第1版。

有改善的路径。通过进一步完善人民法院的权力制约功能、规则制定功能、促进社会治理的功能，可以有效地提高人民法院的司法效能，从而进一步地在新时期实现司法担当的重任。

党的十八届三中全会审议通过的《中共中央关于全面深化改革的若干重大问题的决定》，从“推进法治中国建设”的战略目标出发，对深化司法体制改革、加快建设公正高效权威的社会主义司法制度，作了全方位的谋划部署和愿景勾画。其中，既有“维护宪法法律权威”、“深化行政执法体制改革”的宏观制度体系构建的内容，也不乏“确保依法独立公正行使审判权检察权”、“健全司法权力运行机制”和“完善人权司法保障制度”等司法改革重大紧迫现实问题和具体发展路径的设定。这必将为我们站在新的历史起点上深化司法改革、推进法治建设，努力实现让人民群众在每一个司法案件中都感受到公平正义的司法目标，竖起新标杆，开辟新途径，争取新胜利。我们有理由相信，积极、稳步展开的改革，是可以带动整个司法系统建设和司法改革的有序展开的，且人民法院的司法功能也将随之不断完善。

张祥楹，男，1967年1月生，汉族，籍贯辽宁省抚顺县，现为辽宁省高级人民法院立案二庭副庭长，四级高级法官，香港城市大学在读法学博士研究生。

1988年9月，张祥楹从辽宁省司法学校毕业，分配到家乡抚顺县人民法院工作；1993年4月，担任抚顺县人民法院经济审判庭审判员、庭长；1994年5月至2000年4月，担任抚顺县人民法院研究室主任、办公室主任、审判委员会委员；2000年5月至2009年7月，担任抚顺县人民法院副院长，党总支书记，审判委员会委员；2009年8月，经过遴选调任辽宁省高级人民法院助理审判员；2010年11月，竞聘上岗，担任辽宁省高级人民法院立案二庭副庭长、审判员。

工作期间，张祥楹于1990年5月至1995年7月，在吉林大学法律系完成了（函授）本科学习；于2002年5月至2004年6月，在中国政法大学（脱产）学习法律硕士研究生课程，获得法律硕士学位；2006年通过国家司法考试；2012年10月被录取为香港城市大学法律学院博士研究生。

“太阳谷”印象

张祥楹

“香港城市大学法学院东北校友会”成立仪式朴素而热烈。翌日,作为东道主,我与贵国院长并21位校友逐一话别,唯有敏康教授尚有两日停留。敏康教授提议游览“太阳谷”,我欣然陪伴。

“太阳谷”是一家葡萄酒酒庄,位于辽宁省辽阳市境内。曾经在影视剧里欣赏过一些世界著名的葡萄酒酒庄,那里不但出产享誉世界的葡萄美酒,而且也发生过许多令人回味的动人故事。“太阳谷”——见多识广的敏康教授短期内再次游览的中国的葡萄酒酒庄,究竟有什么样的美酒,究竟藏着怎样的故事呢?

汽车驶出高速公路,经过一段将近十公里崎岖的山间公路,山上看不到笔直高大的树木,一簇簇低矮的灌木点缀在平缓的山坡上。山间的田地里普遍种了玉米,已经收割的玉米堆成了“攒子”,晾晒着农民一年的收获。

距离“太阳谷”还有多远?我问敏康教授。

因为我和司机都是第一次听说“太阳谷”酒庄。

不远了!过了前面的山头,转下去就是“太阳谷”。

一个辽宁本地人要向香港城市大学教授问路,我自觉这个陪伴有些不合格。当发现敏康教授满脸上洋溢着兴奋时,自己平淡的表情也掩饰了愧疚。

"太阳谷"到了!刚刚转过一座山头,敏康教授就大声地喊了起来。放眼望去,一个宽阔且充满绿意的山谷出现在眼前,汽车缓缓停在酒庄门前。在大门的一侧是摆放着巨大的橡木桶造型,上面悬挂着"太阳谷"酒庄的标识。门前早有来迎接人,在他们的建议下,我们步行欣赏酒庄的风景。

这是一个大约900公顷面积的山坳。靠近山坳上端中心位置,一座三层白色朴实的建筑面朝南向坐落在那里。建筑前面有一个的扇形的广场,广场之外便是层层叠叠的葡萄树。山坳的顶部地势稍陡的区域,布满了各种适合北方生长的水果树。

走进葡萄园,俨然处于阅兵方队之中,松软的黑土地里生长着一排排的葡萄树,在立杆和拉线的支撑下,整齐而自然。十余名果农说笑着采摘着葡萄,显然习惯了有人参观。一位面色黝黑的果农停下来,双手捧过来一串刚刚摘下的葡萄,请我们品尝。看到我犹豫的样子,果农笑了:"太阳谷"的葡萄摘下来就可以吃,这里的葡萄不施化肥,不打农药,吃了会让你健康年轻。

敏康教授大口品尝着葡萄的美味,我的吃相却少了东北爷们的粗放。踩着葡萄架下松软的黑土,径直走向扇形广场,却发现葡萄园和广场之间隔着水系相连的三个水塘,三五成群的美洲燕在泥塘里嬉戏,偶尔蹿出水面的鱼儿证明着它们的存在。水塘边的草丛中间,一位垂钓人在抱怨鱼儿的"狡猾"。穿过水塘,敏康教授在广场前的一大片三叶草边,寻找着"四叶草",寻找着自己的幸运。

穿过天然石材铺砌的广场,数十只肥硕的鸽子在建筑的一角忽起忽落,眼前的白色建筑自然而亲切。端坐在"太阳谷"酒庄的荣誉室,聆听着"太阳谷"的故事:"太阳谷"酒庄是一家私人酒庄,庄主名叫吴廷辉,2012年1月12日"太阳谷"冰葡萄酒进入"全球最具价值奢侈品100强",也是中国本土品牌唯一进入此领域的奢侈品。"太阳谷"酒庄建立后19年只做了一件事,就是还原土地!他接受了欧洲葡萄酒庄园的信条,好的葡萄酒是种出来的,只有好的土地才能种出好的葡萄,只有好的葡萄才能酿出好的葡萄酒。“太阳谷”酒庄完全按照欧盟 IBD 有机农业标准进行葡萄种植、酿造,成为亚洲最大的,也是国内唯一的获得“欧盟有机认证”和“中国有机食品认证”双有机认证的酒庄。

晚宴上,吴廷辉深情地介绍,19 年前刚来到这里建酒庄时,他委托当地农户种植葡萄,自己负责回购,要求农户不准使用化肥和农药。第一年,大部分农户没有按照约定种植,产出的葡萄经过检测后吴廷辉拒绝收购;第二年农户按照吴廷辉的要求不再使用化肥农药,等到秋收时,由于土壤环境习惯了化肥农药,当年的葡萄几乎没有收成;第三年春天,农户拔掉了葡萄藤,改种其他农作物,不再与吴廷辉合作,理由就有一个,吴廷辉不懂农业,不使用化肥农药怎么能长出好的农作物?

吴廷辉改变了主意,他要亲手种出好的葡萄,酿出好的葡萄酒。吴廷辉开始自己租地,自己种植葡萄,不使用化肥农药。到了收获季节,整架的葡萄不是被害虫吃光,就是烂掉。不服输的吴廷辉在失眠多日后,请教了资深的农业土壤专家,得到的结果是现在的土壤环境是数十年化肥农药共同作用的结果,而要改变至少要 10 年的时间。10 年——对于一个商人可能完成数个投资周期,实现创业梦想,而吴廷辉经历 10 年后要面对的却是更多的未知。吴廷辉此时表现出罕见的执著和勇气。他挖开土地,将买来的秸秆、稻草埋进去,种植的葡萄不去采摘,让其烂到地里,化肥农药完全禁止在“太阳谷”酒庄里使用。年复一年,漫长的等待,终于等来了土壤生态环境改善与恢复,各种鸟儿、昆虫回到了“太阳谷”,生物链条的平衡,“太阳谷”的葡萄生长变得自然而有生命力。

细细品味着“太阳谷”冰葡萄酒的“奢侈”,又去聆听酿酒过程的精致,我们侃聊的话题一直没有离开“太阳谷”。敏康教授忽然向我提了个问题:“太阳谷”种植葡萄的过程对国内已经开始的又一轮司法体制改革是否有借鉴意义呢?酒至半酣的我无暇深思敏康教授的话题,“相信新一轮司法改革成果会像‘太阳谷’的冰葡萄酒,纯美、甘甜,惠及民众”成为我对敏康教授的回答。深夜,躺在酒庄宽敞的大床里,仿佛黑土地的能量正通过“太阳谷”冰葡萄酒慢慢地渗透到我身体的每一个角落,没有一点儿排斥。

清晨,不知名的鸟鸣让我破例早早地起床,顺着小路去往酒庄东北的山上散步。清新里透着果香空气让本已清醒的大脑更具灵感,昨晚敏康教授的话题进入我思考的空间。

民众与法律人对司法改革的目标、成果的期望绝不亚于"太阳谷"人对冰葡萄酒的执著。多轮改革措施的出台与实施也和"太阳谷"人倾囊投资葡萄的种植与冰葡萄酒的酿造异曲同工。新一轮司法改革措施再次发布,再如初春暖阳,法学理论专家、学者欢呼雀跃,纷纷撰文立著,建言献策,勾画着"去地方化、去行政化、法官从业保障"的新的司法改革蓝图;司法实务届大都心潮澎湃,憧憬未来,仿佛法律人的春天已经来到。但是冷静思考一下,"太阳谷"人追求酿造好葡萄酒的梦想,最初的失败让他们明白,恢复土地自然的生命力才是实现梦想的基础和根本。急功近利,追求短期的收获,结果必定与理想相距甚远。而潜心 19 年,力求土壤的恢复自然,才会在每一个四季轮回中都能收获理想的果实,酿出绝世美酒。多么希望新一轮的司法改革,我们的法律人在追求司法中国梦的同时,也要拿出更多的精力来关注我们的法治土壤。

曾几何时,"拿起法律武器维护自己的合法权益"的宣传,鼓动着想"讨个说法"的当事人将打官司视为"家常便饭",由此催生了许许多多"一元钱"官司。大量的维权纠纷进入法院诉讼程序,原本和睦的邻里或合作伙伴对簿公堂,矛盾升级。法律的确是维护公民合法权益的手段,但不应当是解决纠纷、争议的唯一办法。在生产、生活中,公民之间应当谨遵谦和、容忍、和谐等传统观念和民族美德,让公民的一言一行都渗透着这种传统和美德,即使发生纠纷,当事人各方也能本着谦和、容忍、和谐的态度将纠纷、争议化为无形。第三方的介入与调解对于缓和各方对立情绪、避免矛盾升级将起到润滑剂的作用。仲裁、行政调解与行政裁决也是快速解决纠纷、争议最好的选择。这样的选择防止了大量的纠纷、争议进入诉讼程序而刀兵相见,防止司法资源被过度使用,而法院也能有足够的时间、精力审理好大案、要案。

规则意识应当成为公众法律意识中的主流意识,也是培养良好法治土壤最倚重的思想意识。规则意识要求公众中的每一个人的任何行为都应当主动接受来自社会各个方面规则的约束,包括道德与法律层面的,也包括民间与公共社会层面的,还包括家庭与邻里层面的。规则并非排斥自由,"自由只能再与能够去做应当想做的事,而不被迫去做不应当想做的事"。[1] 这里的"应当"指的就是公众应当接受的规则,个别人违背规则去享受自己的"自由",就要接受公众共同维系的规则的制裁。如果多数人都违背规则去享受自己的"自由",所有的公众也就没有了自由。国家认可层面的规则就是法律。法治社会不仅有法律约束着公众的行为,更有其他规则(如乡规民约、家规族规以及某些地区、某些行业独特的解决冲突的规则,这些规则有着独特的解决纠纷的方式)影响着公众的行为。树立规则意识,人们的行为就会受到不同方面的规则的约束,当出现违背规则的情况时,不同的规则就会从不同角度发挥作用。有了规则意识,绝大部分的公众就会按照规则行事,少数违规者自然也会接受相应的规则规制。当然,法律作为社会最高层级的规则,由于其有国家强制力作保证,在具有规则意识的公众面前将有足够的权威,且法律的实施将十分畅通。

法治的土壤里除了谦和、容忍、和谐的道德观念和规则意识,还应当有良知。良知就是公众内心的善良,是没有义务前提下的责任与付出,也是没有证据条件下的承认与履约。良知是公众一切言行的原点,决定着言行的方向。如果公众心存良知,"彭宇案"也许就不会发生,法官的判词也不会成为"老人倒地该不该扶"的舆论焦点。如果公众心存良知,公众之间的生产、生活必定多了诚恳朴实,少了诡辩奸诈,编造证据、恶意诉讼的行为必定没有市场,冤冤相报、寸土必争的邻里纠纷将不复存在,见义勇为者承担侵权责任这样流血又流泪的现象也将永不再现。

谦和、容忍、和谐道德观念、规则意识和公众良知在当下、在某个公众个体和某个个别事件上仍不乏体现,这是法治土壤的改良与恢复的星星之火。让谦和、容忍、和谐的道德观念在公众生活的每一个角落发生作用,公众日常的一言一行都以各种社会规则划定方式,让良知成为公众内心最强大的精神动力,经过长期的引导和积累,形成公众的集体人格即法

---

〔1〕 [法]霍尔巴赫:《自然政治论》,陈太先、眭茂译,商务印书馆 1994 年版,第 239 页。

律文化。[1]

司法改革的梦想绝非易事,法治土壤的改良与恢复也不可能在短时间完成。我们法律人要像“太阳谷”人一样,为了一个梦想,守住一份执著,付出十分汗水,敢于追求,敢于担当,耐得住孤寂。相信总会有一天,我们的司法改革会结出累累硕果,也会酿出绝世美酒。

从山上返回的途中,一阵鞭炮声在路边一盘石碾子周边炸响,石碾子裹着一条红绸子。燃放鞭炮的果农向我解释了原因:“太阳谷”人将石碾子看作土地赐予的神物,只有经过石碾子的碾压,人们才能吃到土地长出的粮食。方才将石碾子从山下移到此处,燃放鞭炮驱邪,并表达敬畏。

在“太阳谷”看到的日出比外面稍晚,但并不影响葡萄接受光照。山谷效应反而让葡萄接受到更多的太阳的能量。

---

〔1〕 余秋雨:《北大授课:中华文化四十七讲》,北京联合出版公司 2013 年版,第 15 页。

张澎，男，1970年4月生，先后在江苏省扬州市中级人民法院、扬州市邗江区人民法院、仪征市人民法院工作，现任仪征市人民法院院长。

法官的时间都去哪儿了

张　澎

马年央视春晚上，一曲《时间都去哪儿了》拨动了亿万观众的心弦，特别是被习主席带到俄罗斯索契后，“时间都去哪儿了”也成了热门流行语。前不久，微信圈里不断转发着一条法官版的《时间都去哪儿了》：上月老案才送达/电脑新案又增加/肚里存了好多话/抵不过满耳挨骂/记忆中的大法官/雄赳赳的大步伐/一纸诉状交给他/只为他判啥是啥/时间都去哪儿了/还没判完这件那件就来了/才到一线一阵子/满脑子都是上诉改了发了/时间都去哪儿了/还没正式下判决他们就闹了/小心翼翼办案子/转眼就只剩下满耳的老茧了。虽然填词未必符合音律，而且对法官工作现状的描述不无夸张，但是，或多或少反映了法官工作的现实状态，如办案的辛苦、案件被发改的担心和当事人的不理解。我注意到，在这条微信后面，圈中的法官朋友特别是在基层一线的法官纷纷点“赞”。看来，这种“吐槽”还是引起了基层法官们的共鸣。

那么，法官的时间都去哪儿了？

一、早与晚的辛苦

在我二十多年的法官生涯中，最初是在中级人民法院专司刑事审判，因为关乎被告人的自由和生死，定罪量刑必须慎之又慎，压力可想而知。后来，调任基层人民法院，接触到了更为繁复的民事审判和执行工作，才发现基层法官更为不易。

我不知道其他人民法院是否存在这样的现象，但至少在我任职过的两家基层人民法院，天还未亮就奔波在路上的通常是执行法官，因为很多时候只有"堵被窝"才能找到被执行人，特别在春节前后一个月左右的执行"黄金季"里，执行法官真是"红"了眼在找那些平时杳无声息的"老赖"们。这不只是一种辛苦，也是一种无奈。而华灯初上仍伏案写文书的大多是民事法官，"白加黑"、"5+2"可能是解决"案多人少"矛盾最直接、最有效的途径，加班加点自然成了家常便饭。但是法官也有普通人的烦扰，也需要有正常人的生活。我曾问过一个刚进院不久的年轻法官有没有女朋友，他半认真半开玩笑地答道：谈恋爱需要两样东西，一个是金钱，一个是时间。目前，这两样东西对我来说都是稀缺品！今年腊月，五百多名欠薪案件的申请人在我院领取了近千万元的劳动报酬，中午很多法官忙得食堂做好的热饭菜也没空去吃，一边开票拨付一边吃点面包、饼干。晚上我自掏腰包请大家吃饭，原以为"八项规定"以后，大家好久没在一起喝点了，少不了要闹酒，没想三十多个人，六瓶白酒都没劝掉。这些也是做父母、为儿女的法官们要么想赶回去打扫卫生，买菜购物，准备明晚一家人团圆的年夜饭；要么盘算着给爸妈买哪些礼物，孩子初一穿什么样的新衣服，得抓紧时间去超市、商场办回去；难得几个"油瓶倒了都不扶"的大老爷们，吆喝忙碌了一天，也累得两杯酒下肚就犯起困来。桌上大家七嘴八舌这么一说，我也想起来，七十多岁的老父亲刚装了心脏起搏器，好多天没洗澡了，左胳膊还不能多动，做儿子的该陪他去理个发，洗下澡，清清爽爽、精精神神过个年吧。主客都没了兴致，原该热热闹闹的一场晚餐就这么草草散去了。

二、诉与访的消磨

其实对于法官来说，加班加点，体力上多付出一点倒不觉得辛苦，有时多办了案件、解决了件疑难复杂案件还有一种成就感带来的开心和愉悦。怕就怕案件当事人去上访甚至闹访，因为一旦有当事人信访或者赴省进京上访，法官不仅要面对没完没了的协调、沟通和汇报等，还有系统内部的考评和信访部门的通报。有的法官忙活一年，办案上百件或者数百件，也可能因为一件案件当事人闹出点“动静”而前功尽弃——评先评优、晋职晋级都有可能受到影响。更有少数当事人信访、上访时还掺杂、捆绑着子女就业、解决安居房等与案件本身无关的诉求，而法官成了他们与相关部门讨价还价的“中介”或者“人质”。把时间和精力消磨在这上面才使法官感到心累。

2013 年的全国政法工作会议提出“引导涉法涉诉信访问题在法治轨道内妥善解决”，以解决“信访不信法，信上不信下”的问题。随后，全国范围的信访排名、通报被停止。当时，有人担心此举会引发大规模“信访潮”。现在看来，这种担心多少有点杞人忧天。不仅没有出现“信访潮”，而且从前常见的闹访、群访等现象少了。应该说，解决“访”的问题已经走上了正常的途径和正确的轨道，给法官松了绑、减了负。

然而，对于“诉”的问题，基层法官仍有自己的苦恼和担心。到目前为止，案件的发改率还是法官业绩考核体系中的一项重要指标。和信访一样，一个发改案件可能让法官一年的辛苦与付出“归零”。在这样的“指挥棒”的引导下，基层人民法院的法官不得不花上大量的时间，千方百计做当事人的“释法明理”工作，想方设法避免案件上诉后被上级法院“发改”。虽说只要做到公正司法，就不必担心当事人上诉或是案件被发改，但是，事实上，既然是诉讼两造相争，那么有赢就必有输，而且不是每起案件都能做到胜败皆服。所以，当事人上诉不可避免，更何况上诉实乃当事人的权利。至于案件被发改，不论是因程序违法或因事实不清、证据不足或认定事实错误，还是适用法律错误或实体处理不当，抑或因裁判文书存在质量问题，都属正常现象。毕竟，孰人无过？陈光中教授不是说过，“上帝不会犯错，可法官不是上帝”。否则，大可不必设立二审、再审等纠错程序了。作为一院之长,我虽然明白这个道理,但也清楚不是所有法官的能力、水平都可以做到"一纸诉状交给他/只为他判啥是啥"。考核在目前还是必要的,问题是怎么考"更科学"、"更合理"。好在从去年起,上级人民法院已取消了各基层人民法院间的绩效排名考核,替代以合理区间值考评,而这已经向符合司法规律更进了一步。

三、调与判的拉锯

调解与判决的关系,可以说"剪不断,理还乱"。从"能调则调、当判则判,调判结合、案结事了"到"调解优先、调判结合",再到当下强调"正确处理调解与判决的关系",都在解决一个调解和判决"谁重要、谁优先"的问题。这场似乎是非此即彼、此消彼长的"拉锯战"让不少基层法官无所适从,都不知道怎么办案件了。

1982 年的《民事诉讼法(试行)》强调"应当着重调解",延续了"马锡五审判方式""着重调解"的特点,而且也符合当时的社会情境和政治要求。一些年长的法官常感慨,那个时候,法官到原告、被告家里走一走,或者把双方当事人喊到一起拉拉家常,就能按村规民约、风俗习惯把矛盾纠纷化解。到了 20 世纪 80 年代末,原有的"重调解"审判方式,既不能适应经济社会发展的需要,也无法及时解决案件迅速增长的问题,民事审判方式改革应运而生,法院调解被淡化。至 1991 年《民事诉讼法》的修订,确立了"调判并重"的原则,调解逐渐被冷落,形成了"重判轻调"的局面。这个时期,法官比较注重规则之治,把大量的时间和精力放在庭审和裁判文书制作上,如同"自动售货机"般不停地"生产"判决。然而,这样的判决并不都被老百姓所接受。有些当事人不服判决,遂四处申诉、上访,案结事难了。

进入新世纪后,由于"执行难"、涉诉信访等问题开始困扰法院以及出于维护社会稳定的考虑,调解实现了"二次勃兴"。这个时期,调解是法官重要的业务技能,而优秀法官、模范法官大多都是"调解能手"。"调解优先、调判结合"原则的提出,使得法院愈加重视调解,以至于异化成"重调轻判"、片面地追求调解率,甚至有法院提出令人惊诧的"零判决"目标。这一方面,使得被案件增加压得喘不过气的法官,不得不把大量的时间投入到无休无止的调解当中，以提升调解率，身心俱惫；另一方面，抹杀了司法与其他解纷方式在功能上的差别，导致“法院不像法院、法官不是法官”。党的十八大提出要善于运用法治思维和法治方式，各级人民法院都开始反思诉讼调解政策，强调要正确处理调解与判决的关系，不再片面追求高调解率。诉讼调解热的“退烧”迹象，还赢得了法官的好评。毕竟，我们不可能指望诉讼调解能“包治百病”。

四、主与副的烦恼

在基层一线办案的法官，常抱怨“搞调研、写信息、做宣传”这些副业占去了自己不少的时间，甚至冲淡了执法办案这个主业。

从法官裁判思维的训练和业务素质的提升角度来看，给法官安排信息和宣传任务，并没有太多的合理性和必要性，可能的价值在于让法官锻炼下“笔头”，但是，鼓励和要求法官做审判调研仍有必要。“工欲善其事，必先利其器。”审判调研的目的或目标并不只是让法官写写稿子、发发文章那么简单，而在于指导和促进审判。可能有人不以为然，认为法官审案不过是让目光在当事人提供的证据和立法所确立的法律规范之间往返，并居中裁判而已。但是，事实上，法官不仅要当事人提供的证据“去伪存真”，还要发现针对个案的恰当裁判规范，并准确解释和适用既有的法律规范。所以，法官的公正裁判是建立在准确而深刻的辨法析理之上的。这正是审判调研的价值所在。

季卫东教授认为，“一名好的法官其娴熟的法律专业知识和能力应建立在深厚的学识基础上，而不能满足于实用技巧的工匠型专才。”审判是一门艺术，法律是一门科学。法律的适用、审判的推进，都需要法官具有良好的理性思维和学术素养。如此强调法官要做学术研究，并不是说要让法官焚膏继晷地研读理论典籍，都成为著书立说、著作等身的专家学者，而是要让法官逐渐成长为具有深厚的理论基础、高超的裁判技巧和法律的思维习惯的法律人。在我看来，一个优秀的法官往往是一个勤学善思、能说会写的法官，一篇优秀的裁判文书删繁就简后就是一篇好的调研文章。反过来，一个法官能将实践中具体的法律问题上升到理论层面来分析、研究，断起案来自然是驾轻就熟，至少他（她）的裁判文书说理充分、逻辑结构明晰。从法官的工作任务来看,审判调研虽属法官的“副业”,却是支撑主业的基石,属于“更高层次的审判”。此外,我想,法官仍有必要花些时间来学习和掌握一定的经济、政治、文学、地理以及自然科学知识,丰富自己的知识结构。与法学知识相比,这些知识虽属“副科”,但属于法官综合素质中的基础性知识。这是因为引发矛盾纠纷的因素是多元的,法官定分止争的方式应是多方面的,观察和看待问题的角度应是多维的,而这些能力和素质唯有通过不断的学习和实践才能得以掌握,并熟练加以运用。

五、老与少的困扰

对于基层人民法院的管理者来说,法官的流失可以算得上是一个困扰多年的问题。法官的流失可以概括为两种情形:老的要退、少的要走。

在我看来,法官是需要时间去积淀的职业。尽管在基层人民法院,相当多的年纪比较大的法官都不曾接受过高等教育,但是,“法律的生命不在于逻辑而在于经验”,老法官的经验是不可多得的财富,尤其是在当前城乡二元体制下,老法官更适应解决农村地区矛盾纠纷的需要。美国学者约翰·亨利将法官的特点概括为“年长、经验、精英”。在他看来,年长有利于权威的树立,经验是对复杂的社会问题作出相对客观的分析,进而对当事人的是非责任作出判断的基础。虽然年长与经验之间不能画等号,但是两者的关联性显而易见。事实上,绝大多数案件不是仅凭理论上的判断就能作出裁判,还需要法官根据自身的审判经验和生活阅历,洞察社会现实,灵活适用法律,进而定分止争,也才有可能胜败皆服。然而,囿于现有的人员管理体制,在绝大多数地方,法官和其他公务员一样适用统一的退休、退养政策。例如,按一定的年龄“一刀切”,让正值经验、精力都在巅峰期的法官提前离开审判岗位,从某种意义上说这也是法官时间的流失。

对年轻法官这一群体,管理者最为苦恼的就是人心思变、人心不稳。每年的公务员招录,法院的报考“门槛”很高,不仅要具有本科或研究生学历,还要求通过国家司法考试。然而,“门槛高”不代表入职后的“收入高、地位高”。事实往往相反,法官群体不仅所承担的压力越大越来,职业尊荣感越来越差,而且在经济待遇、职级晋升空间、社会地位等方面远逊于其他公务员群体。常有年轻法官跟我提及,每次同学聚会,做律师的谈买房换车,谈过年过节去哪休闲度假;在其他党政机关的,不是哪个带“长”了,就是哪个要公示了,自己觉得与他们是两个世界的人,插不上话。那种纠结与失望之情溢于言表,并在彼此之间相互传递。慢慢地,萌生离意的越来越多,很多正值当打之年的骨干都重新拿出公务员考试的教材,将本该花在研判事实、理解法条、推敲文书上的时间投入在改变自身命运的又一次博弈上。

好在这种困扰已引起了决策层的高度重视,新一轮司法改革的诸多措施均指向此。这也使我们在劝导他人乃至于说服自己坚守对法律的热爱和信仰时真实地相信一切还有希望,希望就在前方。

余波，女，1971 年 12 月出生于贵州省贵阳市。1993 年毕业于西南政法学院经济法专业，获得法学学士学位，2006 年获得西南政法大学刑法学硕士学位。1993 年 7 月至 1995 年 7 月在贵阳市人民检察院工作，后进入贵州省高级人民法院并工作至今。历任书记员、助理审判员、审判员，现任贵州省高级人民法院审监二庭庭长。

我的2012

余　波

2012年,我41岁。因为竞选民二庭庭长失败,离开了工作了16年之久的民二庭(前身为经济庭),调整到民一庭当副庭长。虽然办公室都在一层楼,也都是民事审判庭,但是民事审判思维方式与商事审判思维方式的不同,仍然让我在工作中少了很多自信。与此同时,儿子上了初一,开始住校,围着孩子转的夜晚很快被韩剧、美剧占领,每每到凌晨一点,才会在体力不支中昏昏睡去。生活,突然不再在熟悉的轨道上运行,让人到中年的我很有些不适。玛雅人曾经预言,2012年是“世界末日”,会发生很多不幸的事情,那我的2012呢?

一季度:换岗破灭

一月底,发小从广州回来过春节,告诉我自己成为了一家律师事务所的主任。业务范围的扩大以及业务量的增加,让发小深感人手不足,于是向我发出邀请,希望我加盟。保底工资8万再加上提成的条件,不算优越,但却足以让我实现换岗的无缝对接,我不禁有点心动。一则是因为19年(2年检察院、17年法院)的体制内生活,早已让我预见了未来 5 年甚至 10 年的模样。二则是司法外部环境越来越恶化,维稳的压力以及法律效果、社会效果有机统一的裁判要求,早已让我这样多年来一直坚守在审判一线的法官无法享受从业的快乐以及职业的荣誉感,而只能承受工作的繁重与艰辛。办案,越来越多地变成了一种痛苦。也许,是该换换工作了。于是,我开始找我的律师资格证。我是 1993 年大学毕业的那年就参加了律师资格考试,并获得了律师资格证。但是,因为一直在检察院、法院任职,也因为喜欢法官这个职业,所以我从来没有想过要去放好那张纸,也从来没有想过在 19 年后那张纸会成为我开启另一个岗位的钥匙。而当我真的需要它时,我却发现,它消失得那样彻底,甚至没有留下一张复印件。没有了那张纸,也就无法开启另一扇门。我突然意识到,作为一名法律人,我竟然在多年前就不经意地切断了自己的退路。也许命运早就注定,我只能做一名法官。

二季度:竞岗成功

3 月,单位开始了 2012 年的第一轮竞岗。发布的庭长岗位为立案二庭、审监一庭、审监二庭。尽管案件多、维稳压力大、审判力量薄弱,在审判庭中地位边缘,是这三个庭的共同特点,但僧多粥少的现状,仍然让三个岗位成为了竞争激烈的香饽饽。因为从到法院开始就一直从事民事审判,所以纠结之后,我最终选报了审监二庭庭长。从自愿报岗,到海选胜出,到上台演讲,到两次民主投票,到党组最终抉择,到人大批准,到 6 月最终到岗。一轮又一轮的竞争让人精疲力竭。好在不管多么艰难,总有家人、朋友的支持和陪伴。所以,当一切画个句号时,我却发现自己最大的收获并不是我所竞争的那个岗位,而是在获得那个岗位的过程中所得到的关心、鼓励和认可。四十不惑,可谓最大的收获。

三季度:意外读博

7 月,单位通知我到北京国家法官参加第二届中国高级法官博士班的面试考试。虽然从来没有想过四十多岁的我还有机会继续深造,但是真的机会来了,把握并且努力争取成为我唯一的选择。面对 6∶1 的激烈竞争,我开始确定研究方向、准备面试问题、搭配面试服装、计算面试时间、调整面试策略，一生中从来没有参加过任何面试考试的我，摩拳擦掌，跃跃欲试，做好了应战前的所有准备工作。7 月 22 日，北京城遭受了新中国成立以来最大的一场暴风雨的洗礼，而雨过天晴后，我走进了面试的会议室时，开始我人生中最重要的一场面试。我的心从来没有跳动得那样厉害，但是多年的工作经验、充分的准备工作，让我很快沉静了下来。7 分半钟后，我走出了那间会议室，拿进去的资料因为紧张而原封不动地拿了出来，全身也已经湿透，但是我知道，我挺过来了。两天后，在机场候机的我得到了已被录取的通知，我用自己的努力抓住了人生最重要的一次机会。

四季度：完美蜕变

10 月，我来到香港城市大学，开始了为期 2 个月的课程学习。短短 57 天，城市大学高效与人性的管理模式、严谨与务实的治学原则、丰富与紧凑的教学节奏，让我深受启发。紫、蓝、绿、黄、红五个学区的纵向分布，颜色 + 楼层 + 序列 + 顺序的教室编号方式（比如 Y5401 教室就意味着黄区 +5 楼 + 第 4 列 +1 号教室），大大提高了教室的错峰使用率以及老师、学生的正确识别率。完善的视频、音频播放系统以及网络系统，能够满足教学、讲座、召开国际研讨会的不同需求。200 万册在线图书以及 100 多万册的藏书，全球各领域最新出版的核心期刊、判例、法律法规等资料以及老师、学生可以共享的全球最权威的几个数据库，让你能参与最前沿的研究。食堂、中西餐厅等就餐场所，游泳池、羽毛球、乒乓球等不同的运动场所，银行、便利店、书店、设计室、电脑室、语言实习室、影音室及多用途活动室等配套设施，能满足学生的各种生活需要。与国内大学不同，香港的大学对诚信非常重视。通过诚信考试才能完成学生注册；完成的作业要经过诚信系统的检测并计入个人诚信档案；作业必须按时完成和上交，是学校对学生最基本的要求。这样的要求杜绝了国内的抄袭学风，让我们能放下一切安心学习。如何以规则管人、以制度管人，确保教学质量，城市大学为我们提供了很好的样本，也让我明白它为什么会在短短的二十几年里就跻身全球百强大学。如此近距离地接触香港这个国际大都市，安静地坐在教室，聆听王贵国等知名法学家的教诲，让我学会了从不同的角度看待问题,也感受到了极致的幸福。这种幸福,来源于国家对法官职业规划的支持,来源于香港爱国人士的大力支持,来源于单位及党组的支持,也来源于自己的努力。

2012,悄然离去,但却在我的人生中留下了浓墨重彩的一笔。不管未来遇到怎样的困难,我都会继续前行。我相信,只要足够勇敢、足够坚持、足够努力,我的人生一定会有很多个“2012”。

邹挺谦，男，1969年11月出生，浙江省永嘉县人，浙江大学法学硕士，香港城市大学法学博士研究生，现任浙江省温州市中级人民法院民事审判第四庭庭长，中国青少年犯罪研究会会员，浙江省法学会诉讼法研究会理事，人民法院出版社《民商审判论坛》编辑委员会委员，《民商法原理精要与实务指南丛书》编辑委员会委员。曾在《人民司法》、《民事审判指导与参考》、《青少年犯罪问题》、《民商审判论坛》、《Mediation In Asia－Pacific》等刊物上发表论文多篇，并在国家和省级学术讨论会上多次获奖。曾出席第四届国际民法论坛和联合国国际贸易法委员会和香港城市大学举办的2012年度亚太调解会议。合著有《农村土地承包法原理精要与实务指南》、《中国当代法律热点问题研究》等书。

法院调解的实证分析*

——以浙江省瑞安市人民法院小额诉讼为样本

邹挺谦

近年来,在人民法院的民事诉讼中,将调解作为纠纷解决方式的比例呈现出明显的上升趋势。但由于我国的法院调解缺乏文化上的传承性、现行法律对调解的设置上存在制度缺陷,部分法官对调解的重视程度不够,从而使调解工作陷入发展中的困境,呈现出"成长中的烦恼"。

为了深入了解和考察法院调解在民事诉讼中的运行状况和在纠纷解决中的地位作用,我们借浙江省瑞安市人民法院在小额速裁试点的机会,在该项工作中推行以调解作为主要结案方式的尝试。同时,通过采集了瑞安市人民法院、温州市中级人民法院和浙江省高级人民法院这三个不同层级的人民法院的调解数据,征求了部

---

* 本文在2012年11月16日至17日在香港召开的亚太调解会议(Asia-Pacific Mediation Conference 2012)上作过交流并作会议发言。本届亚太调解会议由香港城市大学和联合国国际贸易法委员会(UNCITRAL, United Nations Commission on International Trade Law)等单位共同举办。参见http://www.cityu.edu.hk/slw/APMC2012/speakers.html。

分法官、检察官、律师和其他法律工作者的意见,和部分直接从事调解工作的法官和律师进行了交流,取得了第一手的资料。在此基础上,分析了我国人民法院调解困境的成因,并提出了改进的意见和建议。

一、小额诉讼中的调解实验

(一)基本情况

2011年3月,根据中央司法体制改革领导小组《关于原则同意在全国部分基层人民法院开展小额速裁试点工作的复函》,最高人民法院下发了《关于部分基层人民法院开展小额速裁试点工作的指导意见》(以下简称《指导意见》)。[1] 同年5月,瑞安市人民法院被浙江省高级人民法院指定为小额速裁工作试点单位(浙江省共有四家基层人民法院进行试点)。[2] 据统计,自2011年5月起至2012年8月止,瑞安法院共收民商事案件13338件,其中符合小额速裁条件的案件共1730件,占13.07%。当事人选择适用小额速裁程序为447件,诉讼标的总额为5382840元。其中,案件诉讼标的在2000元以下的有26件,2000~5000元的有52件,5000~10000元的有148件,10000~50000元的有221件。适用小额速裁程序的447件案件审理结果(见表1)是:调解431件,撤诉13件,判决3件。调撤率高达96.4%,平均审理天数6天,比该院同期简易程序平均审理期限32天减少26天。这些案件呈现了"三高一短"现象,即"调解撤诉率高、息诉服判率高、自动履行率高、诉讼周期短"的特点。[3] 在判决的案件中,没有当事人申请异议审查,约71%的案件在调解之后能够自觉履行。

试点实践表明,在小额速裁程序同步施行法院调解具有标杆性意义。例如,瑞安法院在2011年5月适用小额速裁程序审结的第一起案件,经双方当事人同意后,审理过程省去答辩与举证等环节,并当庭达成调解协

[1] 当事人起诉的案件法律关系单一,事实清楚,争议标的金额不足5万元的普通民事案件,经双方当事人同意,可以适用小额速裁,实行一审终审。

[2] 瑞安市为中国浙江省下辖的县级市,属于温州市。瑞安市陆域面积1271平方公里,海域面积3060平方公里,辖5个镇、10个街道,总人口119.05万,是浙江省重要的现代工贸城市和历史文化名城。2011年瑞安市GDP生产总值达523亿元。2011年全国百强县排名第20位。

[3] 瑞安市人民法院课题组:"数据背后的小额速裁",载《温州审判》2012年第4期。

议。从立案窗口立案到拿到调解书前后仅20分钟,又不需要缴纳诉讼费,当事人均感到十分满意。

表1　瑞安法院小额速裁案件结案方式统计表

(2011年5月~2012年8月)

案由	结案	结案方式中		
	件	判决	调解	撤诉
民间借贷	35	1	34	
买卖合同	61		61	
提供劳务者受害责任纠纷	9		9	
承揽合同	8	1	6	1
物业服务合同	30		18	12
合伙协议	1		1	
建筑工程	5	1	4	
居间合同	1		1	
追索劳动报酬	44		44	
加工合同	3		3	
商品房销售合同	210		210	
追偿权	1		1	
机动车交通事故责任纠纷	25		25	
劳务合同	8		8	
其他合同	6		6	
合计	447	3	431	13

(二)原因分析

在审理小额诉讼案件的这15个月,瑞安法院共审结447件,其中调解结案为431件,调解率高达96.4%。这一调解率是非常高的。为此,我们进行了分析,主要有以下原因:

一是由于案件本身的性质所决定的。由于小额诉讼案件多属于《民事诉讼法》第142条规定的"事实清楚,权利义务关系明确,争议不大的简单民事案件",且浙江省高级人民法院将适用小额诉讼的争议标的额定为

5 万元以下。因瑞安(县级)市位于我国东南沿海地区,经济发达,对于 5 万元以下的小额诉讼,纠纷性质和法律关系往往比较简单,双方当事人容易较为迅速地了结纠纷。

二是双方当事人均能到庭,易于当面沟通,信息对称,可迅速互谅互让,达成调解协议。由于瑞安法院小额诉讼属于试点,需当事人均签署程序确认书方能适用,故当事人下落不明的案件均排除适用。而在普通的民事诉讼中,由于本地外出经商、务工人数比例较大,人口流动较频繁,当事人下落不明而致无法直接送达法律文书的情况也较多,许多当事人连开庭审理都无法参加,更何况去参与法院主持的调解了。

三是调解程序前置使调解成功率大大提升。在小额诉讼的试点工作中,瑞安法院拟定的《诉讼指南》中"倡导当事人以调解方式结案",在《审判规程》中要求法官"先行调解,调解为主,调解不成再行判决"。由于在作为程序规范的《诉讼指南》和《审判规程》上确立了实质意义上的调解程序前置,加上承办法官的着力推动,从而使调解作为解决小额诉讼纠纷的主要方式。[1] 例如,该院陶山人民法庭在审理 41 名砖厂劳动者状告企业主阮某追索劳动报酬纠纷案件时,发现被告阮某下落不明。同时,在执行阮某的民间借贷纠纷案件中,发现阮某避债国外。法官遂通过各种途径联系阮某,告知其相关法律后果,敦促其回国解决问题。经做多次工作,阮某及其妻先后返回瑞安,和 41 名劳动者进行调解,并配合变卖部分资产。这 41 件拖欠劳动报酬纠纷遂通过小额速裁程序全部得以解决。

四是适用司法解释的规定,引导当事人自愿适用调解协议签字生效的规定。《民事诉讼法》第 99 条规定:"调解书送达一方前反悔的,人民法院应当及时判决。"在司法实践中,部分当事人利用这一规定,在协议上签字后又予以反悔,引起了不必要的麻烦。例如,当事人在不同的时间在调

---

〔1〕 在修正后的《民事诉讼法》生效前夕,浙江省高级人民法院于 2012 年 12 月 26 日出台《关于适用小额诉讼程序审理民事案件相关问题的意见》,其中第 15 条规定:"立案后可以委托人民调解组织调解,也可以在庭前、庭审、庭后等环节组织当事人调解。但调解不成或者当事人明确拒绝调解的,应当及时作出裁判。调解达成协议并经审判人员审核后,双方当事人同意该调解协议经双方签名或者捺印生效的,该调解协议自双方签名或者捺印之日起发生法律效力。调解结案的小额诉讼案件可不制作调解书,但应当将调解笔录复印件加盖原件核对章后交由当事人保存。"这项规定,强化了调解在小额诉讼中的作用。

解协议上签字,先签收的一方不知他方拒收调解书,调解协议则归于无效,当事人和法官的努力付诸东流,又增加了诉讼成本。因此,该院在实践中适用最高人民法院《关于人民法院民事调解工作若干问题的规定》第13条的规定,即当事人在协议上签名或盖章后生效,拒收调解书的,不影响调解协议的效力。[1] 由于在制作调解书时适用这一规定,当事人在签署协议后再不能反悔,有力地维护了诉讼中的诚实信用原则,并有效地提高了调解率。

五是法官出于规避审判风险的考量,而主动地适用调解方式结案。由于小额诉讼一审终审的试点并没有现行法律上的依据,虽有当事人的书面确认选择,但承办法官仍然心存顾虑,因而"只调不判"。首先,小额速裁程序的启动基于当事人的"确认书",并无相应的诉讼法上的依据。如果作出一审终审的判决有可能引发当事人的投诉,甚至信访,那么调解结案则是完全合法的。其次,按照最高人民法院的《指导意见》,当事人对一审终审的判决不服而提出异议申请,并经审查异议成立的,应裁定撤销原判。这种情况下,本案是否会被评定为错案,尚不得而知。如前所述,试点一年多以来,在小额速裁程序中适用一审终审的判决案件仅为3件,而调解率撤诉率则特别的高。

六是诉讼费杠杆作用凸显。由于瑞安法院在对小额诉讼调解成功的案件时免收诉讼费,因此在一定程度上调动了当事人选择调解的积极性。因为小额诉讼案件的当事人多为弱势群体,对于诉讼费用的收取也较为敏感,而通过调解结案能免收诉讼费,有利于节约诉讼成本,从而在客观上促进了调解率的提高。

试点实践表明,小额速裁程序的使用大大节省了审判资源,让法官腾出更多的精力办理疑难案件,实现了审判资源的优化配置,而大量纠纷通过第一审程序直接化解,当事人放弃二审程序,直接缓解了二审法院的工

---

〔1〕 最高人民法院《关于人民法院民事调解工作若干问题的规定》第13条规定:"根据民事诉讼法第九十条第一款第(四)项规定,当事人各方同意在调解协议上签名或者盖章后生效,经人民法院审查确认后,应当记入笔录或者将协议附卷,并由当事人、审判人员、书记员签名或者盖章后即具有法律效力。当事人请求制作调解书的,人民法院应当制作调解书送交当事人。当事人拒收调解书的,不影响调解协议的效力。一方不履行调解协议的,另一方可以持调解书向人民法院申请执行。"

作压力。由于在小额诉讼试点中的调解率高的示范效应,带动了该院调解率的提高。尽管从数字上看,小额诉讼调解率对全院调解率的贡献仅为3.23%,但因此带来了较大的正面辐射效应。由于尝到了调解的甜头,该院在各项审判中全面推行调解工作法,使调解率逐步上升。例如,2011年当年比2010年上升了8个百分点,2012年1~9月份又上升了近2个百分点。法院调解的积极作用和正面功能得以充分发挥。(见下图)

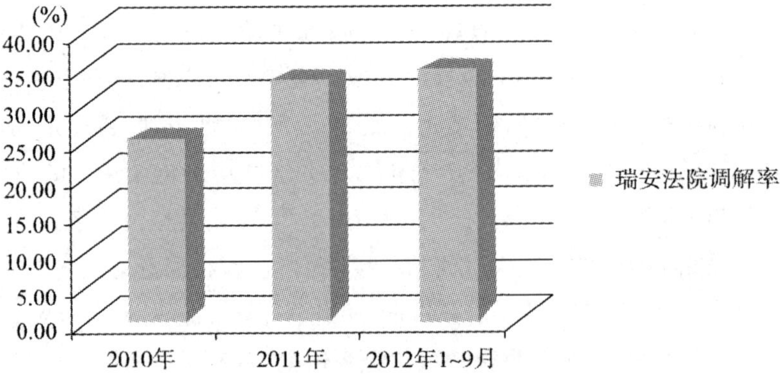

图 瑞安法院调解率

尽管有些地方人民法院推行"零判决",推行"无讼",将调解的作用无限夸大,但总的看来,在浙江人民法院的民商事审判中,调解率还处在一个比较正常的状态。例如,我们调取了瑞安法院的上级人民法院即温州市中级人民法院和浙江省高级人民法院的数据,发现调解率虽然在逐年缓慢上升,但仍然处于一种比较正常的水平。(见表2)

表2 部分法院民商事案件调解率

年份 法院	2010年调解率	2011年调解率	2012年1~9月份调解率
瑞安市人民法院	25.44%	33.75%	35.27%
温州市中院	7.34%	6.65%	7.78%
浙江省高院	18.45%	18.16%	23.70%

另一个能够部分体现调解成果的是民商事案件撤诉率,因为许多民商事案件,经法院调解后,当事人选择撤回起诉的方式结案。因此,考察

调解率必须附带研究撤诉率的高低。(见表3)从统计数字看,撤诉率也处于一个比较正常的范围,基本上没有发生大的波动。

表3 部分法院民商事案件撤诉率

法院 \ 年份	2010年撤诉率	2011年撤诉率	2012年1~9月份撤诉率
瑞安市人民法院	24.79%	15.32%	20.41%
温州市中院	26.86%	27.17%	28.07%
浙江省高院	14.68%	14.56%	18.74%

在我们和部分从事小额诉讼调解的法官以及部分中高级人民法院的法官座谈中了解到,虽然调解成为法院解决纠纷的重要方式,但由于调解制度存在诸多不足,因此需要我们引起重视,加以解决。

二、现行法院调解困境的成因和表现形式

(一)从历史传统看,现行的法院调解缺乏文化上的传承性

毋庸讳言,"和为贵"的传统理念注定调解成为古代中国解决纠纷的主要方式,但发源于农耕文明和宗族社会的古代调解制度,已与当下市场经济条件下的法院调解完全不同。宗族社会的调解制度历时几千年的发展,因此,两种调解制度根本无法相提并论。可以毫不夸张地说,我们今天所说的法院调解,在中国古代并没有相同的语境和对应的表达。在古代的广大中国农村,处于一种自给自足的小农经济状态之下,"鸡犬之声闻,老死不相往来"。[1] 统治力量的框架结构也是"国权不下县,县下惟宗族,宗族皆自治,自治靠伦理,伦理选乡绅"[2]的状况。这种典型的熟人社会中发生的纠纷,只需要借助当地风俗习惯、伦理纲常和宗族长老的权威来解决纠纷,而并不需要复杂的法律规则。由于中央集权的大一统治理结构很难直接到达基层农村,从而使民间纠纷的私人解决成为可能,而官府权力基本上不会对普通民众生活产生很大的影响。因此,在广大

[1] 《老子》第80回。

[2] "传统中华帝国的乡村基层控制",载中国农村村民自治信息网,http://cmzz.mca.gov.cn/article/gzyj/yth/cmzzyzgncshfz/201201/20120100059614.shtml,2012年10月1日访问。

的中国乡村，民间自发和传承下来的诸如“调人调停”、“和合”等所谓的调解机制，与当下的人民法院调解具有根本的不同。随着自然经济的瓦解和计划经济向市场经济的转型，以法律为代表的“规则之治”开始逐步深入我国社会，而诉至法院的纠纷大幅度增长又迫使法院得以重拾调解这一法宝来迅速解决纠纷，从而化解案多人少的矛盾。从解决纠纷的性质上考量，传统文化意义上的调解是民间的私人活动，而现今的法院调解是司法公权力解决私权纠纷的方式，两者并不具有文化上的同源性和历史的传承性，是不同体制的产物，并不具有相同的语境。

我国现行的民事诉讼制度，可以追溯到新民主主义革命时期。从革命根据地一直到1982年《民事诉讼法（试行）》出台，“调解为主”一直就是民事案件的审判原则。1982年《民事诉讼法（试行）》第6条规定：“人民法院审理民事案件，应当着重进行调解；调解无效的，应当及时判决。”这就以国家立法的形式确立了“着重调解原则”。1991年的《民事诉讼法》则规定了“自愿合法调解原则”。与法律规定相对应的是，最高人民法院的调解政策也在发生变化，之前是“能调则调，当判则判，调判结合，案结事了”，到了2008年，这一方针转变为“调解优先，调判结合”。这些原则和方针的变化，说明我国的法院调解受制于民事政策，受政策的影响极大，而与儒家文化为代表的传统文化关联不大。[1]

（二）从司法实践看，法院调解功能的局限性致使其不能取代判决作为主要的纠纷解决机制

虽然法院调解有其良好的功能，但在实务使用中，仍然显示出诸多局限性：一是对于大量使用格式合同的企业，相关人员怕承担责任，一般不愿意接受法院调解。这主要表现在电信服务、金融业和保险业或者其他依赖于书面文件的当事人，他们需要的是判决而不是调解。因为涉及标准合同的有些条款一旦妥协或在个案中做出让步，会影响大量已经生效的其他合同的解释，对企业产生不利影响。例如，从司法统计看，保险合

〔1〕 以市民社会、私法文化为基础的现代法律文明秩序和以规则主义为代表的现代法院，必然压制了调解机制的运作空间。见徐涤宇、肖陆平：“法院‘调解运动’的反思”，载《法学杂志》2011年第2期。

同纠纷一直高位多发,但调解率始终很低[1]。原因就在于保险公司出于风险承担考虑不愿意接受调解。二是民事案件调解成功的概率大,商事案件调解成功的概率较小。传统民事案件多为关系修复型的纠纷,而商事案件多为利益争夺型的纠纷。对于诸如相邻关系纠纷扶养抚养赡养纠纷等,本身源自日常生活矛盾或文化冲突,有些案件没有标的金额。许多商事纠纷则是一方守约他方违约或严重违约所致,让守约方做出对部分甚至大部分合法权益的让渡,这种调解,是否存在合法化外衣下的道德风险,是否和人民法院追求的公平正义的理念相违背,值得深思。据我们了解,在许多商事纠纷中,当事人需要的是有执行力的判决,而不是"和稀泥式"的调解。三是司法权威的弱化致使调解很难在不同文化背景的人的诉讼中达成一致。据温州基层人民法院的部分法官反映,外来务工人员和本地私营企业主之间的劳动争议很难达成妥协。因为外来务工人员担心法院有地方保护,怕法官和本地人有千丝万缕的关系,而本地私营企业主又怕法院对劳动者予以过度保护,担心损害自己的合法权益,因此,双方很难达成一致。在这些案件中,务工人员的小农意识和企业主的商品意识形成大的文化冲突,从而使法院调解的成功率难以提高。四是在部分商事案件中,恶意违约者企图通过调解、上诉等合法手段拖延履行债务,从而达到个人经济目的。在温州民间借贷风波发生后,温州市中级人民法院审理的第二审民间借贷和金融借贷案件,有40%左右的上诉人没有交纳上诉案件受理费,这其中的绝大部分纯粹是为了拖延时间。调解也是如此,是部分恶意违约人所能合法使用的手段罢了。

(三)从制度设置和司法实践看,调解与判决存在诸多矛盾和不和谐

从制度设置和司法实践看,调解与判决存在以下诸多矛盾和不和谐:首先,我国《民事诉讼法》将调解程序和判决程序规定在同一民事诉讼程序之中,存在理念上的冲突。民事诉讼程序本身奉行法官主导下的规则中心主义,规定了一系列的诸如庭前准备、证据规则、开庭审理以及合议、上诉、抗诉、申诉等严格的程序,并以这些严格的程序来保障纠纷得到公

---

〔1〕 笔者对温州中级人民法院2011年度审结的81件保险合同纠纷进行统计,结果发现只有3件以调解方式结案。与承办法官进行沟通中得知,多为保险公司一方不愿意调解。一些保险公司规定,调解签字需要报请省公司书面同意。

正的处理,而调解本身缺乏具体的操作规则,也没有适当的程序约束。因此,从宏观的角度考察,调解具备反规则的内核和反程序的外观。其次,法官作为调解的主体,难免会违反审判的中立性原则。让具有审判权的法官主持调解,本身就带有一种强制的色彩,而法官为了追求结案的需要,无法在调解中真正地保持中立。同时,从调解过程中获得的案件当事人的信息,必然会影响法官对案件的最终态度,并影响自由裁量权的正确行使。这种既是裁判者又是调解员的角色混同,可能使判决的结果成为个人认知和当事人博弈的产物,使案件偏离案件事实和法律规定。再次,调解程序的启动和终止具有随意性。应当事人的请求和法官的决定,可以在民事诉讼的任何阶段启动调解和中止调解,而这可能会影响正常的民事诉讼的进程。法官的过早介入,会造成"先入为主",对案件过早地形成"自由心证",可能影响最终的正确判断。同时,调解打断了正常的诉讼程序,一旦调解不成,势必增加法院的审判成本和当事人的诉讼开支,也使纠纷的最终解决增加了难度。最后,由于缺乏对调解的有效激励机制,加上现阶段当事人对司法制度缺乏信心,一些当事人因为担心选择调解而使实体权利受损,因此,主动向法院申请调解的当事人比例较低。由此,阻碍了调解制度作用的发挥。

(四)从调解主体看,法院对调解的积极推进和律师对调解的消极对待,使调解无法成为主要的纠纷解决机制

在我国司法实践中,法院追求以调解方式解决民事纠纷的动机可能是基于对提高结案率的追求,也可能是基于摆脱作出判决所面临的困境,还可能是出于对被追究错案责任风险的回避,或者是为了回避案件判决后产生信访的风险。因此,一些人民法院给所在行政区域的下级人民法院下达调解案件的考核指标,对下级人民法院的调解率进行排名。对于一线承办法官来说,主观上有对调解的偏好。据上海法院抽样统计,对自己所审理的案件,"83.3%的法官更希望以调解方式结案,只有的16.7%法官更希望以判决方式结案。在对法官调解偏好的原因调查中,66.7%的法官认为调解结案的案件,上诉、申诉被改判或发回的风险小。约占62.5%法官认为制作调解书较为简单,文书质量检查中被扣分的风险小,25%的法官认为在对案件中法律问题把握不准时,调解可以适时回

避这些问题”。[1]

总体而言，律师对调解态度比较消极。据上海市高级人民法院对100名上海律师进行问卷调查，“85%的律师认为在其代理的某些以调解方式结案的案件中，法官在调解之前或调解过程中对该案可能的判决结果表露出倾向性的；57%的律师认为在其代理的以调解方式结案的案件中，法官表现得非常急于促成调解；62%的律师认为法官表露出积极的调解倾向性对其或当事人构成了很大的心理压力；37%的律师认为法官在调解中扮演双重角色，难以体现调解的公正性；58%的律师认为我国调解程序不规范，法官在调解中的随意性很大。65%的律师认为调解法官和审判法官合一，一旦调解不成，一方当事人所作的承诺和让步可能影响法院的判决”。[2] 当然，人民法院法官有调解的动力，能够达成协议又另当别论。律师虽然对调解持消极态度，但当事人在“两利相权取其重，两害相权取其轻”的驱动之下，仍然可以达成协议。但这种“一头热一头冷”的状况，也在客观上影响了调解作用的发挥，使其无法取代判决成为主要的纠纷解决机制。

三、完善我国调解制度的若干建议

（一）发挥法院的优势，推进以诉调衔接为核心的大调解体系建设，从而有效地化解社会矛盾

传统意义上的调解和法院主导的调解并不一样。根据浙江省的经验，将一些可能诉之来院的案件委托人民调解委员会、交通事故调解会、行业协会、医疗事故调解会等非审判机构解决，已经收到了较好的社会效果。这些社会非审判机构从事调解活动，类似于国外的ADR机制。按照《宪法》规定，法院是国家的审判机关，法院最重要的职能是公正中立独立地行使审判权，而将调解等机制的运作空间让渡给有关单位、社会团体，这才是ADR的应有之义。浙江省法院已经作了成功的尝试。据统计，浙江省基层人民法院2012年1～6月在诉前和诉中共委托各类调解组织调

---

〔1〕 杨润时主编：《最高人民法院民事调解工作司法解释的理解与适用》，人民法院出版社2004年版，第313页。

〔2〕 同上注，第311～312页。

解案件 17103 件，调解成功 14312 件，成功率为 83.68%。这一数字，和上半年全省基层人民法院一审民商事案件 170375 件（不含公告送达和缺席判决）相比，大约为 10%。因此，推行具有中国特色的 ADR 机制，是建立多元化纠纷解决机制的有益尝试，也是完善我国调解制度的重要措施。

（二）立足民事诉讼机制改革，将调解从程序中分离出来，成为一种独立的纠纷解决机制

当前我们进入社会转型期，社会矛盾激增，纠纷高发。如果这些纠纷都通过法院解决，不仅现有司法资源难以应付，审判成本也十分高昂。调解作为审判的一种替代形式，有其合理性和优势。调解和判决由于其性质和功能具有较大差别，将调解内置于统一的民事诉讼制度中必将引起程序的不和谐，因此，应构建一套独立的调解程序，使之能够真正成为审判的有效替代手段。从一些国家的规定看，如"日本和我国台湾地区，采用的是调判分立式，把法院的调解置于诉讼程序之前，作为独立的调解程序。一种为调判分离式，把法院调解程序从审判程序中分离出来，作为法院处理民事纠纷的另一种诉讼方式，以美国为代表"。[1] 这两种模式各有千秋，但无论是分离还是分立，和内置式的制度设置相比，其优势是十分明显的，都可以作为我们的参考依据。当然，真正地将调解和审判区分开来，必须借助于立法，即对《民事诉讼法》进行修改。只有作出了相应的制度安排，调解程序才能完善，调解作用才能得到充分发挥。

（三）建立专职调解法官制度，完善调解程序

调审分离是我们努力的方向。为了达成这一目标，首先应该进行人员的优化配置，在法院内部设立专职的调解法官，实现调解法官的专业化，以有别于审判法官。因为调审分离的理念促使我们厘清调解与审判的关系，而具体的承办法官既从事审判又兼做调解，可能会出现角色混同，不利于正确履行职责。同时，应当完善调解程序，即完善和改进调解程序应充分尊重"私权自治"的原则，程序的启动和终结应由当事人决定，

---

〔1〕 杨润时主编：《最高人民法院民事调解工作司法解释的理解与适用》，人民法院出版社 2004 年版，第 296 页。

如一方不同意继续调解则应转入普通程序进行审理并及时作出判决;调解法官不能强迫施压或变相诱导当事人进行调解;不宜依职权主动提出调解方案;在法律上规定调解期限,以便和审理期限相对应,以避免部分纠纷出现"久拖不决"的情况。对于调解期限,可针对小额诉讼和普通案件分别设置。例如,小额诉讼的调解期限可以考虑在1个月之内,而普通案件的期限应考虑与简易程序相同,限定为3个月。设立调解期限,有利于提高审判工作效率,及时维护当事人的合法权益。至于调解形式,既可以采用面对面的听证式,也可以采用"背靠背"的分别式,或者当事人接受的其他形式,而只要调解内容和程序合法,就不应该拘泥于某一种具体的方式。

(四)在小额诉讼等部分案件中确立调解程序前置规定

瑞安市人民法院的试点实践表明,在基层人民法院的小额诉讼程序中实行调解前置不仅是成功的,也是可行的。但调解是否还可以继续,还需有赖于当事人对调解的配合。《民事诉讼法》规定了法院调解应当遵循自愿原则。自愿有二重含义:一是适用调解程序必须尊重当事人自愿的原则;二是实体权利处分上也应尊重当事人自愿的原则。虽然当事人具有程序选择的自主权利,但并不妨碍人民法院就处理某些纠纷设立调解程序前置,以便及时迅速地解决纠纷,从而更好地保护当事人的合法权益,实现民事诉讼的目的。根据人民法院的审判实践,对于小额诉讼、家事纠纷等,均应倡导当事人进行调解。最高人民法院《关于适用简易程序审理民事案件的若干规定》(以下简称《规定》)在总结了全国人民法院的审判实践经验的基础上,对部分案件作出了调解程序前置的规定。《规定》第14条规定,婚姻家庭和继承、劳务合同、宅基地和相邻关系、交通事故和工伤事故引起的权利义务关系较为明确的损害赔偿纠纷、合伙协议、诉讼标的额较小的纠纷等六类案件在开庭审理时应当先行调解。最高人民法院作出这个规定,即以司法解释的形式确定了调解程序前置,虽然该项规定没有被《民事诉讼法》第二次修正所采纳,但在审判实践中已经深入人心。但由于司法解释规定并非法律规定,因此必须适时上升至法律规定。考虑到上述规定比较成熟,切合我国人民法院实际,建议《民事诉讼法》下次修法时予以采纳。

(五)明确规定不能适用调解的案件范围,促进调解工作的规范化、科学化

在司法实践中,按照案件的性质有的是不能进行调解的,但一些法院为了追求高调解率,盲目进行调解,从而产生了许多负面效应。因此,在规定调解程序前置的案件范围的同时,必须规定不能适用调解的案件范围。按照《规定》第2条的规定,"适用特别程序、督促程序、公示催告程序、破产还债程序的案件,婚姻关系、身份关系确认案件以及其他依案件性质不能进行调解的民事案件,人民法院不予调解"。这条规定,总体来看是比较科学的,但仍有三点可商榷之处:一是它的外延并不周延。例如,涉及国家利益的案件、应当进行公益诉讼的案件,[1]这些纠纷由私权性质上升为和国家利益、群体利益以及众多第三人合法权益息息相关,当事人不能私下进行调解。又如,股东代表诉讼,依法律性质而言也不能由当事人进行处分。二是依照修正后的《民事诉讼法》的规定,实现担保物权程序也属于特别程序,不能由当事人达成调解协议,此程序应列入不能调解案件之中。三是对于涉及身份关系和婚姻关系确认案件应明确不能调解,但应注意在审理身份关系和婚姻关系派生的牵连之诉,如在请求宣告婚姻无效的同时,又请求返还彩礼的和确定子女抚养的,完全可以就后两项请求进行调解。因此,对于不能适用调解的案件范围,可以在修改和完善后,建议立法机关在今后修订时,写入《民事诉讼法》中。

(六)调整调解案件的诉讼收费规定,激励更多的当事人选择调解来解决纠纷

从法律经济学的角度考察,选择调解既可以节约诉讼成本,也可以避开审判结果的不确定性。[2] 法院诉讼费的支出也是当事人诉讼成本的重要组成部分之一。我国《诉讼费用交纳办法》第15条规定,以调解方式结案的,减半交纳案件受理费。这种"一刀切"的规定并不合理。因为在庭前、庭中和庭后的调解,法院所花费的审判成本相差太大,一律减半收费不能体现公平,不能鼓励当事人尽快和迅速地达成协议。根据《德国民

---

〔1〕 修正后的《民事诉讼法》第55条规定了公益诉讼。具体可详见奚晓明主编:《〈中华人民共和国民事诉讼法〉修改条文理解与适用》,人民法院出版社2012年版,第89~96页。

〔2〕 [美]米切尔波林斯基:《法和经济学导论》,郑戈译,法律出版社2009年版,第113页。

事诉讼法》的规定，收取诉讼费分为三个阶段，“诉讼程序前为一个阶段即诉前调解阶段，起诉和答辩为一个阶段，法庭审理为第三个阶段”。[1] 这种分段收费规定比较科学，可以作为我国改革调解案件诉讼收费的参考依据。根据我国的民事诉讼实际，也可以采用三个阶段的分法，进行分别收费。例如，第一阶段只收调解申请费如50元，第二阶段收三分之一，第三阶段减半收取。通过这种制度设计，将经济学上的成本效益原则传导到诉讼领域，以促使更多的纠纷通过调解途径解决，从而使调解结案成为当事人自愿选择的一种低成本高效益的纠纷解决方式。

四、结语

尽管在小额诉讼中试行调解结案取得了成功，但从整个法院的体系观察，由于受历史文化因素、审判体制原因、法律制度规定等多方面的影响，在人民法院的民事诉讼中，调解不能取代判决作为主要的纠纷解决机制，但我们可以通过完善制度、修订法律、转变观念、强化调解，真正使这一古老的“东方经验”在21世纪开出绚丽之花。

---

〔1〕 杨润时主编：《最高人民法院民事调解工作司法解释的理解与适用》，人民法院出版社2004年版，第370页。

陈晓，男，北京军区空军军事法院院长，空军大校军衔，二级高级法官，江苏省无锡市人，法学硕士学位。1962年10月出生，1976年12月入伍，历任战士、班长、排长、连长、干事、股长、科长、副处长、师政治部副主任、师副政治委员，2001年4月调入军事法院，2002年通过国家首届司法考试并取得法官资格，先后任庭长、副院长、院长。2012年被香港城市大学法学院录取为高级法官法学博士生。

让公平之花在法律中绽放

陈　晓

公平自古以来就是人类追求的普遍价值,“人不患寡而患不均”,但历史的遗垢让中国社会在一定程度上笼上了各种关系的网子。有人说“中国就是一个关系社会”,润滑这个“关系”的是人情、权力和金钱,孩子入学要关系、毕业找工作要关系、职务升迁要关系,甚至摆个地摊也要和城管攀关系,似乎没有关系这个社会就无法流动、人就无法生存。在这个充斥着各种关系的社会里,法律似乎成了平衡这些的唯一杠杆。法律是公平的,现在讲究司法要公正公平。公正相对容易做到,只要是主观见之于客观,主观上想要公正无私,客观上做到了公正,便做到了,但要做到完全的公平却不容易,而要受到上述诸多因素的制约。如何让公平之花在法律中绽放,为每个中国人创造一个更加自由、民主、平等的生存空间和自我发展空间,使中华民族的共同期盼都凝聚在伟大“中国梦”上,是所有法律工作者永恒的追求。

我是一名军事法官,是众多军队法律工作者中的普通一员,从业生涯里,在快乐、痛苦、自豪、追寻中,始终维护着公平正义,恪守着诚实信用,忠于事实,忠于法律,用心血和汗水浇灌出了绚丽之花。日常工作中,由于性质特殊,我们审理的都是军人的犯罪案件,执行与其他法官都一样的国家法律,但却出现与其他案件不一样的公平问题。这长期以来给我造成了困惑,甚至心理上的痛苦。以下是我工作中的一些感悟,与大家分享,请指正。

一、公平的涵义

公平的无奈。世界上没有绝对的公平,但却有着公平的绝对底线,那就是不太平等的权利与福利必须是弱势群体所能够接受的,必须符合他们的最大利益。既然法律无法实现绝对的公平,那就尽最大可能使双方都满意,这就是法律的无奈,因为这些不全是符合法律条文的。2008 年河北某部驻地发生了一起两名军人之间的故意伤害案件(致人死亡),以当地的赔偿标准是死亡赔偿金不赔,而军事法院是属人管辖,因法院所在地在北京,依北京的标准是赔偿的,不是依损失范围而是加死亡赔偿金。这就意味着同样的事发生在同地的情况下,军人的赔偿是不公平的。

公平的相对性。绝对的、完全的公平一直是人们崇尚和孜孜以求的目标,但由于司法审判有着自己特殊的规律和要求,它不同于人们基于一般的道德情操和朴素的伦理标准而作出的价值判断,因此,司法公正是相对而言的。宁海一男子为让儿子能骑车上学,避免冬天步行上学之辛苦,使孩子能在小学最后一年安心学习,考出理想成绩,盗窃停放在路边的山地车,结果被民警抓获。宁海法院依法判处该男子犯盗窃罪,拘役 4 个月,并处罚金 1000 元。判决后,社会议论纷纷,大多数都认为应法外开恩,物归原主,承认错误了事,甚至有人出钱买更好的自行车还给失主。但法律终究是法律,如法外开恩,对失主,对法律本身都不公平,依法判决似乎又违背伦理。因此,在一定的时空范围内,程序公平与实体公平之间产生矛盾和冲突是不可避免的。程序公平不一定必然地导致实体公平,程序公平可以是绝对的和独立的,而实体公平则是相对而言的,是具有依附性的。

公平意识的趋同性。当前社会可以说是一个差异性的社会,人们的长远利益和根本利益趋向一致,眼前利益和局部利益表现为若干的差异,但追求公平的总体方位是趋同的,统一的。正如要实现共产主义的终极奋斗目标一样，记得在八九十年代这种提法比较多，在当时感觉到了共产主义似乎一切都变得公平，非常憧憬这种愿景，而从另一个方面也反映对当时社会或多或少有些许不满。现在也一样，工作生活中遇到这样那样的不公平待遇，我们总会说“慢慢就好了”、“以后会好起来的”等这些话。这都代表着人们内心深处对公平的一种渴望与期待，也是对公平意识的追求趋于一致的一种反应。文明发达与否对公平的追求是相同或相似的，可能在短期内结果是不一致的，发达地区的结果相对公平，不发达地区则做不到，但愿望是一致的，都是追求公平。公平一般是在理想状态下实现的，真正意义上的公平是不存在的，公平一般靠法律和协约保证，由活动的发起人制定，参与者遵守。因此，最终公平的判决在人类社会范围内会趋同一致。

二、影响公平的因素

从法律的角度来说，影响公平的因素可以从主观和客观两个角度来分析。主观就是主体本身的观点，简单地说就是自己想这么做，是人的意识、精神的反映。客观指人的意识以外的物质世界，或指认识的一切对象。辩证唯物主义认为主观和客观是对立的统一。客观是不依赖于主观而独立存在的，而主观能动地反映客观，并对客观事物的发展起促进或阻碍作用。

主观上，首先从内心世界来说，要想做到主观上相对公平，就要求法官必须有良好的职业素养，远离喧闹的人群，远离鲜花和掌声，远离纸醉金迷、灯红酒绿，清心寡欲，心如止水，不为官职所诱，不为荣誉所迷，不为金钱所惑，不为威胁所屈，堂堂正正办铁案，清清白白当法官。闲暇时，望望天，看看云，听听松涛，享受一份恬然忘我；或读读书，写写文章，思考些问题，静心探寻司法和人生的真谛。其次要使用好自由裁量权。诚然，根据法律规定，法官在审理某一具体案件的过程中具有自由裁量权，但其行使和运用自由裁量权的正确和适度与否，客观上和主观上取决于该法官对于制定法律的基本原则和立法精神的正确把握程度。对此，意大利刑法学家贝卡利亚作了精辟的论述，他认为，“法律的精神可能会取决于一个法官的逻辑是好是坏，取决于他感情的冲动；取决于受难者的软弱程度,取决于法官与被害者之间的关系;取决于在人们波动的心中改变着事物面目的一切细微的力量”。因此,一个法官在日常审理案件时,如果遇有法律漏洞,适用法律时,如果不能从法律原则和立法精神上把握,主观臆断作出不符合社会公平、公正的解释,打着法律规定“法官有自由裁量权”的旗号,滥用自由裁量权,就会使社会的普遍公平、正义的价值观受到损害,也有损于法官自身和人民法院的执法形象。从这种意义上讲,为了公平、正义的价值观的实现,为了达到解决纠纷的目的,做到案结事了,法官在行使和运用自由裁量权时,应当遵循“以事实为根据,以法律为准绳”,做到基本事实清楚、基本证据确实充分。

与之相对,客观上还有一些影响公平的因素。单从军事法院角度来说,我国军事法院与地方人民法院在刑事司法管辖权划分上,还面临着一定困境。在现实操作执行过程中出现的立法不足、法规出现冲突等问题,在一定程度上影响了公平的判决。

1. 相关立法不足。《刑事诉讼法》第 19 条至第 22 条,对各级普通人民法院关于刑事案件的管辖权作出了明确的规定,而对专门人民法院的管辖《刑事诉讼法》第 27 条则这样规定,“专门人民法院案件的管辖另行规定”。但《刑事诉讼法》颁布已经 34 年,最近一次在 2012 年进行了修正,至今并没有全国人民代表大会对专门人民法院案件的管辖等问题进行立法或提出相关法律议案。从上述查阅搜集的相关法条中不难看出,当前我国关于军事法院的刑事管辖权问题,全国人民代表大会制定的法律完全属于空白状态,只有最高人民法院《关于执行〈中华人民共和国刑事诉讼法〉若干问题的解释》、《办理军队和地方互涉刑事案件规定》对军事法院的刑事管辖权有所规定,但无论从立法层面上还是调整范围上都具有一定的局限性。

2. 法律规定之间的冲突。法律条文本身或司法解释之间意思的不一致或差异,导致适用与否可能出现的结果差异很大。关于军事法院刑事管辖权属问题,在最高人民法院《关于执行〈中华人民共和国刑事诉讼法〉若干问题的解释》第 20 条作出了这样的规定:“现役军人(含军内在编职工,下同)和非军人共同犯罪的,分别由军事法院和地方人民法院或者其他专门法院管辖;涉及国家军事秘密的,全案由军事法院管辖。”同时该解释第21条又规定了排除军事法院管辖的案件:“下列案件由地方人民法院或者军事法院以外的其他专门法院管辖:(一)非军人、随军家属在部队营区内犯罪的;(二)军人在办理退役手续后犯罪的;(三)现役军人入伍前犯罪的(需与服役期内案件一并审判的除外);(四)退役军人在服役期内犯罪的(犯军人违反职责罪的除外)。”除此之外,最高人民法院、最高人民检察院、公安部、国家安全部、司法部、解放军总政治部制定了《办理军队和地方互涉刑事案件规定》,明确了军队和地方互涉刑事案件的范围,确定了军事法院与地方人民法院在办理军队和地方互涉案件的刑事管辖权按照人员划分。这些规章制度在内容上具有一定冲突,不尽完善,难以确定各自效力的高低,因此仍需要进一步结合实际,制定和完善相关的法律法规,以确保判决公平。

3. 专门法院与普通法院之间管辖权的问题。目前,我国军事法院刑事审判管辖在我看来属于纯粹的属人管辖,即只管辖军队内部人员的犯罪,军事法院与地方人民法院管辖权限通常以犯罪主体划分(涉及军事秘密的除外)。对于军地互涉犯罪案件,我国一直采取的是两院分管的方式,即军事法院对现役军人享有管辖权,普通人民法院对非军人享有管辖权。杨、徐案的诉权实现矛盾恰说明了这个问题。2010年9月,杨某(现役军人)与邻居徐某(女,地方人员)因琐事发生纠纷,进而撕打,徐用砖头击打杨面部致杨某面部逢针并右眼视力减退,杨用拳击徐面部下颌致骨折,双方鉴定均为轻伤。杨以自诉故意伤害罪至某人民法院,该法院以杨是军人为由应该由军事法院审理,遂移送至军事法院。但军事法院却只能就杨某是否有罪进行审理,即只要证据确实杨某故意伤害罪依法成立,对徐某却无管辖权;案中杨某只有辩护权而无反诉权,成为单方面审判,对杨某极为不公平。

三、公平是永恒的追求

作为法官对公平的追求应该是永恒的目标,尽管不能每次审判都保证做到公平正义,但是应该尽量做到公平,尽可能消除瑕疵。

首先,应该把追求公平作为自己的奋斗目标。如果与其他地区相比,与其他人相比,可能公平存在瑕疵,但与自己相比应该愈来愈公平。作为肩负维护社会公平正义职责的法官每一天都要面对诉争矛盾双方,承载着当事人对公正化解纠纷的希冀,在行使手中职权时,不再是简单的法官个人,而是公平正义的化身。这就必然要求法官从构建社会主义和谐社会的内在要求出发,从人民群众对司法系统维护社会主义公平正义的热切期望出发,把公平作为自己的职业追求,坚持公正审判,全力维护社会公平正义,在平凡的工作岗位中实现一名法官的人生价值。

其次,应该把公平作为自己办案的标准。在大陆法系国家特别是军法系统通常是以合不合法、上级满不满意、其他人是否认可作为一个铁案的标准,而非对当事人是否公平作为标准。这不符合法的精神和人权的思想。我国通常以大多数利益为由,而牺牲少数人的利益,以前我也是这么认识的,但这是对人权的否定,所谓法律效果与社会效果的统一是不公平的借口和理由。历史上有个"包青天",之所以能够办成很多让后人钦佩的"铁案",其中的原因除了包公本人具有学识渊博、明察秋毫、刚正廉直、不畏权贵等优点外,更重要的是包公在查案审案过程中能够做到不偏不倚、不亲不疏、不枉不纵、不错不漏,始终把公平作为自己的办案标准,时刻拥有一颗公平、公正的心。

最后,要有确保公平的勇气和担当。法官按其使命来说是要献身于法律公平正义的。作为公平正义的守护神,他随时要和各种公然藐视法律的不法行为抗争,为了公平有时会丢官,丢饭碗,甚至必要时付出生命。为什么在我国同是一部法律,同是一个案件,在不同的人或不同的地区,却会有不同的结论,除了立法中弹性高、法规不明确的客观因素外,法官没有护法的胆识和责任也是不能忽视的重要因素。在法律史上,任何一个国家的立法要面面俱到、没有遗漏,以便法官可以"照单请客"、"对号入座"是不现实和不可能的。法律是有限的,而社会生活和事实却是无限的,"有限的"法律和"无限的"事实之间,"稳定的"法律和"多变的"现实之间,"滞后的"法律和"超前的"社会之间是中外法学家探讨至今都无法解决的难题。只要社会发展一天,法律存在一天,这样的矛盾或差距就会存在一天。解决这一弊端的可行出路还得要倡导法官要有护法保公平的勇气与担当,为了公平可以突破法律的条条框框,在法律没有明确规定的情况下,在法律受到其他外部压力的影响和冲击的情况下,法官坚定的法律信念、坚实的法律精神和正确的法律意识就起很大作用。

总而言之,公平理念作为一种崇高的价值取向,是人类孜孜不倦的追求。如果说公平是开在法律中的花朵,那么如何让这些花朵全面绽放就是我们的任务。这需要我们尽心尽力尽责去浇灌、维护、保养,当好花匠,努力"让人民群众在每一个司法案件中都感受到公平正义",感受到社会的和谐,感受到社会主义大家庭的温暖,为实现中华民族伟大复兴的"中国梦"增添绚丽的色彩。

陈静芳，女，1966年6月15日出生。1986年7月进入江苏省高级人民法院工作，先后在第一刑事审判庭、执行局、第二刑事审判庭、政治部工作，从事审判工作25年，政工工作3年。目前任江苏省高级人民法院政治部副主任，教育处处长。

从理性到自觉

——法官职业心理素质的养成

陈静芳

心理素质培养，在我国一直未能得到重视，且针对法官心理素质的研究更是少有问津。而今，随着经济发展、社会文明程度提高，对于心理学的研究逐渐被重视，心理咨询在各大医院也悄然立足，有关各个行业的心理特点、心理素质研究逐渐兴起。笔者从事法官生涯近三十年，对于法官心理变化、健康心理培养有着切身体会，对于法官群体的职业心理素质也颇为了解。本文拟通过对当前法官职业心理素质存在的问题进行梳理，分析当前法官职业心理素质的现状、原因，进而找到形成健康的法官职业心理素质的途径。

一、法官职业心理素质内涵

（一）什么是职业心理素质

心理素质是人的整体素质的组成部分，是以自然素质为基础，在后天环境、教育、实践活动等因素的影响下逐步发生、发展起来的。职业心理素质是指从业者认知、感知、记忆、想象、情感、意志、态度、个性特征（兴趣、能力、气质、性格、习惯)等方面的素质。

法官职业心理素质,是法官在长期的审判实践中对审判职业的感知体认形成的内在感情、价值尺度、思维方式等观念,是法官对于审判职业的思想理念、价值取向、耐心、信心、毅力、情绪、情感、信仰等品质的集中体现,构成法官的深层人格结构。法官的法治理念、法律职业道德、法律信仰等,是法官职业心理的有机组成部分。特别是法官职业道德,在法官职业心理构成中居于核心地位,以法官职业心理素质为基础,构成法官职业人格的主要内容,是司法公正、司法效率的内在决定因素。[1]

(二)法官职业心理素质的特点

中国人民大学法学院院训:"健全人格、崇尚法治、追求真理、服务社会。"这个院训很好地涵盖了作为法律人应有的职业心理素质。法官作为专司审判人员,其工作的独特性决定了其职业心理素质还须具有以下要求:

一是独立人格。马克思说,法官是法律世界的国王,除了法律就没有别的上司。[2] 法官必须具有独立的人格、独立的意识,即在审判案件时心中只有该案件的事实、证据以及相关的法律依据,不受环境和内部运行机制的干扰,做到思维独立、发表意见独立,做出裁判独立。

二是中立意识。法官在心理上要做到超然中立,在诉讼中要隐藏个人的喜好、厌恶,注意自己的言行,让诉讼双方当事人感到法官没有偏袒任何一方。

三是公正要求。公正,是司法工作追求的终极目标。法官在内心要始终警醒自己并让自己在审判执行工作中做到公正高效,因此必须要做到以下四点:必须切断所有与案件审理有关的不公正联系,以消除一切不公正因素;必须以平等心态对待案件当事人和案件事实,以实现实体、程序上的公正;必须以居中裁判的位置,依法组织审判的各个环节,以体现法官形象的公正;必须坚持有法定事由时应当回避,不私下会见一方当事

---

〔1〕 朱泽:"法官职业心理素质培养的文化路径",载云南法院网,http://www.gy.yn.gov.cn/Article/spyf/lqdsq/fywh/200910/15789.html,2009年10月10日访问。

〔2〕 中共中央马克思、恩格斯、列宁、斯大林著作编译局编译:《马克思恩格斯全集》(第1卷),人民出版社1995年版,第181页。

人，拒绝当事人的吃请、送礼或其他好处等规定，极力排除人情、关系对公正裁判的影响。[1]

(三) 法官职业心理素质的组成因素

法官职业心理素质主要包含主体意识、责任意识、自我完善意识等部分。主体意识要求法官对自身职业要有充分清醒的认识，清楚自己应该做什么、怎么做，要有自己的独立人格、独立思维、独立判断。责任意识要求法官在工作中做到依法审判，不受个人情感好恶的影响，通过勤勉、细心、仁爱、公正司法，确保每个案件在实体和程序上都符合法律规定。自我完善要求法官不断丰富自身知识、提高自身能力、调整自身心态，对于外界的干扰和压力，通过完善自我和调适心理达到自我身心的平衡及自身与外界的和谐。

二、当前法官职业心理素质现状及原因分析

(一) 当前法官职业心理素质之现状

当前，日益丰富的工作内涵以及转型时期诸多的社会冲突和矛盾，使得法官在承担繁重审判任务的同时，还承受着较为沉重的心理压力。虽然法官群体总体的职业心理素质是好的，但还主要存在以下两个方面的问题：

一是过度疲劳、不被理解造成压抑心理。法官常见的心理健康问题为神经衰弱、失眠、焦虑。案件越来越多、纠纷处理难度越来越大、社会期待越来越高、内部管理越来越强，导致90%以上的法官反映心理压力较大，工作中经常有紧张感，有的表现为持续的忧虑和高度的警觉。例如，时刻担心案件出错，担心当事人上访；说不出具体原因的不安感，无法入睡等；大部分法官存在严重的工作倦怠，对工作不像刚参加工作时候那么热心和投入，总是被动完成本职工作。很多法院请心理咨询医生对法官进行心理疏导。

二是职业尊荣感缺失。法官的职业尊荣感缺失表现为政治待遇较低、经济待遇下降、办案风险大、社会评价差。笔者有个同事说起一件事让当时在场的人都无语：他有个3岁的侄女，问她将来准备干什么？她居

[1] 杨玉兰："浅谈法官职业素质的提高"，载《人民司法》2002年第10期。

然答:做法官,大盖帽两头跷,吃了原告吃被告。司法公信的缺失、舆论的误导,已经严重地损伤了法官的形象。政治经济待遇低,法官津贴低,与公务员工资持平,法官与公安、检察院等其他政法部门人员相比,要求更高、管理更严、责任更重、工作更累,但提升机会少、职级晋升难,从而导致心理不平衡。办案风险高,随着社会期望值的增加,法院自身要求也越来越高,法官办案压力大,又怕出错,办案数、案件评比、上诉率、改判率等,都像一块石头压在法官心里。如果一旦遇到涉诉信访案件,法官就要权衡再三,甚至夜不能寐。法官出现一些违法违纪问题,社会各界一片"喊打"之声,法官职业荣誉感缺失。[1]

(二)原因分析

考究当前法官职业心理素质存在的上述问题,根据笔者多年来的体会及观察,主要有法官个人的原因、当前司法体制的影响以及社会宏观因素的影响等原因,具体分析如下:

一是理想与现实的反差导致心理失衡。江苏省沭阳县人民法院通过对江苏人民法院 6 个基层人民法院 200 余名法官进行问卷调查,发现反差主要存在于工作环境、工作压力、工作待遇等方面。工作环境方面,法官们理想的工作环境是坐堂办案,居中裁判,沉心理清案件事实,专心辨明法律适用,而现实的工作环境是经常需要参与调解工作,不时被当事人纠缠,需要多次向当事人做法律释明,感觉不是法官而是人民调解员,有时会被当事人无理投诉或举报,甚至遭到个别人员的威胁,人身安全都没有保障,职业尊荣感与投身司法事业时相去甚远。工作压力主要有案件数量压力、考核压力等。以江苏人民法院为例,2013 年,全省人民法院年案件数量已突破 130 万件,很多法官年办案 300 余件,平均每天要办结一到两件案件,劳动强度非常大。对于法官的考核既考核司法效果,又考核司法方法。司法效果要求法官的裁判做到法律效果、政治效果和社会效果的统一;司法方法要求尽量运用调解的方法结案。对法官的考核设置了结收案比、调解率等十几项指标。这些考核与法官特别是科班出身的

---

〔1〕 彭洋、陈素娟:"关于保障法官身心健康与提高法官职业尊荣感的调研报告",载河南省襄城县人民法院网,http://xcxfy.hncourt.org/public/detail.php? id=140,2012 年 8 月 16 日访问。

法官,在学校所受的教育或原先的法治理念有强烈的冲突。这种冲突的张力转化为法官个人承受的压力。工作待遇方面,法官们普遍认为,其经济待遇偏低,在社会上属于中下,劳动强度大,收入与付出的劳动不成比例;政治待遇也低,目前法院法官的职级参考党政机关,但法官政治待遇边缘化,和外单位交流少,职级待遇上不去,比较党政机关的公务员,相同的付出,甚至更多的付出,不管经济方面还是政治方面却不如党政机关的公务员,更遑论律师等社会工作者。在工作时间以外,法官亦是市民社会中的一员,待遇偏低,导致法官生活压力加剧,每年都有不少法官流失。

二是独立与附随的纠结导致思想分裂。法官职业心理素质的要求之一就是要培养独立人格,不管事实能否保证,法官个体须有独立之人格。然目前司法行政化仍是法院组织体系的特点,职级待遇与党政部门一样,不同的职级直接导致不同的待遇,普通法官的学习、晋级、升职等都掌握在庭长、处长、院长等领导手中,审判长亦行政化为一个职级,法官的裁判须审判长签发,复杂案件的普通流程需经过审判长、分管庭长、庭长、分管院长、审委会等多级领导审查,遇到领导批示的案件,要多次汇报。“控制一个人生计的权力,就是控制一个人意志的权力。”[1]如果生存基础被别人掌握,意志的独立则是纸上谈兵。遵循自己独立的意志还是附随领导的意思,这种纠结是不少法官都遇到的难题。

三是焦虑与冷漠的相遇导致问题隐藏。20世纪80年代笔者刚工作时,经常有庭里的支部成员(通常是资格比较老、威望比较高的老同志)找我们了解工作生活的情况,有的还直接以组织名义出面协调帮助解决一些个人无法解决的困难如房子、爱人工作调动。让你感觉你不是一个人,而是生活在一个集体中,这里面有关心、帮助,也有批评、监督。随着社会经济的发展,单位与个人的关系逐渐变化,单位对成员的管理和关心主要是从管理的效率和员工的成绩去设计、施行和考量,对于员工在工作、生活或思想方面遇到的问题,主要依靠员工自身去解决,单位基本不管,或仅仅做些表面文章,而不是真正去关心员工、帮助员工,员工的归属感不

---

〔1〕[美]亚历山大·汉密尔顿、约翰·杰伊、詹姆斯·麦迪逊:《联邦党人文集》,程逢如译,商务印书馆2004年版,第396页。

强。法官对于在工作中的压力,对于现状的不安和焦虑,通常会先自我调节,在自我调节效果不理想的时候,经常希望得到帮助,而现实关系的冷漠,让法官的心理压力无处释放。

三、法官健康职业心理素质养成路径之选择

任何事物的发生都是内因外因互相作用的结果。同样,对于目前法官职业心理素质存在的问题,笔者认为,既有法官自身因素,主要是法官个人理想与现实的冲突导致心理失衡,也有法院管理运行的机制因素以及法院外部社会环境因素。因此,对于法官健康职业心理素质之形成要从内外两方面进行。

(一)在自我反思中完善自身,在增强耐挫力上提高自己心理素质

读懂南宋朱熹的一句话,人们的学、问、思、辨乃至他的行为、心理都可以养成好习惯,做到这一点,一个人的良好的职业心理素质也就完成了从理性到自觉的升华。这句话是:博学之,审问之,慎思之,明辨之,笃行之。

不断学习,提高能力。法官作为法治社会的建设者,本身就应当是法治社会的模范公民。对于法官的要求,要高于常人的道德水平、知识能力、心理承受力,因此,法官一方面应当加强学习,提升自身的能力素质和文化修养,应对复杂多变的社会环境,另一方面应当调整好心态,勇于面对困难和挫折,增强自身的应对挫折承受力,同时,还要以所在社会模范的身份经常反思,自省、自警,解剖自我,完善自我,超越自我,以健全的职业心理、高超的职业技能,成为社会的模范标杆。

审慎明辨,抵制诱惑。面对社会收入分配不健全的环境,法官要坚持理想信念,保持良好的心态,做到淡泊名利、宁静致远。面对某些当事人的威逼利诱、拉拢腐蚀,法官要秉持公正廉洁的心理良知,依法正确处理好事关当事人的生杀予夺以及权利义务配置问题,以职业良心保障公正司法。

信仰坚定,自我完善。法官要在纷繁复杂的社会坚守职业操守底线,学会自我调适心理,经常去听心理讲座,净化心理,开阔视野,疏导和排解法官因繁重的工作带来的紧张情绪和压抑烦恼,必要时去看心理专家门诊。

(二)建立科学合理的法院管理运行机制

建立如下科学合理的法院管理运行机制:

一是建立科学的考核机制。改变审判管理是对法官考核管理的观念，树立审判管理是为法官服务的观点，科学设置考核的项目，依据司法规律的要求设置指标，充分尊重法官的办案独立性，尊重他们的劳动成果，尊重他们的人格。

二是建立扁平化的管理机制。推行司法去行政化，将法院的行政化色彩变革为司法政务与审判专业分离的模式，改革合议庭、庭长、院长、审判委员会的工作职责和议事规则，还法官独立思维、独立表达、独立裁判的应有地位。

三是建立相应的减压机制。建立健全诉调对接机制，分流案件，减轻法院案件压力。建立健全法官助理制度，让审判人员从大量繁琐的辅助性事务中解脱出来，相应地减轻其工作压力，使其有更充足的精力和清晰的思路来处理案件的审理。

四是建立温馨的保障机制。法院政治处应在对法院内部人事改革、人员变动、法官职务晋升任免、岗位竞聘等方面关注法官的思想动态。法院各部门要对法官真正关心，及时了解掌握法官的困难和心理动态，帮助法官解决工作、生活和思想上的困难。建立法院健康文化机制，通过组织开展演讲比赛、知识竞赛、书画摄影大赛、棋牌比赛、歌唱比赛、运动会等形式多样的文体娱乐活动，引导法官在工作之余培养广泛的兴趣爱好，陶冶情操，提高品位，从而改变不良心理、转移不良情绪，培养法官豁达开朗的心胸，保持法官平静愉快的心情。为法官提供学习的平台，加强对法官理想信念和政法干警核心价值观的教育，树立并大力宣传先进典型，以榜样的力量和作用激励法官不断增强正能量。

（三）构建良好的外部社会环境

构建良好的外部社会环境主要有以下几个方面内容：

一是健全多元化纠纷解决机制，缓解审判工作压力。目前司法资源不可能大量增加的情况下，要解决案件数量急速增长与审判力量严重不足、纠纷解决难度不断加大与司法能力相对滞后的矛盾，就需要进一步健全多元化纠纷解决机制，切实加强人民调解、司法调解、行政调解工作，实行“三调联动”，整合调解资源，综合调解手段，努力化解矛盾。进一步推行人民陪审团制度，让人民陪审团参与审判，让人民群众判是非、断曲直，有效拉近当事人与法庭的心理距离,减少对抗因素,促进矛盾纠纷化解,从而赢得人民群众的信赖和支持。

二是改革现有涉诉信访政策,建立信访案件终结机制。涉诉信访案件一直居高不下的成因非常复杂,有社会转型时期矛盾凸显的原因,有司法权威和司法公信力不足的原因,有群众法制观念淡薄的原因,也有当前信访政策和工作机制不完善的原因。上级从维护社会稳定的大局出发,要求尽最大可能把矛盾化解在基层,一旦发生上访并造成不良影响,不管上访人的上访理由是否成立,一概追究该信访案件承办法官的责任,这给法官办案带来了极大的心理压力。我们要加大中央政法委下发的《关于进一步加强和改进涉法涉诉信访工作的意见》的落实力度,尽快建立健全涉诉信访案件终结机制,出台具体的终结办法,真正解决好无限上访问题。对没有道理的上访、非访,不能追究承办法官责任,以减轻法官的精神压力。

三是建立法官职业收入保障制度和职业安全保障制度,维护法官职业应有的尊荣。法官职业在社会公众中有地位,其具体表现之一就是有足够的吸引力,使社会上的优秀人才愿意从事并长期从事法官工作。要解决这个问题,目前,恐怕要涉及精简法官数量、提高法官素质、提高法官待遇等诸多问题。高薪未必可以养廉,但可以降低腐败。随着我国经济的发展和综合国力的不断提高,在推进司法改革和法官职业化建设过程中,应当把优先提高法官待遇提上日程,使法官职业保持适度的优越感,增强法官职业的吸引力,建立法官职业的良性机制。明确法官职业的尊严保障,在《法官法》中应增加关于法官职业尊严方面的保障规定,如有侵犯法官尊严方面的行为,将受到有关法律的惩处。建立法官职业司法豁免制度,法官不因客观原因所致的裁判错误而受到责任追究,即只要法官履行职务的行为正当,就应推定其已尽职而免除责任。这样有利于消除法官依法独立审判的后顾之忧,保证法官义无反顾、更无畏惧地依法独立公正地行使审判权。[1]

---

〔1〕 彭洋、陈素娟:"关于保障法官身心健康与提高法官职业尊荣感的调研报告",载河南省襄城县人民法院网,http://xcxfy.hncourt.org/public/detail.php? id=140,2012年8月16日访问。

郑昌华，男，1962年9月22日出生于安徽省郎溪县。1979年9月至1984年7月就读于安徽大学法律系，获法学学士学位。1984年7月至1990年1月，在安徽省宣城地区中级人民法院工作，历任书记员、助理审判员、全国法院业余法律大学安徽分校教师。1990年1月至2001年9月，在中共宣城市委组织部从事党务工作，历任副科长、科长、副主任。2001年9月至2005年11月，在安徽省宣城市人民检察院工作，任副检察长兼反贪局局长、四级高级检察官。2005年11月以来，在安徽省宣城市中级人民法院工作，任常务副院长、三级高级法官、安徽省法官培训学院教师。曾获中共中央党校研究生学历、中国政法大学法律硕士学位，现为香港城市大学法学博士研究生。系中国法学会会员。

辨识正义

——一位中国法官的灵魂震颤

郑昌华

美国哲学家罗尔斯说道："正义是社会制度的首要价值"，"作为人类活动的首要价值，真理和正义是决不妥协的。"[1]然而，正如美国法学家博登海默所言，"古往今来的哲学家和法律思想家不过是提出了种种令人颇感混乱的正义理论"。"正义有着一张普洛透斯似的脸（a Protean face），变幻无常、随时可呈不同形状并具有极不相同的面貌。当我们仔细查看这张脸并试图解开隐藏其表面背后的秘密时，我们往往会深感迷惑"。[2] 正因如此，作为以维护正义为天职的法官，就不能停止对正义探索的步伐。

一

正义作为一个名词词汇在汉语中是指"正当的、公

---

〔1〕［美］约翰·罗尔斯：《正义论》，何怀宏等译，中国社会科学出版社1988年出版，第1～2页。

〔2〕［美］E. 博登海默：《法理学——法哲学与法律方法》，邓正来译，中国政法大学出版社2004年修订版，第261～262、265页。

正的道理”。[1] 这一含义,是近代中国引用西方社会科学理论后所获得的含义。与之对应的英语词汇是 just 和 justice。just 是形容词,含义为公平的、公正的、正直的,应得的、应该有的、合理的、有理的;justice 是名词,含义为公平、公正、合理、公道、公理、正义,公平对待、公平评判、赏识以及延伸为法律制裁、司法、审判、法庭等。[2]

综观国内外历史,对正义之“脸”的描述是如此多姿多彩,比较有影响的定义或定义式阐述,可以概括如下:

1. 正义指一种德行。这种德行的经典表述就是“己所不欲,勿施于人”,“己之所欲乃施之于人”。

2. 正义意味着各得其所。正义就在于根据每个人的品质、才能、地位、身份、贡献,分配机会、财富和权利(权力),使人们各得其所。查士丁尼《民法大会》和古罗马的很多法学家就奉行这种正义观。

3. 正义意味着一种对等的回报。西方人所说的公理——一个以某一方式对待别人的人,不能认为别人在同样情况下以同一方式对待他自己是不公正的。

4. 正义是指一种形式上的平等。比利时法学家佩雷尔曼说,正义总是意味着某种平等,即给予从某一特殊观点看来是平等的人,即属于同一范围或阶层的人同样的对待。

5. 正义指某种“自然的”,从而也是理想的关系。古希腊某些思想家认为,社会上划分自由民和奴隶,“治人者”和“治于人者”,是“自然安排的”。如果大家都遵循这些关系,正义就在社会上实现了。资产阶级认为“自由、平等和博爱”是理想的关系。

6. 正义是指法治或合法性。英国哲学家、法学家金斯伯格认为,正义观念的核心是消除任决性特别是消除任意权。

7. 正义指一种公正的体制。美国法学家庞德指出,从法律的角度,正义意味着一种体制,意味着对关系的调整和对行为的安排,以使人们生活得更好,满足人类对享有某些东西或实现各种主张的手段,使大家尽可能

---

〔1〕《辞源》,商务印书馆 1980 年修订版。

〔2〕《现代高级英汉双解辞典》(英汉版),牛津大学出版社(香港)1970 年初版 1978 年第 10 版,第 578 页。

地在最少阻碍和浪费的条件下得到满足。美国哲学家罗尔斯持有相同的观点。

8. 马克思主义认为正义是历史的产物,并随着历史的发展而不断改变,认为“希腊人和罗马人认为奴隶制是公正的,资产阶级的公正规则要求废除被宣布为不公正的封建制度”,同时认为,对于无产阶级来说夺取政权实行无产阶级专政、对资产阶级予以坚决镇压则是最大的正义。[1]

尽管对于正义有着如此众多的解释,也都有其立论的依据,但是如果依据生活常识,对正义的产生过程也可以作如下最浅显的概括,或许更能准确理解正义的含义:

1. 正义起源于自我。人因为有了自我意识,就有了生存的意识,就有了维护自身生存需要的意识。首先被人认识到的是符合自我生存需要的事物就是正确的,是正义的,而不利于自我生存需要的就不是正确的,是非正义的。人的利己和求生,乃至弱肉强食、暴力争斗,是个人正义,这并不错误,而且恰恰是社会中第一层面的正义。

2. 正义发展于人的共存需要。人生来具有社会性,没有群体的共同生存,个人是生存不了的。因为人的出生需要父母;未成年人的生长需要成年人的扶养;工作后需要分工合作才能生产物质生活资料;人老了以后也都需要别人的供养;人生了病需要别人为其治疗。甚至可以说,没有别人帮助,任何人都不可能建造成一处供自己居住的房屋。社会群体对于每个人来说,跟空气、水、粮食一样重要。没有别人的生存,每个人都不能生存。每个人都必须与别人一道生存,自己才能生存。别人都生存得好,自己才能生存得好。要想自己生存得好,也必须让别人生存得好。社会共存是人的基本生存条件。因此,社会共存即每个人都应当得到生存的条件和资源,这是人类共同认识到的社会中第二个层面的正义。

3. 正义有一个演化过程。人类需要共存,这种基本的正义,必然演化出人与人之间的平等、自由、团结、互爱、互相尊重、互相帮助、友好合作、诚实信用、尊老爱幼、同情和救济弱者、传授文明和知识、公平分配物质财富、有难同当有福同享、舍己为人等相关的具体的正义,同时,必然在一定

---

[1] 张文显主编:《法理学》,高等教育出版社、北京大学出版社 1999 年版,第 251 ~ 253 页。

时期演化出公共权力、国家强制力、社会管理机制。这可以称之为社会中第三个层面的正义。

4. 正义有着进一步的演化。在第三个层面的正义出现的同时,也必须产生反极端自私、反暴力、反歧视、反欺凌、反奸诈、反压迫、反剥削、反掠夺、反侵略、反战争、反虐待俘虏等限制性的正义意识,因而需要有法律、民主、法治、政党政治,从而也就构成了社会中第四层面的正义。

综上可见,所谓正义就是社会不同时期、不同范围、不同层面的一切被认为是有利于人类社会、社会群体或社会成员的生存与发展的道理、思想、观点、理念、原则等意识。正义是无色、无味、无重量、无形体、非物质的东西,是存在于人们头脑里的意识,是社会物质存在在人脑中的反映,是人对现实生活感知的基础上所形成的一些认识。

二

当我们观察了正义的产生过程时,我们会吃惊地看到原来所有的正义从产生起就是片面的、相对的、褊狭的。

我们看到每个人的个人正义是各不相同的。既然说正义是一种意识,而意识产生于人脑,那么正义就一定属于特定的人脑,即具有主体性。正因为正义存在于不同的人脑之中,而每个人的认识是不相同的,每个人又都是站在自己的立场上判断思想、观点、理念、原则是否正确,因而每个人表达出来的正义是各不相同的。每个人的正义所具有的特殊性,表现了每个人的正义的片面性。

我们看到每个群体的正义也是各不相同的。正义具有主体性,那么,不同种类主体的划分,当然可以形成对正义的不同划分。儿童有儿童的正义:应当受到爱护、保护、抚养、教育,不应当被虐待、劳役、从事危险的和一切与其能力不相称的社会活动等等;女人有女人的正义:不被禁止婚恋、生育、哺乳,不被性别歧视,不被强迫从事其不愿从事的社会活动,不被欺凌、侮辱、虐待等;市民有市民的正义;农民有农民的正义。在一种主体内部来看,正义在内部成员之间具有共同性,是有利于群体成员共存和发展的正义。但是,任何群体的正义,从群体外部来看,都有其特异性,与别的群体正义有若干方面的不同,有些甚至是相互冲突的。群体所有表达出来的正义,通常都具有特异的立场,因而对群体外部来说,这种群体正义也是片面的正义。

我们看到每个民族之间的正义也是各不相同的。例如,日本侵华,日本官方和民众则认为,侵华是天皇为大和民族开疆扩土、扩大生存空间,是正义的。甚至日本军官在南京进行的“杀人比赛”中,在他们砍杀中国人的人数都达到了一百的时候,他们便相约登上紫金山的高峰,面朝东方,举行了对日本天皇的“遥拜礼”和“报告式”,并为他们的“宝刀”庆功、祝捷,而日本政府、日本大本营和日军司令官非但不加谴责、制裁,反而认为它是“耀扬国威”、“膺征支那”的“光荣”举动。[1] 也正因为如此片面的民族正义,日本政府和国民至今并不对其侵华罪行进行反省。中国人则认为日本侵华犯下了滔天罪行,是完全非正义的。国民政府对日宣战文告称:日本“甘为破坏全人类和平与正义之戎首,逞其侵略无厌之野心,举凡尊重信义之国家,咸属忍无可忍。兹特正式对日宣战”。[2]

我们也看到每个国家的正义也是片面的。每个国家每个时代都有其居于主导地位的共同正义。这种共同正义,都带有本国立场,一切不利于本国利益的国家行为都会被认为是“卖国”行为,是非正义的;一切维护本国利益及至损害别国利益的国家行为,对本国人民来说也都是正义的。同时,国家内部居于主导地位的正义往往强行抑制代替了非主导地位的正义。例如,原国民政府认为中国共产党进行的解放战争是非正义的,而中国共产党及其带领下的民众则认为推翻国民政府建立中华人民共和国是正义的。可见,国家正义代表的只是一个国家执政主体所认识的正义。国家正义这种特异性,表明即便是国家层面的正义也是具有片面性的正义。

我们甚至可以看到就整个人类社会来说,被认为是正确的、毋庸置疑的最普遍的正义也可能具有片面性。因为相对于人类以外的其他地球生物来说,人类社会的普遍正义也未必是正义的。例如,人对动物的驯养、役使、虐待、杀戮、食用,对于人来说是正义,但是对于动物来说,人有什么

---

〔1〕 罗正楷主编:《中国共产党大典》,红旗出版社 1996 年版,第 392 页,载梅汝璈:《远东国际军事法庭审理南京大屠杀事件之经过》。

〔2〕 罗正楷主编:《中国共产党大典》,红旗出版社 1996 年版,第 395 页。

依据认为它们不认为人的行为是残暴的、非正义的呢？

可见，社会中一切正义都具有片面性，都不是绝对的正义，都是因主体不同相对而言的正义；一切正义都是有失偏颇的，是对内的正义，对外则具有非正义性。由于正义是片面的、相对的，因此不同主体所追求的正义是各不相同的，甚至是针锋相对的。个人正义与群体正义经常是矛盾的；群体的正义与群体的正义也是各不相让的；地区的正义总是带有地方的色彩；官员的正义与治下民众的共同正义会错位很多，因为官员的正义总是要体现其政绩与晋升的个人利益的需求；民族主义者追求的正义总是狭隘的；国家主义者追求的正义与民众的正义也并不等同，因为任何一个执政集团掌握国家政权之后，其所代表的正义都包含有其统治利益的成分。

然而，我们虽说一切正义都是片面的、相对的，但是应当承认人类社会已经形成了普遍正义（尽管对于非人类的地球生物而言可能并非正义）。

人类社会的普遍正义，不因任何国家性质的不同而可以被否定，不因任何领导人的集权而被否定，也不因任何历史变化而被否定。自从人类的思辨认识到这样的理念、原则之后，只会更加强化、更加鲜明，而不再会被任何人泯灭。因为，人类社会的普遍正义是人类社会进化中最宝贵的文明成果。在世界全球化发展到今天的程度之时，在全球人类的生存发展得如此相互依赖、相互联动、息息相关的情况下，人类社会的普遍正义已经如此鲜明地展示并发挥着引导社会前进的作用，已不再是“在历史条件还不具备，时代发展还很不充分，全球化还充满着许多变数的时候出现的所谓正义、自由、民主、公正等不可能实现的价值观”。[1] 人类社会的普遍正义通行于整个人类社会，为不同国家、不同阶级、不同意识形态普遍认同，是人类社会的最高正义，是超越于其他各种社会正义而应当为人类坚守的、不可突破的、终极的、底线的正义。

如果要予以概括和列举，人类社会最重要的普遍正义至少有如下几个：

---

〔1〕 孙国强：《全球学》，贵州出版集团公司、贵州人民出版社2008年版，第378页。

1. 社会自由。社会自由是指公民在法律规定的范围内,其自己的意志活动有不受限制的权利。例如,言论自由、集会结社自由之类均属之。自由是在物质需要得到基本满足的情况下,人的一切发展创造潜能迸发而个性张扬的状态,是促进人类进步的最伟大的原动力之一。自由的底线和原则,是保护每一个个体的自由。

2. 社会平等。平等是指人或事物的地位完全处于同一标准或水平,都被同样对待。平等的基础是人人皆同样具有自由意志。《独立宣言》称"所有的人生来平等"为不证自明的真理。最一般的用法是指以下原则:法律规则应该同等地适用于社会中进行有关活动的所有成员,而且除非有充足和明显的理由,任何人不得被豁免或区别对待。

3. 社会公正。社会公正是指每个人在社会生活的一切方面,都应当受到来自于社会各个组织和成员的公正对待。广泛具有社会公正的社会是公正的社会、文明的社会、和谐的社会、幸福的社会、令人向往和追求的社会、最适宜于人生存的社会。

4. 社会公平。在社会正义得到实现的情况下,每个社会成员的行为都符合社会正义,每个社会成员在每个社会关系中都得到了符合社会正义的对待,社会成员中就不会存在不服、不满、不平,因而体现为社会公平。社会公平,本质就是社会正义得到坚守和实施的社会状态。社会公平是社会关系当事人或各方主体对社会共同体的一种期待和要求。

此外,人类社会的普遍正义已形成了一系列理念和原则,如人权、人本、人道、民主、法治、安全、博爱、多元、进步、快乐、互助、互尊、善良、仁慈、宽容、和平、和谐、合作、礼貌、通情达理、讲信用、讲逻辑等。

三

法官作为正义的守护者,面对着如此复杂多样的正义,不能不思考:到底应当维护什么样的正义?

当各级执政主体和行政官员纷纷要求法官"服从、服务"于当地的所谓"大局"、"中心"的时候,法官是否应当想一想:具体案件中要做到这样的"服从、服务"是否能够维护正义,维护了哪一层次的正义?假如这些"大局"、"中心"的具体项目是一些损害民众、贻害后代的"政绩工程"、

“污染工程”，法官也能够去“服从、服务”吗？

当法律像规定“嫖宿幼女罪”[1]一样放松对弱者的特殊保护，像规定刑事被害人的物质损失之外赔偿诉请一律驳回[2]一样忽视刑事被害人权益的保护，而法官在实施这样的法律的过程中单纯只是“摹写”、“复印”法律时，是否应该想一想：我是在维护社会的正义还是在践踏社会的正义？

当一方当事人能够雇佣律师团、网络水军团、专家意见团来大力影响法官的判断时，法官能否以高出所有这些团队的智慧看到案件的问题实质，并能坚持中立和冷静作出准确的裁断？非此，法官你能认为自己真的是正义的最后防线的合格守门员吗？

当法官的薪酬、晋升、任职都掌握在某些部门的领导人手中时，法官是否能够做到不畏权势、不予迎合而秉公办案？是否能够不寻找理由洗白自己的非公正和非正义？在这种情况下，民众会承认我们的司法公信力、尊重我们的司法权威吗？

当全体法官被要求做到“多头至上”时，法官是否应当想一想：这样是否能够实现正义？能够实现哪个层面的正义？如果执政主体的“事业”将给社会带来数千万人死亡的巨大灾难，法官也跟随着开展“办案大跃进”，[3]难道也能说是在维护正义？

虽然，国家招募、培养、供养法官，目的是为实施国家的法律，且作为国家供养的法官虽然应当服从国家的利益和意志，但也应当看到国家正义、执政主体正义的片面性，应当看到法律所主张、支持的正义的片面性，同时还应当看到，现代社会中，国家利益的片面性、国家正义的片面性已通过历史上无尽的人为灾难而被世人所共识，执政主体们也都正在认识高于国家利益和国家正义的人类社会普遍正义的存在及其重要性。人类社会的普遍正义正在被全人类包括所有执政主体所尊重。

---

〔1〕《刑法》第360条第2款。

〔2〕最高人民法院《关于刑事附带民事诉讼范围问题的规定》第1条；最高人民法院《关于人民法院是否受理刑事案件被害人提起精神损害赔偿民事诉讼问题的批复》。

〔3〕最高人民法院研究室编：《全国人民法院司法统计历史资料汇编1949—1998（刑事部分）》，人民法院出版社2000年版，第3页。载1958年全国判处刑罚人数达1657079人，为新中国成立后历年之最多。

由此可见,法官不应当再那样单纯套用、落实纸面上的法律,还必须审视法律、创造法律。法律是人制定的规范,不可能天衣无缝、完美无缺。法官应当用恰当的司法行为弥补法律的残缺。因此,法官实施法律并不是简单的“三段论”的活动过程。在这一过程中,法官应该能“创造性地”工作。“司法过程的最高境界并不是发现法律,而是创造法律;所有的怀疑和担忧,希望和畏惧都是心灵努力的组成部分,是死亡的折磨和诞生的煎熬的组成部分,在这里面,一些曾经为自己时代服务过的原则死亡了,而一些新的原则诞生了。”〔1〕

由此可见,法官也不能只是不区分是非而一味“和稀泥”地化解社会纠纷冲突的工具。因为“如果一个纠纷根本得不到解决,那么社会机体上就可能产生溃烂的伤口;如果此纠纷是以不适当的和不公正的方式解决的,那么社会机体上就会留下一个创伤,而且这种创伤的增多,又有可能严重危及对令人满意的社会秩序的维护”。〔2〕

由此我们最终可见,法官要审视和创造法律,要对具体社会纠纷区分是非,都不能仅仅靠既有的法律的阐释,而恰恰需要以高于法律的人类社会的普遍正义作为依据。所以,可以得出的结论是法官必须做人类社会的最高正义、普遍正义的忠实维护者。法官必须始终在每一个案件中,高屋建瓴、居高临下地从人类社会最高正义、普遍正义出发去审视所涉及的法条、“司法政策”、法律关系,并从微观上一个案件一个案件地预防和减少非正义的行为给社会带来的损失,创造性地作出符合人类社会最高正义、普遍正义的裁断和处理。这将是法官存在于世的真正价值。

法官应当永远向世人宣布:我们所要维护的,是人类社会最高的、最普遍的正义,而不是其他!

---

〔1〕[美]卡多佐:《司法过程的性质》,苏力译,商务印书馆2002年版,第105页。

〔2〕[美]E.博登海默:《法理学——法哲学及其方法》,邓正来、姬敬武译,华夏出版社1987年版,第489页。

茹作勋，男，汉族，1964年出生。中共党员，法律硕士。1987年7月从西北政法大学毕业后，历任全国法院干部业余法律大学甘肃分校讲师，甘肃省高级人民法院秘书科科长、审判员、副庭长、庭长、审判委员会委员。2011年10月任甘肃省嘉峪关市中级人民法院党组书记、院长。2011年12月1日被最高人民法院授予“全国审判业务专家”。现任中国知识产权研究会常务理事，兰州大学法学院兼职教授。曾先后在《法学》、《法律适用》、《法刊》等刊物发表学术论文20余篇，主要著作有《公平与秩序》、《中国民法图解》。

也谈“司法为民”

茹作勋

2002年11月8日，江泽民同志在中国共产党第16次全国代表大会的报告中指出：“执政为民是我们党的立党宗旨，是代表广大人民利益的必然要求。”党的十六大提出执政为民理论后，最高人民法院积极响应，于2003年8月24日提出：“司法为民是新世纪人民法院工作的宗旨。当前以及今后一个时期，人民法院要针对社会普遍关注、人民群众反映强烈的焦点热点，立足司法为民，注重从进一步方便群众诉讼等11个方面下工夫，扎扎实实为人民群众办实事。”全国各地人民法院随之迅速掀起一场“司法为民”活动。在各地纷纷出台各式各样的司法为民文件和采取各式各样的司法为民措施之后，我们的司法是不是可以心安理得地说一声：司法已经为民了?！“司法为民”四个字真的就呈现在那些措施和规定里，呈现在给当事人的一张笑脸和一杯冒着热气的香茶里那么简单吗?

司法为什么要为民？这是我们必须回答的首要问题。在一个民主国家，国家的一切权力不属于任何个人、任何团体，它只属于这个国家的全体人民。作为国家权力主要组成部分的司法权,毫无疑问地也为人民所享有。正是这种主权在民的思想奠定了现代法治和民主宪政的基石,也决定了担负着维护社会正义重任的司法,必须为民,只能为民。但是,司法为民的"民",不能狭隘地理解为阶级斗争概念里非敌即我的"人民",更不能理解为具体案件中的特定当事人。这里的"民"是一个抽象概念,是指一个国家所有公民的集合。因为,司法是一个国家的司法,不是任何利益集团的司法。讲到司法为民,我们必须牢牢记住:普天之下,法律面前人人平等!任何人,只要他参与到司法活动中来,成为司法活动的主体,司法都要给予他不加区别的平等保护。任何个人或任何团体,无论其地位如何显赫、权势如何尊崇,都没有资格宣称自己就是人民,他们的意志就是人民的意志,从而要求享有凌驾于法律之上的特权。司法不是某个人的司法,也不是某个特殊团体的司法。司法在本源上从来就只有一个主人,那就是人民!司法因民而生,司法为民而存;除了人民的利益,司法没有也不应有自己的一己私利!今日中国,人民对司法的要求,就是通过公正的司法,建立一个人人信仰法律、人人遵守法律、人人执行法律的法治中国。这是中国人民迈向现代化进程中的根本愿望,也是司法为民的根本方向。

什么样的司法才能真正实现为民的目的?这是我们必须考虑的问题。简单地从理论上来说,人民组成国家,国家设立司法。人民遇有纠纷寻求司法救济,司法通过公正裁判实现社会正义。在这一过程中,人民对司法是有要求的:首先,司法必须是中立的。只有在对立的纠纷双方之间保持中立,对任何一方不偏不倚,才能做到一视同仁、平等保护。偏则无公,倚则不正,没有公正可言的司法,只会成为害人民的刑具。其次,司法必须是独立的。在一个民主国家里,各种社会主体,不论是个人、社会团体,还是国家机构,都有可能成为纠纷的当事人。司法作为法治社会解决纠纷的终极手段,惟有超然于各种利益之外,无须摧眉折腰受制于人,才能真正做到"富贵不能淫,威武不能屈",一身正气,傲然挺立。中立是公正的需要,独立则是中立的保障。没有独立,司法永远只是一种御用工具。因此,司法独立成为现代法治国家的重要特征,并作为一项基本司法原则得到世界各国的公认。也正因如此,《宪法》第126条规定:"人民法院依照法律规定独立行使审判权,不受行政机关、社会团体和个人干涉";

中国共产党十六届四中全会《中共中央关于加强党的执政能力建设的决定》也明确提出:“加强和改进党对政法工作的领导,支持审判机关依法独立公正地行使审判权”。

但是,无论是中立的司法还是独立的司法,都需要从制度和实践两个层面加以切实保障。如果实践中的司法,在人、财、物各个方面始终处于附属地位,无异于为权力干预司法打开了方便之门。在这样的环境下,司法独立中立的品格永远难以形成;在这样的环境下,人民孜孜以求的公平正义永远只会姗姗来迟。这样的司法环境,会是以追求司法公正为己任的中国法官所需要的吗?不,永远不会!这样的司法环境,会是迈向法治的中国人民的唯一选择吗?不,同样也永远不会!

司法为民的评判标准是什么?这是我们无法回避的又一个问题。法律是人民意志的体现,人民对国家、对政府的要求,以及人民在政治、经济、文化、社会生活各方面的需求,都通过立法机关以法律的形式表达出来。全体社会成员认真遵守法律、执行法律,人民的利益就得以最大化地实现。司法机关作为适用法律解决具体争议和冲突的专门机关,其存在的目的在于通过自身的执法活动保护人民、解决争议、惩罚犯罪、维护社会正义和秩序。就司法而言,越是一丝不苟地忠实执行法律,就越能不折不扣地体现人民利益,就越能全心全意为人民服务。对人民而言,一个独立、廉洁、高效的司法,一个严格遵循程序法、严格适用实体法的司法,一个准确认定案件事实、正确适用法律、作出不偏不倚裁判结果的司法,就一定是一个公正的司法,就一定是一个以人民利益为重、真正为民的司法!因此,评价司法是否为民,既不应以案件当事人是否送来锦旗为尺度,也不应以媒体是否赞扬称颂为标准,更不能以地方长官是否点头赞许为依据。对于视人民利益高于一切的司法来说,司法为民的评判标准没有其他,只有一个,那就是镌刻在人民法院大厅,镌刻在我们每一个司法人员心中,镌刻在凛凛天地之间,永远不会褪色的四个大字——严肃执法!

司法为民不是中国司法自己的发明创造,更不是中国司法独有的专利。在西方,政府权力“民有、民治、民享”的观念不仅是家喻户晓的真理,更已成为指导司法变革的理论。在我国台湾地区,首席大法官翁岳生先生 1999 年宣誓就任时,便明确提出“司法为民”的口号,并以此指导我国台湾地区“司法改革”。在渴望实现中华民族伟大复兴的今日,我们不妨放眼世界,看看其他国家和地区的司法在社会变革和发展中是如何发挥自身作用的。这或许能给我们的“司法为民”带来些许启示。

“风能进,雨能进,国王不能进。”这是一句涉及财产权利的脍炙人口的法谚,它并非出自经典法学著作或教科书,而是源自英国前首相老威廉·皮特 1763 年在一次国会的演讲——《论英国个人居家安全的权利》,但其流行程度甚至超过了某些出自法学名著的名言。原文是:“即使最穷的人,在他的小屋里也能够对抗国王的权威。屋子可能很破旧,屋顶可能摇摇欲坠;风可以吹进这所房子,雨可以淋进这所房子,但是国王不能踏进这所房子,他的千军万马也不敢跨过这间破房子的门槛。”后来,这段话被浓缩成“风能进,雨能进,国王不能进”这一言简意赅的名谚。

一般认为,现代民主是西方社会的产物,而现代民主与私人财产权是紧密联系在一起的,私人财产权在西方民主的产生和演变过程中发挥了特殊作用。只有了解这一点,才能对西方社会关于产权和民主的演进以及当今的变化有正确的认识。实际上,“绝对的财产权”概念也是整个 18 世纪及其后西方民法最核心的内容,它构成了西方社会个人主义权力观的价值基础,与契约自由、过失责任并称近代西方民法三大基本原则。财产权规定了个人自由的范围与国家权力的界限,对于私权利之范围,公权力“非请莫入”。老威廉·皮特的这段话可以说是对私人财产权崇高地位最精辟的描述,尤其是经归纳后形成的名谚,更以其生动的句式以及富于生活气息的特点而被人们牢牢记住,可谓微言大义。

与中国有着相似文化和传统的日本,在近代幕府统治的 200 年里,一直采取闭关锁国政策,国势甚弱。继 1853 年被美国军舰强迫签订《日美亲善条约》后,又相继被迫与俄、英、法等国签订一系列屈辱条约,面临着沦为半殖民地国家的危机。1868 年,日本朝野上下一致发起了变法强国的明治维新运动。在变革中,日本政府一方面大量继受西方法律,制定并颁行民法、刑法、民事诉讼法、刑事诉讼法等法典;另一方面,制定宪法,按照“司法独立”原则构建司法机构,促使司法权与行政权彻底分离。

1891 年 4 月,俄国皇太子尼古拉(即后来在俄国革命中被处决的末代沙皇尼古拉二世），奉父命率舰队访问日本。5月11日下午，尼古拉到大津市访问，负责警卫的一名叫津田三藏的警察因仇恨俄国，在尼古拉经过时突然拔剑将其砍伤。警官刺杀俄皇太子事件令日本举国震惊，担心当时世界上数一数二的军事强国俄国乘机发动对日战争，全国因此处于紧张状态。为平息俄方愤怒情绪，一名日本青年在俄国大使馆门口剖腹自杀，代国人向俄国谢罪。津田家乡的一个村庄甚至通过决议，所有村民此后不再姓津田，改用他姓。社会各界也纷纷发表文章、举行集会，要求法院迅速判处津田三藏死刑，以维护国家利益。

日本大审法院（最高人民法院）很快组成特别法庭，对案件进行审判。但在应否适用《日本刑法》第116条的问题上，法院与内阁方面发生分歧。《日本刑法》第116条是关于“皇室之罪”，规定凡加害日本天皇、皇后、皇天子等皇室成员者处死刑，即使未遂，预备与计划者亦处死刑。法院方面认为《日本刑法》规定的“皇室”系专指日本皇室，而非世界上所有国家皇室；尼古拉是俄国皇室成员，不应适用《日本刑法》第116条。日本内阁则认为此事涉及两国邦交，关系国家重大利益，并且事前日本外相曾与俄国就采用《日本刑法》第116条保护俄国皇太子达成协议，事后内阁会议也决议适用《日本刑法》第116条追究为由，要求法院依照《日本刑法》第116条对津田进行审判，以避免日本外交食言以及俄国借机寻衅。内阁首相松方正义为此会晤大审法院院长见岛惟谦，要求法院配合行政方面处理。见岛惟谦义正辞严地告诉首相：“下关非才，恭奉天皇任命为大审法院院长，职责所在，不论内阁如何讨论及决议，其解释如曲解法律精神者，断然不予接受。”他又说：“不曲解法律，亦必另有其他维护国家利益之方略，立宪国家如欠法律之威严与正义，则必然失去其存在之意义。”见岛明确表示，如判决曲解法律，自己作为负监督责任的大审法院院长将辞职以答天皇、以谢世人。被见岛惟谦拒绝后，松方正义首相要来审判法官名单，并安排这些法官的好友及前辈对法官进行劝说。

“大津事件”于1891年5月27日开庭审判。当天下午，大审法院当庭宣判认为，检方以加害外国皇族与本国皇族危害相同，并进而要求适用《日本刑法》第116条对被告人处以死刑，与立法意旨不符；该案应适用《日本刑法》关于普通谋杀罪的规定，最终以谋杀未遂判处被告人无期徒刑。该案判决后，日本外务大臣、法务大臣及内政大臣相继辞职。日本政府就此向俄方解释，《日本宪法》已规定司法独立，行政无权干预司法。俄方对此表示理解。

通过明治时期的变法，日本国势蒸蒸日上，国力迅速增强，于1894年甲午海战一败满清，1904年日俄战争再败沙皇俄国，此后一跃成为世界一流强国。司法在其中所起的作用，我们绝不可低估。

从世界法制史上著名的"大津事件"中，我们可以感受到什么？司法当以人民的利益为重，而人民的利益早已写入神圣的法典！司法须有权威，而权威要靠我们自己维护！中国司法的明天，仅仅依靠写在纸上的宪法条文和执政党决定是远远不够的。建设现代法治国家，维护法律尊严，我们需要智慧，更需要为了国家、为了人民，无畏权势，无畏爵位，无畏一切个人得失的决心和勇气！

司法为民不是一句简单的政治口号，它有着深刻而丰富的思想内涵。司法为民也不是一个时髦的政治理论，它揭示了民主宪政和现代法治的本质。在没有民主传统的中国建设民主，在没有法治根基的华夏大地实现法治，司法为民，任重道远！

姚建军，男，1965年生，1987年毕业于西安财经学院法律专业，1988年取得律师资格；2001年在西北政法大学获得法律硕士学位；现为香港城市大学博士研究生；现任西安中院审判委员会委员、知识产权庭庭长，兼任中国审判理论研究会知识产权专业委员会委员，中国法学会知识产权研究会理事，中国知识产权研究会理事，中国仲裁法研究会理事。

曾被国家知识产权局、工商局、版权局授予全国知识产权保护最具影响力人物；被中国外商投资企业协会品牌保护委员会评为2000年至2010年中国知识产权和质量监督进步杰出贡献人士；被评为全国优秀法官、全国知识产权审判先进个人；荣立个人一等功。

承办的案件每年均入选中国知识产权司法保护50件典型案例；撰写的裁判文书在全国评比中获二等奖；撰写的司法建议在全国首届评比中获得优秀奖；参与了最高人民法院软件著作权课题研究；撰写的20余篇论文在全国法院系统学术讨论会获得一、二、三等奖；出版了两部法官专著；先后在《知识产权审判指导》、《人民法院报》、《人民司法》、《法律适用》、《中国专利与商标》、《知识产权》、《电子知识产权》、《中华商标》、《中国版权》等国家级报刊发表文章100余篇，参与了多部全国公开出版的书籍撰稿工作。

让法官的智慧留下值得回味的经典案例

姚建军

法律是交流的智慧,法官是注重经验的职业,促进法官之间的交流,形成尊重经验、注重学习的氛围是提升法官司法能力、推进法官职业化建设的重要路径。学习对法官而言是实现公正司法的根本保障。事实表明,专家型法官无一不是充满智慧和社会理性的法官。在他们身上,我们感受到的是勤学好思、善于钻研、敢于创造性工作的昂扬锐气和优秀品质。思考并实践者是法官的毕生追求。思考与实践的结晶是提炼裁判规则,以指导审判实践。我们经常说,没有理论指导的实践,必然是盲目的实践,但理论研究也不能脱离实际,没有实践基础的理论研究,必然是空洞的研究。基于学习、思考、提高的愿望,2012 年 7 月我参加了中国法官博士班的面试,并有幸成为香港城市大学的一名学子。

在香港城市大学学习期间,我不仅从老师身上学到了严谨治学的态度,而且也学到在实践中少有触及的香港法律。当我提笔撰写本文时,香港法院庭审过程、与香港法官座谈、品读香港法院裁判文书的情景再一次浮现在我脑海中。通过在港学习,我对法官裁判案件有了更深层次的理解。记得一位大法官说过,裁判不仅是一项工作,也是一种生活方式。这种生活方式并不包括追求物质财富或名声,而是建立在精神财富上,包括客观公正地追求真理。裁判不是命令而是理性;不是努力取悦所有人,而是坚持价值与原则;不是向利益集团投降或妥协,而是坚决维护法律;不是根据一时的兴致而是根据根深蒂固的信念与基本价值坚定地作出判决。是啊,坚守法律,依法裁判是每位法官追求的境界。作为2012年中国法官博士班从事知识产权审判的一名法官,我深知,中国已成为世界上经济增长最快的国家,成为全球竞争最激烈的地区之一,而在多变的全球竞争中,知识产权已成为企业立于不败之地及持续发展的动力。面对日益发展的审判需求,中国法官只有坚持学习,才能提高自身的理论素养和法律思维,提炼与总结适用法律的方法、经验与智慧;才能将工作精髓上升到理论高度,使经验得以传承,智慧得以共享;才能从复杂的司法现象中找寻解决问题、改革创新的基本路径;才能学以致用,统一裁判路径。因此,在某种意义上讲,学习与研究其实就是交流办案感受,以启迪法官的办案智慧和提高法官的司法能力。记得WIPO在其官方网站曾言,不论是艺术创新还是技术创新,在每个伟大创新的背后,都有人的故事——一个因为个人的好奇、洞见或决心而开辟新道路的故事。在《中国法官》为我们提供交流学习的平台里,我将以知识产权案件为切入点,与各位分享自己承办案件的感受,以期实现实践与理论互动的智慧,激起中国法官的思想碰撞及深度交流。

法官的天职是裁判案件。裁判案件是将抽象的法律条文解读后,用于具体的、动态的个案中,以化解纠纷,维护当事人的合法权益。法官适用法律的过程,闪耀着法官作为职业法律家的智慧光芒,而法官的智慧来源于办案的经验积累、社会阅历、学习思考、价值取向。回首过去的岁月,我审理的知识产权案件涉诉主体包括通用电气公司、尼康公司、强生公司、普拉达公司、路易威登公司,案件性质几乎涉及了知识产权的所有类型。

例如,美国通用电气公司等与西安九翔公司、王晓辉侵犯商业秘密、著作权纠纷案,以办案作风严谨廉洁、办案方式专业、成果丰硕及案件性质极具典型性被中国外商投资企业委员会品牌保护委员会评为知识产权保护最佳案例。该案案情是:通用公司与王晓辉签订的劳动合同约定:王晓辉任通用公司维修工程师,负责 CT 设备的售后工作,对通用公司的技术信息负有保密义务。之后,王晓辉多次参加内部培训,取得了仅限内部使用且存储有通用公司售后服务部门最高级别商业秘密的红色服务光盘及培训资料。通用公司在文件上均标明“仅供内部使用”、“严禁复制”及“严禁向第三方披露”等。王晓辉从通用公司辞职后,投资设立了西安九翔公司,利用其非法持有的通用公司商业秘密,为诸多医院维修设备,建立网站发布培训广告,举办培训班,在培训时将通用公司完整的红色服务光盘、内部培训资料及为 CT 产品制作的宣传影片等资料拷贝给学员。通用公司认为,九翔公司、王晓辉的行为,侵犯了其公司的商业秘密及著作权。故诉至法院,请求判令九翔公司、王晓辉停止侵权行为,赔偿损失。西安中级人民法院审理后判决:西安九翔公司、王晓辉停止侵害通用公司商业秘密及著作权的行为,赔偿损失 90 万元。本案的裁判规则在于外国企业起诉中国企业侵犯商业秘密及著作权的行为发生在中国,应适用中国法律界定外国公司主张的技术信息、作品是否构成商业秘密和符合作品的要件;非法使用权利人的商业秘密为客户维修、使用他人著作权进行培训分别侵犯了权利人的商业秘密和著作权;在适用法定赔偿时可以将非法维修的获利及非法培训所得作为损害赔偿的参考依据,并按每一侵权行为酌定损害赔偿数额,此种情形下,不发生请求权的竞合。本案系涉及商业秘密和著作权两种法律关系交织的涉外案件,案件事实复杂,但复杂本身对法官就是锤炼和考验,因为困难总是让人思考更多的东西。在撰写裁判文书时,笔者深知裁判文书的制作过程,就是展示法官的司法经验与智慧的过程,于是,在研读了大量的与本案有关的资料,思考了许多法理问题,重温法律规定,对其进行解读后,最终从当事人诉辩主张、证据开示、事实认定、焦点归纳、判词说理完成了长达 53 页裁判文书的制作。这是笔者职业生涯中最长的法律文书。裁判文书充分反映了法官的思维逻辑,将“法律规范”和“案件事实”结合起来,全文引用法律条文,通过理性的论理和逻辑推理得出判决主文,展示了法官的心证过程,充分体现以事实为依据,以法律为准绳的司法原则,增强了裁判的权威性和司法过程的透明度。为此,中国外商投资企业委员会品牌保护委员会专门致函对西安中级人民法院知识产权司法保护给予了高度评价,盛赞西安良好的投资环境。函中称"西安不仅是外国朋友旅游胜地,更是值得外商投资的地方。我们会向世界推介西安知识产权司法保护的创新模式,鼓励更多的外商认识西安知识产权和投资环境。因为西安公正高效权威的执法环境让在华外商对西安古都有了新的认识。"这不仅是一个赞誉,更是对中国知识产权司法保护的认可。

又如,笔者审理的炬力集成电路公司与美国矽玛特有限公司等申请诉前停止侵害专利权纠纷案。该案的基本案情为:炬力集成公司申请称,其为01145044.4的"可变取样频率的过取样数字类比转换器"发明专利权人,矽玛特公司向中国境内销售侵犯申请人发明专利权的STMP35××系列多媒体播放器主控芯片;东莞市歌美公司在进口、使用前述侵犯申请人专利权的多媒体播放器主控芯片,并销售包含这些芯片的MP3播放器等产品;黄忠达在销售包含这些芯片的MP3播放器等产品。申请人经对上述芯片产品进行技术分析得知,该产品包含了申请人01145044.4专利的全部技术特征。申请人认为,被申请人未经申请人许可,实施申请人专利,侵犯了申请人专利权。鉴于IC设计行业需要投入巨大的研发资源,知识产权的保护对于申请人具有生死攸关的意义。被申请人进口、销售、使用侵权产品数量巨大,涉及的利益重大,如不及时制止侵权行为,将导致申请人专利产品价格下滑、信誉受损,使其合法权益受到难以弥补的损害,故向提出诉前停止侵犯专利权行为之申请。西安中级人民法院经审查后依法作出了禁令裁定。本案是中国法院首起对外国企业涉嫌侵犯专利权作出的诉前禁令。禁令作出后,珠海炬力公司与矽玛特公司长达三年之久的专利纠纷以握手言和告终。本案裁判的意义在于对外国企业制造的产品进口到中国境内,只要符合诉前禁令的条件,应当依法作出裁定。通过审理本案,笔者对中美两国专利临时禁令制度进行了比较研究。美国联邦上诉法院对作出禁令总结出四个实质性条件:实体上原告有胜诉的合理可能性;原告需遭受不可挽回之损害;中间禁令的颁发不会对被告有不衡平之伤害;中间禁令之核发不会对公共利益造成危害。我国在对诉前禁令进行审查时采取了类似美国的做法。适用诉前禁令时既要依法满足迅速保护权利的正当需求,又要防止滥用诉前停止侵权制度不正当的损害竞争对手。要把事实清楚、侵权易于判断作为采取诉前停止侵权措施的前提条件。对于需要进行比较复杂的技术对比才能做出侵权可能性判断的行为,不宜采取诉前停止侵权措施。根据我国《专利法》和司法解释,司法实践中对诉前禁令的审查路径一般包括四个要件:被申请人正在实施或即将实施的行为是否构成侵犯专利权;不采取禁令是否会给申请人的合法权益造成难以弥补的损害;申请人提供担保的情况;所采取的措施是否损害公共利益。本案最终入选改革开放30年影响中国的100件知识产权典型案例。

还有笔者2013年岁末审结的普拉达公司与陕西东方源公司侵害商标权及不正当竞争纠纷案。本案裁判的意义在于被控侵权人在商业广告中使用他人的注册商标,但其与权利人主张的商品并非同一种商品,且该种使用行为不具有识别功能,不会使消费者对商品的来源产生混淆和误认,不构成侵害商标权的行为;被控侵权人为获取市场竞争优势及交易机会,未经许可在其商业广告中使用他人的注册商标,非法攀附和利用了商标及字号的声誉,损害了商标权人的合法权益,扰乱了正常的竞争秩序,构成不正当竞争行为。

通过对上述案件的审判说明,知识产权案件审理难度越来越大,尤其是判断是否构成侵权行为,对法官提出了更高的要求。知识产权法官只有不断地学习、研究,才能适应日新月异的审判工作,因此,法官必须具有终身学习的理念。古人曰:学如上水行舟不进则退,也说明了学习的重要性。法官既是审判工作的主体,也是法律完善的承载者和实践者。只有孜孜以求地学习,注重锁定实践的研究视角,将调研成果转化为对审判工作的推动力,注重实证研究并将研究的成果转化为指导司法实践特别是指导疑难复杂的类型化案件的一种审判力,才能把承办疑难复杂案件的裁判规则加以提炼、归纳、总结,让“活”的法律、“行动中”的法律与法官的智慧升华。众所周知,立法是凝固了的智慧,但立法之后法律的适用对象却是鲜活的、多变的和错综复杂的。在法官的眼中,不仅有凝固的法条和教条式的法理,而且有“活”的法律。判例即为“活”的法律,它是法律观念、法律理论、法律条文在法律实践中的交集、阐释与应用的结晶。司法的魅力更多的来自“活的法律”。通过法官适用法律,使法律在动态的发展中得到相对的圆满，而不是自始就是凝固的教条。面对各种复杂案件，法律不可能都有现成的答案，而高层次和高水平的法律适用能力恰是溶于法官内心和化于无形的，能够在遇到具体案件时产生直觉，形成处理思路和法律答案的条件反射，进而作出裁判。例如，在审理美国强生公司等与西安强生公司侵犯注册商标权及不正当竞争纠纷案中，笔者提炼出的裁判规则是：外国企业为公众所知悉的字号享有企业名称权；原告以注册商标使用的文字侵权为由提起诉讼法院应予受理；因历史原因形成的企业字号冲突应各自在其权利范围内规范使用。此外，作为知识产权法官应注意及时对审理案件过程中出现的热点和难点问题及相关实践经验进行总结分析，力争率先拿出有价值的经验成果。例如，针对美国专利法规定的“Bolar exception”，我们对中国《专利法》第 11 条的适用引发了思考；针对损害赔偿问题，法官以中美两国专利侵害赔偿制度及其司法实践比较为研究视角，对完善中国专利侵害赔偿法律制度进行了专题研究。

写到此，我还想说的是最近出现频率较多的词汇“创新”。创新是人类自我更新、自我进化、自我完善的自然天性，是人类自身存在与发展的客观要求。敢于创新，既是一种可贵的精神，更是一种宝贵的财富。行进在法治之路上，我们不断困惑，也不断解悟。与先贤的智慧相遇，与智者的思想碰撞，往往会使我们获得一种拨云见日的眼界、一种洞穿夜障的勇气。知识产权审判是一项充满活力的是事业，是一项需要创新的事业。随着社会经济的发展、国际国内形势的变化，必然会出现新问题、新情况，面临新机遇、新挑战。作为一名知识产权法官，我们期待着“中国知识产权法院”的诞生，期待着与世界知识产权人的接触，并将以创新的勇气和创新的思维、创新的方式面对未来，通过理论创新、制度创新和方法创新，抓住新机遇，解决新问题，迎接新挑战，开创新局面，用法官的忠诚和汗水，注重庭审中每一个细节的研究，注重每一次开庭给当事人的印象，注重合议庭每一次热烈的讨论，注重在学术前沿问题上与学界及专家的交流，给社会留下值得回味的、可查阅的知识产权精品案例和学术成果，为知识产权审判事业的繁荣贡献法官的智慧和力量。

最后，衷心地感谢为即将出版的《中国法官》第二辑付出艰辛努力的老师、同学和朋友们！

梁旭，女，1967年12月26日生于河北保定，90年代毕业于河北大学、中国政法大学，先后获法学学士、法律硕士学位。2012年于香港城市大学就读法学博士研究生。现任河北省保定市中级人民法院专职审委会委员、四级高级法官。在保定市中级人民法院工作的24年中，先后轮换六个部门，历任书记员、助审员、副处长、副庭长、研究室主任、刑二庭庭长等职，2013年12月转任本院专职审委会委员。

秉承信念：不忘初心，不变随缘。

法官的三重境界

梁　旭

人是情绪化的动物，每当境遇不佳时，难免会心神不宁，不能安眠。午夜我刚刚入睡，便被窸窣的声音惊醒，曾听同事说，晚上办公室屋顶夹层的动静是老鼠在巡游。开灯，沏杯茶，静静地看绿叶在沸水中翻转起舞，慢慢聚积在杯底绽放，心竟然安定了下来。今天是香港城市大学（以下简称城大）约稿截止日的前夜，答应的事无论如何都要完成的，既然已无睡意，便坐下来写吧。知易行难是人的通病，稿子拖到最后，主要是思绪万千总找不准切入点。想想王院长的初衷：记录中国法官的心路历程，那么索性就说说我心目中法官的境界吧！

唐朝的禅宗大师青原行思曾形象地概括出参禅的三重境界：参禅之初，看山是山，看水是水；禅有悟时，看山不是山，看水不是水；禅中彻悟，看山仍是山，看水仍是水。无论何时，山还是山，水还是水，变化的只是我们的心境。

我认为中国法官境界也是分层次的。在细说中国法官境界之前，我们有必要回望一下中国法官队伍的形成和发展历程:中国法官的成长,注定要用中国特色来修饰。这个由 34 万人组成的庞大队伍,其最初的人员结构是复杂的,有的来自工厂、街道、部队、学校,只有少数是法科的学生。直至 1995 年《法官法》颁布实施,法官的门槛才逐渐提高到必须年满 23 周岁,具有大学法律专科或非法律专科具有法律知识;到 2001 年,《法官法》再修改时,进一步将进入的门槛提高到法律本科或非法律本科具有法律知识的程度。我曾经在法院内部教育培训部门任职,见证了身边众多法官努力完成专升本的学历教育的艰难过程。经过十几年的努力,目前中国法官绝大多数的学历已达到法律本科的程度,但是毋庸讳言,历史的原因造成了法官素质的参差不齐。在这种大背景下,再来谈中国法官的境界,也许更客观些。

在我心目中法官的三重境界是学徒、匠人、大师(专家)。你处于什么境界与年龄无关,与做法官的时间早晚无关,只关乎你的内心追求。

一、法官的第一重境界:学徒

根据现行《法官法》的相关规定,在中国成为法官的门槛是年满 23 周岁,具有法律本科学历,通过国家司法考试等基本条件,经过岗前培训即可被任命为法官。英国的柯克法官曾说过:"争议案件并不是按照天赋理性决断,而是按人为理性和法律来判决的。法律需要长期的学习和实践才能掌握,包括国王在内的任何人在未达到这一水平前,都不能从事案件的审判工作。"仅学习了理论没有经过司法实践磨炼的大学生以及通过自学考过司法考试的军转干部们,刚当法官时,注定要从学徒干起。因为书本上的条文难以与复杂的司法实践一一对应,仅熟悉司法文书的格式、法律逻辑的原理,无法保证你一定能写出论理充分的判决书。在学徒阶段,你要学会如何阅卷、记录阅卷要点、草拟庭审提纲、驾驭庭审进度、倾听双方的观点、分析证据材料、采纳或否决某一方的论点和论据、参照以往的案例公正地作出裁判。这些工作貌似简单,但真正操作起来,没有三五年的实践是不可能成为熟手的。

每一名法官都会从学徒做起,但并非所有的法官均能出徒。有些人可能一辈子只停在这个层面,止步于"照葫芦画瓢"的境地,只能应付简单的案件。此为法官的第一层境界。这对应了参禅之初的境界:看山是山,看水是水。

二、法官的第二层境界:匠人

所谓匠人,是个很中国话的词语,维基百科里没有对应的定义。一般语境下匠人是指具备某种专业技能,做事一板一眼,严格遵守规则,不越雷池一步的人,同时也隐含着死板教条的意思。在书画界,画家最忌讳别人说自己的绘画作品很匠气。达到匠人层面的法官,已经对案件的审理程序烂熟于心,法条运用得当,能看出此案与彼案的差异,也能发现案件中的一些问题,但不能对案件进行全面系统的分析梳理,常常会在此罪与彼罪之间徘徊,尚不具备透过现象看本质的能力。当案件证据矛盾,案件事实不具备典型性时,就会产生"山非山、水非水"的困惑。长期以来,中国特有的内部请示制度就是因此而应运而生的。下级人民法院往往因拿不准该不该定、该定什么罪而向上级人民法院请示。

除了学徒,绝大部分的法官都止步于匠人阶段。熟悉审判程序,有能力就事论事,但遇到新型、复杂案件,心中就失了底气,欠缺举重明轻、举轻明重的能力。今后,随着请示制度的严格控制,裁判文书上网等司法改革举措的实施,倒逼着中国法官提升素质以应对,更多匠人型法官会向专家型法官迈进。

三、法官的第三重境界:大师(专家)

所谓大师一般是指在某一领域有突出成就且公认的德高望重者,可谓是专家中的卓越者。

要成为法律专家已非易事,成为其中的卓越者,被同行尊称为大师,却非一般人能做到的。它要求:实践经验要丰富,思维要敏捷,逻辑要缜密,态度要温和,表达能力要强,还能触类旁通,善于通过现象看本质,能够最终解决疑难杂症。不管是雾有多深、霾有多重,都能识得庐山真面目,即"看山还是山,看水还是水"。

此境界虽非遥不可及,但要达到需要付出很多:学术不断精进,眼界日渐高远,能出神入化。

哲学中有著名的三问:你是谁?你从哪里来?要到哪里去?我觉得

作为一名法官,也应该扪心自问:我是什么样的法官?我当法官的初心是什么?要做到什么境界?

我的回答:我是一个勤勉的法官;我当法官的初心就是惩恶扬善;我的人生理想是做有智慧、受人尊重的法官。所以我要不断超越自我,向更高的层次迈进。

2012年结缘城大,让我有机会走出河北的古城,看看外面的世界。一年的集中学习,香港、北京、首尔三地聆听数十位专家、学者的讲课、讲座,在深切体会不同国家、地区的法律差异化的同时,我学的更多的是思维方式的多样化。不知不觉中让我的法律素养慢慢得以提升,思考问题的角度变得更宽广、解决问题的方法变得更多样化,仿佛有种顿悟的感觉。一年前困扰我的法律难题,如今有了解决的思路。我应对难题时,不再纠缠于细枝末节的差异,而是注重逐本溯源的从裁判理念、价值取向、社会危害的角度来考虑是否定罪,面对"变异"的案件从基本概念入手来比较此罪与彼罪的异同。正所谓"山重水复疑无路,柳暗花明又一村"。

感谢王院长为中国高级法官博士项目倾注的心血,感恩城大的培养。我会心怀信仰,努力追求卓越。

韩晋萍，女，1974年2月生，山西省晋城市人，现在中共中央纪律检查委员会任职，原系最高人民法院高级法官。1995年毕业于中国政法大学法律体系，系获法学学士学位，后通过在职学习获北京大学法律硕士学位，现为香港城市大学法律学院在读博士。多年来致力于高级领导干部职务犯罪大要案的审判、境外追逃及追赃以及相关调研工作，先后荣立个人一等功一次、个人二等功两次、个人三等功一次，获嘉奖三次。2013年被授予"全国三八红旗手"荣誉称号，被评为全国"人民满意的公务"，2010年被评为"全国法院办案标兵"和"最高人民法院办案标兵"，2010年荣获"中央国家机关五四青年奖章"。起草了关于建立境外追赃机制的研究报告、《中国政府反腐败和廉建设白皮书》(法院部分)等文稿，参与编写《刑法罪名适用指南》，发表《辩诉交易若干问题》、《特定关系人收受贿赂的司法认定》、《违法所得没收程序探析》等文章。

皂角树下，岁月如歌

韩晋萍

对于初次进入位于东交民巷的最高人民法院大院的来客而言，大多是要先办理多重严格手续才可以获准的。在交验各种要求的证件，回答必须必要的提问，历经或长或短的等待，在笔直站立的武警战士威严的目光注视下，步入高大的俄式拱形大门时，心中的敬意油然而生。然而就是在这种情绪之下，迎门却见，一棵枝叶繁茂，姿态奇绝的古树静静地矗立着，其下是31阶高大结实冰冷坚硬的花岗岩台阶。这种错落的震撼，绝不亚于仰视于高悬楼檐的巨大国徽。

那一年，我也在这匆匆的人群之中。

一、只如初见

初到大院是在我大学毕业前夕，那时分配工作已是双向选择，而于最高人民法院，我的选择却还是单向的。毕业的茫然与诸多的未知，浓厚的如当下走不出的雾霾，压抑心头。

三月底交简历，四月初试，而后复试，笔试，面试……近三个月中，我抱着时大时小的希望，在焦急中穿梭学校与大院,忐忑中准备着各种考试。往返之间,每次不禁目光流连这棵苍老古朴的大树。那么饱经沧桑的树干,有力地支撑着硕大的树冠,宛如一把巨大的华伞,遮天蔽日,喧闹中辟出一片静逸。不过法院里的人们,行色匆匆,却鲜有树下纳凉者。偶尔有暇驻足的,多是如我当年的访客。初春的三月,微躁的季节,等候未来的我,依干而坐,闭目静思,片刻的静逸之间,仿佛偎依一位千年的老人。置身古树之下,感受安静祥和的气息,浮躁的心情就慢慢地被平抚了。依然清晰地记得,那年长发迎空的我,举目抬头望见,那片片初发的嫩芽绽开于万千多姿的枝头,嫩嫩的黄绿如新,却又那样生机盎然,似万千可爱的小精灵簇拥在一个古老沧桑的传说之中。慢慢地,憧憬与希望如这初春的嫩芽萌生,我也在希望中等到了最高人民法院的选择。

二、再回大院

当时的规定,刚录用后的毕业生是要到基层先锻炼的。在之后的一年里,我便从上学时所在的一个郊区,到了基层锻炼的另一个郊区。仍然是集体宿舍,仍然是食堂伙食,仍然是三点一线,只是上课的内容从象牙塔里一头扎到了田间地头,老师们自然也退回到人间烟火。不过,郊区的天空还是一样的蓝,空气也是同样的凉爽清新,与男友的交流还是邮差递送的书信,一切似乎仍是学生生活的继续。两夏之间,一年光景,竟然记忆寥寥。1996 年的夏季,结束了基层锻炼,我就重回大院里了。

古树依旧,我已非访客,不仅办公,连住宿都在院里。那时的办公楼还是旧时的大楼,陈旧古朴,大树就在楼前,静静地矗立着,相得益彰,浑然一体。这是一棵古老的皂角树,沧桑干枯的树干上,镶有一个铭牌,国家一级古树,编号为 11010100609,传说中的年龄已经八百多年。树周近三米,其上是姿态万千的树枝,枝膀上长满了寸长的硬刺,树梢树杈纵横交错,枝枝蔓蔓,平铺开来,浑然一幅亘古的画卷。再次漫步树下,季节正是夏日,巨大的树冠舒展开来,枝枝杈杈之上,绽开密密麻麻的树叶,层层叠叠,浓绿如翠,烈日炎炎就只投下星星点点的光斑,燥热中辟出大片阴凉。我也在这位全天候邻居的注视下,开始了正式的大院工作。

记忆里,那是一个萌动的年月。下海热,出国潮,创业季,热浪滚滚,潮流涌现,人们都在四处忙碌着,奔走着,似乎都在寻求着巨大的改变。大院高高的院墙也无法阻断外面世界传递过来的躁动,不时地就听说某某同事辞职了,某某同学发财了,后来连我的爱人也从机关辞职,赶潮出国了。在这喧闹中,我被分配到了刑事审判庭,至今未变。最初的几年,是基础的书记员工作。日常的主要是研究案件记录、卷宗材料整理等基础工作。我所在的审判组,几乎每个案件都是纷繁复杂,每日大量的书写,手指退去的厚茧故地重游,稚嫩的面孔也慢慢添了凝重。伏案中众生百态,感慨卷里人生跌宕,抬头窗外古树枝叶繁盛,静逸安详。俯仰之间,忙碌充实,在日久的平淡中我就这样地做了七年多的书记员。

三、小楼春秋

大院的那段时光,工作之外,便是简单的宿舍生活。分配的宿舍在办公楼后,灰灰的楼体,前楼遮挡,终日不见阳光,久而久之,小灰楼就成了大家公知的名称。小灰楼是俗称的筒子楼,两面房间对开,中间狭长的走廊,水房厕所公用。各家楼道门口,除了杂物摆放,更多是煤气罐等炊具搭起的私人厨房。下班后,众人各家归位,喧闹声、棋牌声、瓢勺声,更有儿童读书声,声声入耳,此起彼伏,热闹非常。

印象深刻的是洗衣的经历。由于水房公用,不能搁置个人物品,每次洗衣,我纤瘦的爱人就抱起沉重的洗衣机,努力地在楼道中寻找着落脚穿行的空间,步履蹒跚,步步惊心。而更为难忘的就是偶尔在洗衣时放入捡拾的皂角,作为大树的邻居,我们独享这份天然的优势,此时多是秋季。

北京的秋,正如伤感的郁达夫感受,来得清,来得静。大院灰色的楼堂,灰色的高墙,附之格式化的工作,虽不说悲凉却也难免感慨。当秋风漫卷,落叶满院,行走在大院中,不免感觉寒意袭人。到了深秋,平日婀娜多姿、摇曳枝头的种种树叶都变黄、变枯,洒落一地,而唯有那棵古老的皂角树,依然静静地坚守着浓绿,多数的叶片仍然矗立枝头。小小的皂角叶片,厚实狭长,朴实无华,唯有此时,才知其力坚韧。在这些深秋的绿意中间,便悬挂着密密麻麻的皂角,犹如万千风铃,偶尔随风摇曳,置身树下,恍惚之间,心中秋意已去。此时的树下常有落下的皂角,颜色或黑或黄,如大号的扁豆,颗粒饱满,体态狭长。人们便常常捡起,将其捣碎洗衣。

我也偶尔捡起一二,在洗衣时点缀放入,却不捣碎。内心只是喜欢俯首于衣领之间,感受那份来自古树悠长的淡淡清香。

现在看来,那段小灰楼生活简单简陋,却也不乏笑声。爱人还专门拟了对子,古树静观古与今,小楼亦知春和秋。我们坚守着希望,坚持着理想,不断努力着、成长着和改变着,也提升着我们自己的生活。新的世纪来临之前,我们搬到了自己的房子。

四、新楼退舍

计划搬家的不只是我,还有这棵古树。新的世纪,大院有了新的规划,要对原办公楼翻新重建,而切实摆在眼前的难题就是这棵八百年的皂角树。大树孤独静逸,傲然伫立,却占据了大片领域,而且在大院的中央位置,办公大楼如果避让,则对应着少建几千平方米面积。

关于规划,不属于我等审判人员的工作,但我却一直关注着、担心着。主张砍伐,主张迁移,主张退让,传说中有很多版本,很多意见,很多争论。忐忑中,我便更多了看望老友的次数。

那时正是冬季,干涩冷冻的天地间,这棵古老的大树还是那般安定地伫立着。树皮皴裂干枯,枝丫交错纵横,坚守最后的叶片也随风凋落,枝枝蔓蔓之间,偶有业已发黄发黑的皂角随风摇曳。寒风凛冽的时候,行人掩面疾走,古树枝杈在风中打着尖厉的呼哨,但沧桑大树却是岿然不动,傲然仰天而立。震撼之间,我确信,只有这八百多年的古老生命,才能拥有这份永恒的定力,无惧风雨的肆虐侵扰,无惧历史的沧桑变迁,自然也无惧于再次的规划。

确定的最后版本,为保住这棵古树,新的大楼主体确实退后了五米,只是台阶延伸过去。这样,一棵苍劲曲折的古老皂角树,便置身于高大冰冷的 31 阶花岗岩台阶中间,在庄严肃穆的国徽下整齐的建筑映衬下,如此生动,如此优雅,正所谓法道自然。

新楼落成,古树安顿以后,我也成长为一名助理审判员,逐渐从事务性的工作中过渡到了案件审理。我所在的合议庭为大案要案组,主要审理副部级以上干部的职务犯罪案件。每个案件主角,昔日高堂之上,一朝阶下为囚,大是大非之间,更多跌宕起伏人生。我便每天在这些人生大戏中梳理着法律的脉络，寻求着公平的裁判。这样旁观着、研判着、裁决着，难免感叹当事者如戏的人生，感慨人当恪守本分，该有所坚持，须有所取舍。如果这些昔日领导稍多些定力，有所约束，又何至如此？他们匮乏的不正是这棵古老的皂角树所日日传递的坚守吗？是否这也是这棵八百年古老皂角树冥冥之中生长于此的寓意？噢，更准确应是最高人民法院选址于此的本意吧。

五、案头留香

到了2007年，由于刑事审判部门的扩大，新的刑事办公大楼投入使用，所有刑庭都搬到了位于花市北大街的办公二区，古树依旧，我们却已搬离了大院。

在新的办公场所，我被全国人大常委会任命为审判员，自己承办案件外，也开始负责本合议庭的工作，多了份责任，多了些劳累。日常继续着大量的撰写，与各级法院就案件审理密集的沟通，参加各级各界的会议。而随着反腐斗争的深入，审理的领导官阶也越来越高，案件越发敏感，关注度也越来越高，面对这些案件，每次审理都须格外的认真，特别的细致，容不得任何差错。几年来，不自觉，我已办理了数十起此类案件，其中不少案件影响深远。高度的紧张中结束一个案件，之后又开始另外一个紧张，诚惶诚恐，如履薄冰，长此以往，周而复始。工作中我就这样长期紧绷着、专注着。繁忙的季节也给我带来了收获，几年里我先后荣获首届中央国家机关五四青年奖章，被评为全国法院办案标兵、全国三八红旗手、全国人民满意的公务员等。但，无论是在日常紧张而繁重的工作之中，还是在沉甸甸的荣誉面前，我都告诉自己，淡然淡定，始终如一。

疲惫的时候，抬头远望，窗外车流如织，人影斑驳，独少了那棵古老的皂角树。还好不时能回趟大院，偶尔回访台阶上的大树，停留片刻，体味那久远的宁静。后来，我便捡来一枚皂角，放在案边，恍惚的片刻，拿来端详，体味那乌黑发亮如陈年皮革般的外壳下透出的那份天然恒久的淡淡清香。

六、余韵香江

日久的重复,除去疲惫,有时还带来彷徨。世界瞬息万变,案情也变换多端,尤其是新形势下的腐败犯罪,愈发错综复杂。在十几年的工作中,虽然自我鞭策,勤奋努力,但很多时候,也觉着才学尚浅,力不从心。2012 年我报考了香港城市大学法学院的博士。

记得又是个风和日丽的初夏,天高气爽,我再回大院,领取报考的审批表格,再一次路过树旁。那棵古老的皂角树一如往昔地巍然伫立,当年树下稚嫩的我却已近中年。捡起几片树下绿绿的皂角叶,之后几日报名、面试,再后来便等来被录取的消息,我又重新回到校园。

香港城市大学地处香港九龙塘,喧闹中却是一片宁静的书苑。氛围活泼自由,治学严格严谨。法学院的教授们无微不至地关心着我们这些来自祖国大陆五湖四海的学生,课堂上孜孜不倦地向我们传授普通法知识以及前沿的法学研究方法,组织我们参观香港的法律机构,周末带领我们游历香港的山水,品尝各处美食,平和可亲地与我们交流沟通,但在学业上要求又近似苛刻。离校十几年,疏远理论学习已久,加之已近中年不再敏锐的脑力,每次测试作业对我,都是一次严峻的挑战,唯有继续努力刻苦,再次埋头苦读。欣慰的是,竟然拿到了不错的成绩。

岁月依旧,学业继续,我还在往返北南之间,在工作和学习中提升着自己,也憧憬着未来,陪伴我的是始终全力支持的家人,还有夹在书页间平整的皂角叶片。

古树下岁月如歌,大院外人世沧桑,转眼快二十个年头了,我就这样工作着、学习着、生活着。期间或有困惑,或有彷徨,或有烦闷,或有恐慌,或有欣喜,或有悲伤……但每次回到大院,拾阶而上,驻足那棵古老的皂角树下,无需言语,片刻便多了很多宁静,心情也逐渐平和。在我心底,这棵皂角树已成为我年老的挚友。无论在大院内外,天南海北,都能感受到它沉淀了八百年岁月的静逸与安详,历经世纪风雨的坚韧与定力。坚定、坚守,也许就是皂角树给我的人生启迪吧!

缪德敏，男，1973年11月11日，中共党员，自2010年2月起任江西省萍乡市中级人民法院副院长，党员成员。

法官，职业个性与现实束缚

——从法官职业独立性审视*

缪德敏

法官是法律帝国的王侯，除了法律以外法官不服从任何别的权威

——德沃金

作为法官的定义，“法官是指拥有娴熟法律技艺，具有强烈民族精神和丰富知识在司法机构中审判人员的统称，司法权的执行者。在不同法系中法官的角色不尽相同，但要求都是不偏不倚、不受他人影响或掣肘，大公无私地根据法律判案”。〔1〕从法官的定义中，可以得出法官的独立性是法官何谓法官的应有之义，是法官职业的个性。但在目前的审判现实中，法官的独立性在很大程度上难以实现，具体体现在法官的审判权运行的碎片化机制中。

---

* 以中部的某人民法院为分析样本。

〔1〕 载百度百科，http://baike.baidu.com/view/114215.htm，2014年2月16日访问。

一、法官独立:职业个性与现实束缚的交织

(一)法官独立:法官职业的应然个性

根据法官的定义,独立性是法官执行法律的应然个性,也是维护社会公平正义的基本底线。法律作为一种系统的行为规范,要求在法律的规制下人们行为的秩序性和正当性。如出现争议,破坏整个社会或他人的本在利益,那么,由法官依据事实和法律居中裁判。若是法官缺乏居中性认定事实和适用法律,那么法律的威严将荡然无存,法律的规范制度作用是无法发挥的。正如德国法学家德布鲁赫所说,“法律借助法官而降临尘世”。[1] 可见,法官是实在的法律执行者,法官在执行法律的过程中体现出来的权力为审判权即对案件争议事实的审理和裁判权。法官在拥有审判权时,最基本的要求是居中认定事实和裁断判决。居中性从根本上而言就是法官的独立性。显然,法官的独立性是法官之所以成为法官的本性要求,是法官职业个性的应然体现,其基本含义体现为内部独立和外部独立。内部独立即法官对案件争议事实的认定和对案件的裁判不受法院内部其他组织和个人包括上级法院、本院院长、副院长和庭长的干涉。当然,不受监督的权力必然会成为腐败“寻租”的目标,法官的审判权也不例外。法院内部的纪检监察和审判管理制度的监管同样具有保证审判权中立的必要性。法官的外部独立是法官对案件争议事实的认定和裁判工作不受任何其他组织、个人的干扰,而居中地展示自己的内心法律良知。《法官法》第 8 条明确规定,法官依法审判不受任何行政机关、社会团体和个人的干涉。《人民法院组织法》第 4 条也明确规定,人民法院依照法律规定独立行使审判权,不受行政机关、社会团体和个人的干涉。因此,我国的法律也是从法官的职业个性要求出发,从法律的角度固定了法官职业的独立要求,舒展了法官的职业个性。

---

[1] [德]拉德布鲁赫:《法学导论》,米健、朱林译,中国大百科全书出版社 1997 年版,第 100 页。

(二)碎片化:审判权运行的实然展示

碎片化本意为完整的东西破为诸多零块。[1] 作为法官拥有的基本权力——审判权,应该在法官职业独立性的语境下展示完整的审判权权能,包括对案件争议事实的审理权和判决权,但在目前法院审判权运行机制下,完整的审判权难以出现,而是由法官和其他行政领导同时分配案件的审判权。人民法院本院的院长、副院长、审判委员会组织和庭长等拥有了部分甚至是全部的裁判权,而留给法官的仅仅是审理权。显然,完整的审判权运行的实然展示就是以碎片化的形式出现的。解读法院的实际审判权运行机制就是,庭长具有对案件的分配权,普通法官仅是主审案件的审判长或主审人。在开庭审理之后,主审人需要出具案件的审理报告,后由本庭的庭长就该案件的审理报告主持庭务会,达成基本的意见后,由分管副院长主持合议庭合议,庭长也参加,而不论庭长是否是合议庭成员。最后由分管副院长决定合议庭就该争议的案件是否按照合议庭的意见处理或者决定提交审判委员会讨论定夺。一个普通法官审理的案件要经过上述的环节才能出具判决书,且判决书由庭长审核和分管副院长签发,案件的审理判决才告一段落。从上述的审判权的运行完整环节分析,普通法官即使是主审法官其本身的审理和判决权是不完整的,是碎片化的,法官拥有的审判权仅仅局限在对证据的质证和采纳的环节以及出具审理报告。法官对其他的审判权运行环节根本不具有决定性。这样还不考虑法官在审理案件的过程中受到的外部因素的干扰。申言之,在案件的审理裁判过程中,法官执行的审判权分属于不同的领导和部门,法官的独立性没有在案件的审判中得到体现,审判权的实然状态是以碎片化的形式分散于不同的领导和部门之中,体现出来的是办案法官的审理权和其他部门和领导的裁判权的结合。

结合目前法院的实际,审判权运行的碎片化的现实根源主要体现在以下几个方面:

---

〔1〕 载百度百科,http://baike.baidu.com/link?url=0wpA3CTPa8qmLmRuH7lzYkM0oVxB-FjqZGSNhc4gSGj0NifcZ3MsJDAAwGh9kSp4hKEKlXPt-Ff52kLMQTJkFa,2014年2月16日访问。

1. 法院的独立性的缺失。

法院作为法官的组织归属，法院的独立是法官独立的基础和前提。但当下，法院的人权、财权和物权也是分散于当地的党委政府之手，受制于党委政府、人大以及上级人民法院等不同的部门和领导之中，使得法院的独立性缺失。法院作为法官的集体归属，但法官的工资福利、晋升晋级等关涉法官个人社会认可的各种条件都不属于法院自身能够决定的范围。虽然《宪法》和《法院组织法》都规定法院的独立性，但在现实的实际中，法院也是无奈的非独立性组织，法院的非独立性最终体现在法官独立的缺失。

2. 法院的行政管理权和审判管理权的混同。

法院内部设有院长、副院长、庭长等行政序列的领导。这些领导是行政管理者又兼有案件审判的管理者，身份具有双重性。法院行政身份的双重性导致了法院内部管理的混同。法院的行政管理者关涉法官的个人利益和前途，因此，法官在审理和判决案件的过程中就具有请示汇报的意思和责任，从而造成法院以行政运行机制管理审判运行机制的实际，而法官自然难言完全的独立和居中。作为最高的审判组织——审判委员会，其设立初衷是为了在目前法官的职业素质不高的情况下以法院内部精英集体决策的方式保证法院公平公正审理裁判案件的最后关闸。但实际中，审判委员会已经成为法院法官和分管领导规避个人承担责任的组织形式，所有稍为复杂性的案件都通过审判委员会的集体决策方式以分散案件审判结果的责任。同时在法官的职业化程度不高的当下中国，审判委员会成员的选任等没有具体的标准和分类，审判委员会的成员决定着讨论案件的最终结果，不论该结果是否具有真正意义上的公平正义。实际上，审判委员会成员的法律素养和职业要求都难以和审判委员会设立的初衷相匹配。在目前的法院组织框架下，法官的独立性成为现实版的可望不可即的仙岛。

3. 法院的目标考核机制的实行。

近年来，法院以目标考核的形式衡量法院和法官工作的度量和质量。在目标考核设计中规定结案率、调撤率、改判率、发回重审率等量化指标，而法官要关心自己的成长就必须关注量化指标的优良性。于是,在审判实践中,法官为了迎合量化指标的优良性而过度偏离了法官的居中性要求,从而难以展现自己的法律良知和职业道德,而是一味地为了考核而应考,将法律的公平公正性量化为具体的司法数据,左右了自己独立性的职业要求,导致法官的独立性不可能全部内含于各个不同的个案之中。

(三)法官职业个性与现实束缚的交织

既然独立性是法官的职业个性,而在实际的审权运行状态下,审判权是以碎片化的形式出现在各个个案之中的,那么,从逻辑上可以推断出法官的独立性的悖论,即法官职业个性与现实束缚的交织博弈。法官的内心确认要求法官对每一个案件都要居中审理和裁判,但在案件的审理和裁判过程中,法官与审判权发生了分离。正如有的学者所言,"司法裁判的行政化模式"。[1] 法院的组织结构的行政化和审判管理的混同难以保证法官在案件的审理和裁判中的独立性;行政领导的案件审判意见和裁判文书的签发权都是侵蚀法官独立性的因素;人大等外部干扰最终都能撼动法官的内心法律确信和法律良知,促使法官偏离独立性的职业个性。于是,在审判个案之中,法官始终处于内心的纠结之中,为了维护其法律确信要求居中裁决,但现实环境又左右了法官的职业道德,摇晃了其法律良知。所以,法官的职业个性与现实束缚的交织在某种程度上成为折射当下中国法官人格撕裂的一面多棱镜子。

二、法官独立:职业个性的现实追求

(一)司法行政化的破除

目前,司法行政化是侵蚀法官独立性的最大因素。由于法院组织机制运行的行政化与审判管理的混同,从案件的分配到合议庭意见的采纳和审判文书的签发的整个过程都内含了行政领导的个人意见,使得行政领导的嵌入性意见左右了案件的审判结果。这应该是司法行政化的最大体现。因此,要回归法官的职业个性必须最大程度上破除司法的行政化。

---

〔1〕 陈瑞华:"司法裁判的行政决策模式——对中国法院'司法行政化'现象的重新考察",载《吉林大学社会科学学报》2008 年第 48 卷第 4 期。

就当下的法院组织体系,应该分类设计法院的组织框架。一是分离法院的行政化管理机制和审判管理机制,变法院的审判管理机制为监督法官个案审判的制约方式,从而真正从审判外部聚焦关注法官是否有违反法官法的一系列行为,进而促进法官审判案件的公正,而不能干涉法官的独立法律思维和法律确信,最终回归法官拥有审判权的完整性。二是破除庭长的案件分配权和庭务会召集权以及分管领导的审判文书的签发权。案件的分配权由法院的信息电子化手段自动解决,以法院的网络信息手段在法院所有法官中进行案件的自动分配,当然可以区分民事、刑事和行政类型,以充分发挥法官在不同领域的法律擅长。将案件的事实审理和裁判权全部回归到由主审法官组成的合议庭或独任法官之手,也是我国最高人民法院进行司法改革的目标之一。达到分离行政权和审判权混同的目的,使审判权的运行符合其本质规律。三是在目前的司法环境下,庭长可以以审判长的角色审理案件,并对自己审理的案件的公平公正性负责。同样,法院的副院长也可以以审判长的角色定位组成合议庭审理案件,淡化行政领导的属性,逐渐回归到司法法官的属性,展示法官职业的应有个性。四是破除审判的秘密性。目前的审判模式中,除去公开开庭审理之外,其他所有的过程都是秘密进行的,案件当事人无法知晓案件的审理进度和信息。法院可以在信息化的发展中解决案件的秘密审理,赋予当事人在电子信息系统中可以随时查询自己案件的进度。这也正如有的学者所提出的"诉权制约审判权"[1]的理念。结合目前的审判实际,审判权的公开透明运行也只能是个渐进的过程,因为审判委员会组织讨论案件就是典型的秘密审判行为。目前要改革审判委员会组织是个不确定的宏大的改革命题。

(二)亲历性是法官独立性的基础

法官的亲历性和独立性是相伴而行的。法官要居中审判案件体现独立性在实质上是因为法官具有对案件的亲历性。法官的独立性统一了法官对案件的审理权和判决权。司法的行政化割裂了法官亲历性和

---

〔1〕 陈瑞华:"司法裁判的行政决策模式——对中国法院'司法行政化'现象的重新考察",载《吉林大学社会科学学报》2008年第48卷第4期。

独立性,主审法官对案件具有亲历的行为,但不能决断案件的判决,而对案件没有亲历过程的行政领导却能决定案件的审判结果,显然是侵蚀法官独立性的主要因素。因此,真正回归法官居中独立审理和判决的地位,必须规定只有亲历案件的法官才能发表判决案件的意见和表决案件判决的结果,否则,就会出现现实中的"只审不判"或"只判不审"的案件审判事实。

(三)法官专业化与职业化是法官职业个性的展示之基

法官的居中独立审理和判决案件需要基本的法律素养和职业道德。法官的专业化要求法官必须具备居中独立审判案件的法律知识,要求法官必须是经过系统的法律逻辑训练而具有法律思维的法律人。因此,法官的专业化是法官独立的充分条件,失去法官的专业化大谈法官的独立都是空中楼阁、海市蜃楼,是不可能实现的。另言,法官的专业化不能等同于法官的职业化。法官的专业化是具备法律人的基础条件,经过法院的系统培训和实际参与案件审理的法律思维的养成训练才能逐渐具有法官的职业化属性。目前,我国大部分法院都设置了纪检监察部门和审判监督管理部门,形成了规范审判流程和监督法官的审判行为监督机制的系统制度,兼有外部社会的舆论监督、人大监督、政协监督和案件当事人的监督,已经具备了可以破除法院内部行政领导管理制度制约审判管理制度的形态,放手法官独立审理和裁判案件的现实条件。只要始终咬住法官的专业化和职业化建设,发挥法院的审判管理监督和纪检监督制度功效,回归法官完整的审判权权能,统一法官的案件亲历性和裁判权,焉能不可实现法官的职业个性?这正是法官职业个性展示的可能进路。

三、结语

独立裁判本是法官属性的应有之义,但在目前的语境下,法官居中独立审判案件成为一种现实的奢望。这种困境催生了现实中法官的心理纠结,动摇了法官应有的法律确信和法律良知,也是造成些许案件审判结果不公平公正的原因所在。要真正实现法官的审判独立,回归法官的职业个性,必须破除一些现实中不符合审判规律的行政裁决模式,统一法官对案件的亲历性和裁判权,矫正审理和判决中人为的割裂,并通过法官的专业化和职业化建设以实现法官职业的个性。正如马克思所说,“法官除了法律就没有别的上司,法官的责任是当法律适用到个别场合时,根据他对法律的诚挚理解来解释法律”。

2013年中国法官法学博士课程
（JSD）

卞飞，男，1975年出生，本科毕业于西南政法大学侦查学系，获得法学学士学位。曾就职于深圳市南山区检察院侦查二科，在职期间同时就读于厦门大学，主修民商法法学，并获得民商法硕士学位。2003年至2006年任职于深圳市南山区检察院反贪局综合科，担任副科长、检查员。2004～2005年间，于英国剑桥大学攻读研究式硕士并获得全额奖学金。现任深圳市南山区人民法院副院长。

初到剑桥的日子

——一位中国法官眼中的剑桥

卞　飞

带着亲朋好友的殷切希望,带着与同事日久弥深的兄弟情谊,带着对家人对深圳舒适生活的无限眷恋,孑然一身的我,漂洋过海,来到了曾经魂牵梦萦的地方——剑桥!

一路的奔波还算顺利,在香港超重的行李顺利过关,在伦敦希罗德机场也找到了英国外交部派来接机的人。当汽车逐渐远离繁华的伦敦并进入了一个古老却又美丽的小城时,我终于看到了那镌刻在石头上的路牌——Cambridge(剑桥)!

初到的日子紧张而又忙碌,到系里和学院报到,到警察局注册,到银行开户,到医疗健康中心注册,每天跑下来,身子都要散架了,但不管怎样,总算所有的手续都办完了。

由于先要进行语言培训,我被暂时安排在圣安德鲁(StEdmund)学院,开学后再搬到我的达尔文学院。紧张的课程随之而来,每天从早上忙到晚上,连喘口气的时间都没有。圣安德鲁学院坐落在小山上,不大的学院,但环境很美,到处是绿地还有东张西望的小鸟和小松鼠。美中不足的是离上课的地方太远,来回要走两个小时。课程的安排又非常紧,从早上9点排到下午6点,中间只有一个小时的午餐时间。英国冬季的白昼特别短,于是,我便真的是披星而出、戴月而返,日子还真没有过得这么充实过。正装和皮鞋穿了第一天就不想再穿了,脚痛得要命,因为每天要走的路实在太多太多。于是再也顾不得什么形象,开始穿旅游鞋跑来跑去。这短短一个星期我想已经把在深圳一年走的路走完了。更加难以忍受的是这里的食物,由于课程比较紧张,我只得暂时放弃了自己做饭,中午就在教室附近买个三明治,而早餐和晚餐则开始忍受学院餐厅昂贵又难吃的食物——蔬菜从来都是不经烹饪,洗干净就端上来,米饭更是到现在都出现过,只有没完没了的土豆泥。

生活总是有苦有乐、寓乐于苦的,我想我要学会苦中找乐了。上下学的路程虽然很远,但沿途的景色很美,遍布古老的教堂和茵茵绿地。每当穿行于其中,就仿佛置身于中世纪的欧洲,每一块青砖每一个路牌都沉浸着浓厚的历史,让我更深入地了解剑桥。剑桥大学位于伦敦北郊约100公里处,海外留学生只占8%,其余为本国生。剑桥大学有31个学院,学院负责学生的生活,系里负责教学,各学院间没有围墙,校园中绿草如茵,古木参天,蜿蜒的康河穿过校园静静地流淌。各学院的校舍都是风格各异、精美绝伦的中世纪欧式建筑,仿佛是一个欧洲古建筑博览会,令人目不暇接,美不胜收。

每天上学我都要从北到南贯穿大部分剑桥,一路上要经过国王学院、皇后学院和三一学院。国王学院富丽堂皇,不仅吸引了大批观光游客,更是本国子弟求学的首选。皇后学院小巧别致,风格独特,展示了它特殊的魅力。学院周围绿草萋萋、杨柳依依,流淌不息的康河向人们诉说着如烟往事。三一学院则是牛顿和拜伦就读的地方。那棵让牛顿突发灵感,奠定物理学基础的万有引力定律的苹果树就完好地保存在三一学院的门口,每天早上我都会向它亲切地打个招呼。我未来的达尔文学院也在这条路上,是为了纪念缔造生物进化论的达尔文先生而修建的。学院沿河而建,中间一片很大的草地,康河从中蜿蜒流过,地上散落着熟透了掉在地上的苹果,渗透着一种和谐和休闲的美丽。

剑桥大学曾经造就了60位诺贝尔奖获得者。一位曾就读于剑桥的学生用他母亲留给自己的巨额遗产，于1636年在美国创办了当今最著名的高等学府——哈佛大学。在英国，家长无不以子女能进剑桥就读而感到骄傲。剑桥是读书人的天堂，在这里能时时感受到令人心怡的宁静。如诗如画的意境净化了心灵，使你能抛开世间杂念，潜心于研究。

在剑桥最大的感受就是人的素质，人人都是彬彬有礼，Sorry，Excuse me（对不起）不绝于耳，即便清早上学时遇到陌生人，也总要友善地问声问候：Morning（早晨好）！为女士让路开门更是每日必修的功课。常常在去图书馆的时候遇到这样的事情，前边有人先开门进去后看到我也要进，便远远地将门帮我把住，我的心里也总是涌起一阵歉意，觉得耽误了人家的时间，便立刻跑步跟进。这里的红绿灯并非由电脑控制，而是有路人要过路时便按一下路边的按钮，红灯便会在瞬间亮起以便行人通过。刚来剑桥时不懂这样的规矩，常常傻站在路边等红灯，却迟迟不见亮起。好在不久总会碰到友善的司机，缓缓停下车来微笑着挥手让我通过。细节之处渗透着浓浓的人文关怀。生活在这样一种与人方便与己方便的氛围下，每天似乎都带着笑容上路。心怀一颗感恩的心，自己也觉得净化了许多，逐渐地也开始把Thanks，Sorry，Hello挂在嘴边，很多从深圳带来的浮躁也顿时灰飞烟灭了！回想起在深圳人车争路的情形，社会秩序和人文素质的差别便可略见一斑。在这里我无法揣测英国人是如何看待我们中国人，但我想他们却时刻在遵守和履行着起码的社会公德和礼貌尊重！

在剑桥另一个感受就是这里的国际化。拿我的同学来说，便来自五湖四海，可以说，不同社会制度不同宗教不同信仰都有其代表。由于都是来自各国的高才生，其性格也大都桀骜不驯，课堂的讨论也常进行得十分激烈。或许是国外负面宣传的作用，很多同学对我们这些年的进步和发展并不了解，人权、知识产权成了我常常要奋起反击的话题。好在法官在国外有崇高的社会地位，8年多担任法官的经历又使我的观点理性而又富有逻辑，几场争论下来，同学们对中国的看法有了改变，我也赢得了同学们的尊重。

到了剑桥后，使我得以对法官的身份有了新的认识。在国内时我们真的无法想象国外法官的地位是如此崇高。每当与朋友老师交谈并介绍自己是一名法官时,我可以清晰地感觉到他们表情的变化,那是一份尊敬,一份认同,也是一份信任!就拿到银行申请信用卡来说,英国的信用卡与国内不同,由于其透支额度较大,也较难申请,对学生更是如此。一个台湾同学带了2万英镑过来也只申请到了借记卡而非信用卡。最初银行职员也不同意给我信用卡,但当我表明我是来自中国的法官并出具英国驻华使馆的身份证明时,我就立即得到了透支额度2000英镑的信用卡。银行经理的回答也很简单:因为你是一名职业人士,你的身份决定了你的信用!由此我联想到一个职业道德的问题。国外法官之所以有如此高的社会地位和信用,是与他们恪守其法律专业人士职业道德的长期积累分不开的。或许这一点,可以成为我们国内法官职业道德教育的一个启迪。

在家千日好,出门一时难。在这边一个经常的感受就是孤独!每天忙完回到空荡的小屋,心里总会有些酸楚,思念祖国,思念家人,思念家里那温暖的感觉,思念单位饭堂那飘香四溢的可口饭菜!钱钟书的《围城》写得一点儿没错,不只婚姻,我想生活也一如围城,城里的人想着出去,城外的人想着进来,人们总想有所改变,可只有真正从围城中走出来后才会发觉原来身边的点点滴滴竟是如此值得珍重和让人思念!人生的哲学也许就在于此——人有的时候真需要一段时间和一个空间静下来反思和客观地认识自己的生活,给自己好好地定个位!

我想无论前方的路有多坎坷、生活有多艰苦,我都会热爱我的祖国,热爱我的家园,热爱我的事业,我都会全力以赴地投入到学业中去,圆满完成学业,对自己多年来的辛勤付出,对曾经帮助关心支持我的人们,交上一份厚实的答卷!

李广宇，1963年生，河北大学文学学士，北京大学法学硕士，哥伦比亚大学访问学者，香港城市大学法学博士在读。历任石家庄市中级人民法院副院长，河北省高级人民法院审判委员会委员、行政庭庭长兼赔偿办主任。现任最高人民法院行政庭副庭长，兼任中国审判理论研究会行政审判专业委员会秘书长，中国行政法学研究会常务理事，国家行政学院兼职教授，清华大学法学院法律硕士联合导师，中国政法大学法治政府研究院研究员。全国审判业务专家，出版专著八部。

城大求学札记

李广宇

一

下午冒着大雨去香港城市大学(以下简称城大)报到,校址在笔架山麓的达之路,依山而建,高低错落。下车的地方是一个小小的环形广场,四周围拢着几座学术楼。校园虽小得有些可怜,但学术楼内部却是个大世界。看见了邵逸夫图书馆和图书馆对面的书店。同学们陆续赶来集合,法律学院行政主任海伦虽然与我们未曾谋面,却能一一叫出我们的名字。学院给我们派发了八达通卡,这就是今后的交通工具了。

二

一早起来去城大,在法学院一间会议室办理了入学注册。午后一时左右,到邵逸夫图书馆,法律图书馆的管理员刘女士给我们讲解如何利用图书馆。她说,城大图书馆共有纸质藏书 100 万册,ebook 则有 200 万。法律图书馆有纸质书 11 万和 24 个数据库。普通法是其专长,更有英国珍本书特藏。走进图书馆,其空间之宏大、藏书之浩瀚、设施之先进、氛围之热烈,真令人感到渺小和沮丧。此时的心情,恰如法学院王贵国院长稍后所言,数数天上的星星,你会知道自己仅知道当中的一两颗而已。下午五点,中国法官法学博士课程开班典礼隆重举行。

三

今天中秋,学校并不放假,午前十一点赶到法学院,听关文伟老师给大家介绍课程安排和纪律要求。他说,对你们和普通学生同样要求,你们拿到的学位才不会打折。顿时感到莫大的压力。随后,正式发了城大的学生证。下午两点,开始第一堂课,贺欣教授的高级法学理论和研究方法,这才真切迎来颠覆性的崩溃,再联想起中午在图书馆的梭巡,在浩瀚的学问世界面前,真有些手足无措的感觉。

四

梁美芬教授今天上午开讲香港基本法。梁美芬,不仅是城大法学院的副教授,还是香港立法会议员、执业大律师。她祖父那辈儿从广东移居香港,她本人在香港接受大学教育后,曾去内地的人民大学攻读宪法专业硕士和博士,师从的是许崇德和曾宪义。因了普通法和中国法的双重背景,梁教授解读起香港基本法来,就很有一些"双吃"的味道。她说,基本法的起草过程,互有妥协,又各有后悔,根源还在对彼此法律文化的不熟悉。例如,基本法一方面规定香港拥有独立的司法权和终审权,一方面又把基本法的解释权留给全国人大常委会,而在普通法里,法律的解释权与审判权是不能分离的。又如,基本法只规定终审法院和高等法院的首席法官必须由拥有中国国籍的香港居民担任,对普通法官则没有这个要求,外人就说:这是多么不可思议啊!有哪个国家允许外国人担任法官啊!其实,这不外是我们自己的法律文化在作怪,以为抓住院长就行了,院长肯定管得住法官。殊不知,在法治社会,每一位法官都相当于一个独立的酋长。

五

下午,全班去金钟添马舰参访香港立法会。在一间会议室,香港立法会主席曾钰成先生亲自与我们见面座谈。曾主席清瘦干练,亲切随便,就如邻家大叔一般。他饶有兴致地讲起了立法会议上个别议员“拉布”的情形。什么叫“拉布”?会踢足球的曾主席说,这是一个足球用语,是指领先一方在最后阶段故意拖延时间。有的议员,眼见他反对的法案无法阻止通过,就开始“拉布”,也就是利用规则在那里反复发言,以求拖延时间。主席对此经常无可奈何,也确实影响了立法机构功能的发挥。但在去年,他果断终止了一次“拉布”行为,结果被议员起诉到法院,请求司法复核。两审法院都没有支持起诉,他们认为,主席的决定并不违反法律,至于立法会议事规则是否合理,那是立法机构内部的事情,司法不予干涉。尽管如此,曾主席说他还是会慎重作出任何一个决定,因为你不能保证每一次决定都能得到法院的支持。至于立法机构对司法有什么制衡作用,曾主席说,我们尊重司法独立,不会对正在审理的案件发表任何看法。对于独立的法官推选委员会提名任命的法官,我们在审议时也只看白纸黑字上的条件是否合格,通常都是相当尊重的。

六

国庆假期只有一天,今天又开始上课。梁美芬老师继续讲基本法,在讲到第 9 条中文英文的使用问题时,举了一个程介南案。程介南犯事,他希望用中文审讯,照说他的要求合法、合理、合宪,但地方法院法官没有准许。他转而请求司法复核,两个法官都是外国人,并不同情他,法官援引的是现在还生效的《官方语言条例》,其中第 5 条规定,用哪种语言审讯,裁量权在法官。这就导致,即使两造都是中国人,也会有有钱的一方要求使用英文,因为这会使庭审时间大幅拉长,在律师按小时收取高额代理费的制度下,没钱的人首先就会败下阵来,即使赢了一审,也耗不起冗长的二审乃至三审。所以,在香港,赢了官司还不如赢了律师费来得更重要。梁老师对内地诉讼的便宜不无夸赞,但我们过低的成本事实上也带来非常多的负面效应。由程介南案,梁老师又转到了世纪审判龚如心系列案,当中的猛料很多,但引起思考的还是,在香港,民意或者说公众的利益也明显地影响着司法的判决结果。

七

上午梁美芬教授继续讲授基本法，重点分析吴嘉玲案，兼及刘港榕案、庄丰源案。普通法案例可供分析的内容非常丰富，通常几十页篇幅的判案书，基本都是对法律的解释、对争议问题的回应，还包括对先例的援引乃至对相关领域学说的述评，一些判例甚至还会导出重要的法律原则。反观中国内地的判决书，九成以上篇幅都是没用信息的罗列，到了法官应该说话的时候反而惜墨如金了。这与法官的权力和能力都有关系。吴嘉玲案是香港回归后首例宪法司法复核案，所以李国能大法官使出了浑身解数想把判案书写成一个经典，不想惹出一场大乱。除了全国人大常委会释法澄清的内容，其实还有一段关于特区法院具有司法管辖权去审核全国人大及其常委会的立法行为是否抵触基本法的论述，也是颇惹争议，不过随后他就在另一案件中改变了观点。关于释法权问题，基本法确实留下了一些漏洞和不尽严密之处。根本问题还是对普通法的司法制度了解不透。

八

上午苦读贺欣教授指定的几篇文章，有别人的，有他自己的，都是用政治学的方法研究法律问题。下午课上，逐一解读。贺教授强调，无论什么方法，必须“咬住文本”。他还借用论语的几句话抒发情怀，大致意思是：即便是在象牙塔里，能够做到“学而时习之”，人生也就非常充实了。说句实话，贺老师的讲课艺术未必高超，但在研究方法上确实给大家带来了颠覆性的效果。这恐怕也是来香港读书的最大价值吧。下午，贺欣讲授法律的经济分析，他所用的蓝本是 A. 米切尔·波林斯基的《法和经济学导论》。这本书将科斯定理应用于侵害法、违约、交通事故、执法、污染控制、产品责任、委托人—代理人责任以及诉讼。贺欣指，在美国法学界，差不多 1/4 的学者倾向运用这种研究方法。他对我们说，可能你们掌握非常丰富的素材，但如果没有一个先进的研究方法做火车头，那些鲜活的蔬菜也只会烂在那里。

九

今天又是全天有课，梁美芬老师的课上，除了分析刚果案，还讲了特区行政长官和特区法院法官的任免制度。基本法规定："香港特别行政区法院独立进行审判，不受任何干涉，司法人员履行审判职责的行为不受法律追究。"也就是说，即便法院办错案，也不会因此受到追究。梁美芬本人在立法会司法委员会任职，有时就接到对法官的投诉材料，但他们一般不会插手法院的事情。香港的法官地位很高，但法官的工作强度也很大，写判决书的任务很重，经常有判决动辄长达两三百页。与此同时，对法官行为举止的要求也很严。回归前，一位法官开庭时，可能是受不了庭审的冗长沉闷，偷看了几页小说，不想被出庭律师发现了，立即投诉到首席大法官那里，给予了处理。还有一位法官，平时参加一些活动时喜欢往身上挂满各式勋章，后来有好事者举报，说他是从油麻地买的假货，结果就被指为行为不检，也得到了处理。

十

下午，林峰教授的香港行政法开讲。林教授目前担任法学院署理院长，高高的身材，儒雅而又严谨。他讲到了律师的职业操守问题。在香港，取得大律师资格时，都要在法院宣誓。法律授权大律师公会对大律师进行监管。只要有对违反操守的投诉，处罚是不留任何情面的。法律执业者非常在意对形象的捍卫，对操守看得特重。整个社会都是基于一套诚信在运转。关于香港的司法复核，林教授说，是从 20 世纪 70 年代以后，随着经济的腾飞、政府规管的加强、民众权利意识的提高，案子才逐渐多起来的。无所不包的基本法，又给司法复核申请提供了广阔空间。前首席大法官李国能曾在 2006 年法律年度开启仪式上，特别提到司法复核的显著发展，他同时也告诫社会：法院并不能提供万应良方。但话虽如此，即使一个政治问题被法律问题包装，一旦提交法院，法院也没有选择，必须作出一个裁决，因为整个社会最信任的是法院。在香港，人们可以对一个案件吵得沸沸扬扬，可一旦终审判决出来，所有的争论都会立刻停止。林峰教授对"公共职能理论"的讲解，亦非常具有参考价值。所举英国 penal 案、英足总案、香港马会案、新西兰橄榄球协会案等案例，非常形象直观。可以得知,在普通法地区,对于这些行政机构之外的形形色色的组织,同样是可以提起司法复核的,其理论基础就在于,它们和行政机关一样,行使的是"公共职能"。

十一

先例之为先例,林峰教授说,关键是要找出它的 ratio,这需要很深的功夫。在法学院,必须经过一个学期的训练才能掌握这本领。普通法的诉讼中,从中立立场出发,法官不会自己去寻找先例,而是由双方聘请的出庭律师提供。如果存在一个对委托人有利的先例,律师却没有找出来,那就是失职;如果存在对对方有利的先例你不拿出来,则是违反职业操守。曾有一个御用大律师,本来跟他搭档的另一个资历较浅的律师曾经告诉他有一个对本方不利的证据,但他在庭上忘记说了,法官就到大律师公会投诉他。如果不违反操守,不失职,官司即便输了,大律师也不会对当事人承担任何责任,但如果属于你的失职,就会出现索赔,有时倾家荡产都不够赔。所以大律师常常会买高额的保险,也承受着非常巨大的职业压力。林峰教授本人就是大律师,就是专事出庭辩护的律师,既不属于哪一个律所,也不直接跟当事人发生联系,而是由事务律师转聘。他不被允许在家开业,通常会和其他大律师合租一处办公室,但相互之间却无合伙的关系。这种跟国内差别很大的律师制度,引得我们不胜唏嘘。高水平的律师队伍委实是高水平司法制度必不可少的基础。

十二

周六上午仍然上课,是基本法的最后一课。梁美芬教授通过张子强案、陆羽茶庄案,讲解大陆和香港两地移交罪犯安排及司法管辖权的争论。据称,张子强临死前说,我不是死在普通法,是死在中国法,我对中国法缺乏研究。有人说,内地审判张子强是在干预香港,但香港警方、民众不愿他回香港审,怕按普通法,搞不好又是无罪开释。看来,若是将香港法律的正义理念与中国法律的效率理念结合一下,会是一个不错的结晶体。

十三

午后来到位于金钟的高等法院，正式参访之前，我们几个先跑进高等法院图书馆浏览了一通。该馆允许当事人和律师使用，法律学生亦可提出申请。不独法令和判案书齐备，中英文的法律藏书亦是非常丰富，其中包括不少一个多世纪之前的旧版图书。我就看到了整整一架的各普通法地区司法审查方面的著作。高等法院首席法官张举能在他平时使用的一号法庭跟我们见面座谈。张法官1962年生，2011年获任此职，之前是原讼法庭法官，专责人权法及宪法行政诉讼。座谈中，我请教司法复核与外籍人士担任法官问题，让张首席彻底打开了话匣子。张举能法官说，司法复核案件只能由高等法院管辖，虽然案件不多，但影响很大。比如立法机构与政府的关系、对政府管制的挑战、选举权等，对政治的影响非常大。还有的涉及基本权利和福利，如双飞单飞、外佣、同性婚姻，都很敏感。司法复核案件不是任何法官都可以审，我们把这种案件列为专类，选派一位法官专门处理。由于这位法官的曝光率比较高，就有市民问：你们高等法院就这一位法官吗？跟原讼庭只有一位法官审不同，在上诉庭一般由首席法官和另两位法官一同审理。比如外佣案，一审由原讼庭法官林文瀚审理，二审由他和上诉庭两位副庭长审理，这是最高级的三名法官了。上诉到终审法院后，更是有首席法官马道立亲自领衔，五位法官一同审理。香港的制度很清楚，无论案件多么重要，交给谁审，谁就负责。他不可以告诉林法官怎么判，因为林法官要遵从法律。

至于外籍人士在香港担任法官，张首席说，基本法规定，除了马道立首席法官和他这个职位必须由中国籍香港公民担任外，其他的法官并无国籍要求。这个规定有历史背景，我们在聘请法官时必须根据基本法的规定，不能考虑国籍问题，考虑了就是歧视，就是违反基本法。一般来说，外国国籍的法官处理香港案件基本没什么问题，因为对法律的理解不会有太大偏差。他们也理解，在一些问题上他们的长处和短处。与台湾、澳门的“抽签”分案不同，在香港，各级首席法官在指定承办法官方面是有很大发言权的，这也能保证扬长避短。有些法官，看着样子是外国人，但可能从他爷爷那会儿就来香港了，说起香港话，比香港还香港。

十四

林峰教授今天仍讲司法复核的依据，他通过许多有趣的案例，说明英国法院在“不合理性标准”与“比例原则”之间的犹豫和彷徨，但他肯定，无论哪种观点最终占上风，可以肯定的是，“不合理性标准”的内涵在不断扩展，最终跟“比例原则”几乎没什么差别了。我提出，旧瓶装新酒似乎是英国人惯用的手法，无论如何，司法对行政的干预正在不断加强，却是一个不争的趋势。这也佐证了林峰教授先前所说的，两个宪法权力之间总要达至某种平衡。联想到，英国行政法为什么在“二战”之后结束了一个漫长的停滞期，而迎来蓬勃发展，就是因为行政权很长一段时期内超乎寻常地一权独大，控权的需要才变得格外迫切。控权是手段，平衡是目的。其实就这么简单。

十五

王贵国教授的课终于登场，偏偏今天换了教室，课表信息在手机里存着，偏偏今天手机又忘在了寓所，赶忙跑到学院办公室找文员问，她一指旁边的门，“就在这儿”。推门进去，已经开讲了，椭圆的桌子已经坐满一圈儿，只好在后排角落里找把椅子坐下，谁知王老师一会儿扔过来一句话：“当年开会，小平总是坐在角落，主席说你这是敬而远之啊。”王教授的气场确实足，三个小时，时而侃侃而谈，时而发动讨论，不带任何讲稿。他说，早年在北大念书时，有两个风格各异的老先生，一个提前派发讲义，又在课堂上自己照读一遍；一个不提前派发讲义，学生就在下面拼命记。后来到了耶鲁，听 Reisman 的课，并不念讲义，就是跟学生谈一些其他的书啊文章啊，感到很震撼。今天王老师漫谈的也是做学问写论文的方法，他说：“与其授之以鱼，不如授之以渔，接下来就靠你们的吃苦和实践。”

十六

林峰教授的课“香港行政法”今天上午讲完了最后一讲，很有些意犹未尽、怅然若失的感觉。林老师永远穿戴齐整，谦谦君子的样子，讲起课来不疾不徐，不火不温。课件基本是英文，一边念一边即兴翻译，中文的表达反而比不上英文畅快了。他对英国、香港乃至澳洲等普通法地区的经典判例非常熟悉，条分缕析之下，司法复核的一些重要原则的流变和发展就被形象和直观地展现出来。

十七

杨帆博士上午开讲国际仲裁，提到行业协会通过施加道德压力所发挥的“法律之外”的作用。这比政府单凭匹夫之勇一竿子插到底似乎来得更有效果，成本也低得多。无独有偶，下午顾敏康教授开讲比较竞争法，也谈及“小政府，大市场”，认为公司注册资本登记制度的改革，不仅减少了官僚阶层“寻租”的机会，更深层次的意义还是使政府与市场的关系有所校正。

十八

接下来的两周要进入突击课程论文的魔鬼时间了，中午下课后在城大茶餐厅喂饱肚子，便一头扎进图书馆，一待就是十来个小时。抱来一堆书，细究香港民主法治的发展历程，觉得也怪有趣。英国统治香港一个多世纪，一直实行的是总督专权，只能说有法治，无民主。眼看要结束殖民统治了，却突然开始了民主化改革。也许是讨价还价的结果，基本法也确实给了香港许多过去根本不曾有的民主。所以有人说，香港民主化的进程，其实是与回归的进程相随相伴的。不管这里边究竟有多少阴差阳错，得益的终究是香港居民。先有法治，后有民主，兴许还是个不错的路径。

十九

今天跟保安局长黎栋国座谈时，他花很长时间谈司法复核。作为被告大户，黎局长对法院的司法复核心服口服，他说，作为行政机关，我们没有倾向好恶，法律规定我们能做什么，不能做什么，我们就要遵从。一旦出现争议，法院就是一锤定音的人，我们并不会认为他们管得太多。事实上，香港法院确实管得很多，正如陈弘毅教授在书中所写，“香港法院已把其功能扩展到参与社会政策的制定或者处理一些政治问题，把一些政策或政治问题通过法律的途径来解决。在涉及社会不同利益群体之间利益平衡的一些重大的公共政策，例如环境保护政策、财政政策、教育政策，法院也扮演着愈来愈重要的角色”。

二十

昨晚在荃湾举行告别宴,师生莫不依依惜别,心生伤感。王贵国老师说,你们又不是不回来了,你们只是回去休假。这句话本是安慰,反倒使大家更增添了离愁别绪。

李娟，女，法学硕士，现任河北省高级人民法院审判员。历任河北省邢台市中级人民法院刑事审判庭、审判监督庭副庭长，教育培训处处长，政治部副主任。

灵魂的坚守

——二十年法官生涯感悟

李　娟

隆冬的夜晚,雪花漫天飞舞,地上已积了厚厚的一层雪,审判楼里一片寂静,已经晚上十点了,同事们早已下班,只有一间办公室的门还大开着,室内灯火通明,几个当事人脸上挂着舒心的微笑。一方说:“这个事儿好几年了,今天终于了了,今年能过个好年了,咱们下边就按今晚说的执行。”另一方说:“事儿能彻底解决,我们都要感谢法院,感谢法官,今天是平安夜,都这么晚了,咱们请李法官吃顿饭吧。”在我的推辞声中,几个当事人的身影逐渐消失在万家灯火里。是啊,今天是西方的平安夜,大家都正陶醉在欢乐的节日氛围中,而我在这个夜晚化解了一起历时七年涉及四省的专利侵权纠纷案。很累,没有吃晚饭也没有想吃饭的感觉。此刻就这样坐在椅子上,望着窗外还在飘着的雪花,思绪如脱疆的野马般驰向遥远的夜空。

从事法院工作 20 年了,眼前的这一幕,只是无数次中的一次。20 年前,当我正式跨入神圣而庄严的法律殿堂,成为法院的一员时,还是个青涩的小丫头,确切地说,那时的称呼不叫法官,叫审判员或者法院干部。而今,法官称谓已经耳熟能详,我也在许多阅历丰富、审判经验老到的法官们的培养带领下,一步一步成长为一名资深的老法官。这也使我对自己作为一名法官的苦与乐、光荣与困惑、责任与使命有了更为深刻的体会和领悟。

当今社会,法官并不是人们想象地那么容易做,法官时常处于一种两难的境地,一面是艰辛的工作和平常的待遇,另一面是手中的权力和面临的诱惑;一面是正义的感召和道德的约束,另一面又是不肯安于现状的心和私欲的萌动。是啊,法官没有在"真空"里生活,但是法官必须要抗得住市场经济大潮中的种种诱惑,必须筑起一道抵御各种诱惑腐蚀的堤坝,必须坚守住自己的灵魂。

亚里士多德曾经说过:"法官是公正的化身。"习近平总书记也提出,要努力让人民群众在每一个司法案件中都感受到公平正义。在历史的长河中,公正始终是人类追求的一种宿愿,是一种终极的理想目标。司法作为维护社会公平正义的最后一道防线,司法公正是司法工作的基本价值追求,是社会公平正义对司法工作的根本要求,更是人民法院和广大法官的灵魂和生命线。

实现司法公正要具备较好的业务素养,这是法官公正司法的前提和最基本的保证。法官是一种特殊的职业,要做一名称职的法官,必须要受较为系统的法学教育,具有较高的学识,同时还必须接受严格的技能训练,具有较高的庭审驾驭能力、法律适用能力、裁判文书制作能力、突发事件及时处理能力,才能够坚持客观的司法立场,才可能实现司法公正。还要有较高的政治素质,这是法官公正司法的根本保证。法官必须牢固树立党的领导的理念,始终坚持用正确的思想武装头脑,始终保持忠于党、忠于人民、忠于事实真相、忠于法律的政治本色,要时刻把群众的利益挂在心上。有时一声热情的问候、一杯热腾腾的茶水,都能慰藉当事人受伤的心灵;和风细雨的调解,深入浅出的说理,一样彰显司法为民的博大情怀。更要有正直的质量,这是法官公正司法的最低底线。对于善与恶、美与丑、光荣与耻辱、正义与非正义的认知,法官与普通百姓没有大的区别。百姓评价法官的行为及裁判结果,很大程度上就是以那种最普通的、最简单的善、恶、美、丑等认知观为标准。对法官而言,要正确行使审判权公正裁判，不仅需要具备深厚的法律专业功底，而且必须要具备法律良知，具备维护公平与正义的意志和道德勇气。这几方面联系紧密，唇齿依存，不可分割，只有都具备，法官才有可能公正地作出让当事人认可、让人民群众满意的裁判。

司法公正，一句多么有厚重感的词语，一个让人听起来多么肃然起敬的词语，它的含义又是那么的丰富，那么的深刻，而做到又多么不易。要正确地认定事实避免主观臆断，是实现司法公正的一个重要的前提条件。如果事实认定有错误，实体公正就成了一句空话。法官认定的事实是过去已经发生的，要从现在认识过去，从现在的结果去认识过去已经发生的经过、原因，这就存在推理、分析、判断，在一定程度上要受人的主观因素的影响。要做到准确认定案件事实，法官就必须认真收集相关证据，听取各方面意见，认真分析判断，去伪存真，防止主观臆断。查明案件事实后，就要以法律规定作为衡量已经查明的案件事实和情节的尺度，这样才能保证司法公正。要实现司法公正，作为衡量事实的尺度就要适格，既要全面，又不能多用、漏用，更不能滥用。事实上，法律的规定是有限的和滞后的，社会的发展是无限的和超前的，在司法实践上就不可避免地出现了法官自由裁量权。一方面可以使法官用灵活的、机动的方式合理地解决每一起纠纷，使司法尽可能符合法律的本质要求，实现社会公平正义；另一方面，自由裁量又有一定的危险性，一旦滥用，就会破坏国家的法制。故此，法官为了实现司法公正就必须慎用自由裁量。要在适用法律上坚持人人平等、一视同仁，是实现司法公正不可或缺的条件，也是最基本的途径。案件事实查的再清楚如适用法律不平等，实现司法公正就成了一句空话。在实现程序公正上，要坚持诉讼程序公开，不搞“暗箱操作”。作为法官只要诉讼程序做到了公开，公正的问题基本上就解决了一半。公正的前提就是公开。英国的大法官修尼特曾经说过：“公正的实现本身是不够的，公正必须是公开的，在毫无疑问地被人们能够看见的情况下实现。”要保持中立，法官在诉讼中不要关心哪一方会输，哪一方会赢，始终保持中立是实现司法公正的重要条件，如果法官不保持诉讼中立，关心哪一方会输掉官司，就会或多或少地偏袒一方。美国学者福布森指出：“不论成败，也不论好坏，裁判总是法官的使命，不过裁判的正义总是与中立者联系在一起。”确实,中立并不必然通向裁判正义,但裁判正义必然要求中立。中立是实现裁判公正的必行之路,没有裁判中立性就不会有公正的判决,司法公正也就不可能落到实处。要采取灵活的审理方式,达到案件的最好效果,我想起了另一个案子。那是一起历时十三年的涉外股权转让纠纷,案件经历了一审、二审,到我院再审时,双方情绪对立,剑拔弩张。案件争执的焦点在于合同效力的认定,如果从契约自由、诚实信用等原则来考虑而认定有效,则有悖现行法律法规的规定,也与最高人民法院指令再审意见不符;如果强调国家对民事活动的干预和管理而认定协议无效,则有违当事人的真实意思表示,不利于物的利用和交易安全,社会效果也不好。两判两难。最好的思路是依法调解,在调解中寻求利益的平衡点,通过调解,实现法律效果和社会效果的统一。于是,一次,两次,几十次地与身在唐山、北京、瑞典的当事人和代理人电话沟通。功夫不负有心人,终于做通了双方当事人的工作,案件调解结案,看着当事人如释重负的表情,我心里也一阵轻松。

在老百姓的心里,法官是正义的化身,是善恶的明镜。作为法官,要以匡扶正义、筑造和谐为职责,以一身正气、独善其身为品质,以公正无私、兼济天下为己任,以心系群众、胸怀全局为宗旨,以甘于奉献、善于隐忍为精神。既然选择了法官这一光荣而又神圣的职业,我们也就选择了清贫和奉献,选择了孤单和寂寞,选择了不屈和坚强,选择了完美和无暇,选择了正义和牺牲,我们就应为自己的选择而坚守信念,为自己的选择而不懈努力。20 年弹指一挥间,以后的路还很漫长,我想我还会一如既往地用滴滴的汗水诠释法官职业生涯的真谛,用满腔的热情坚守自己的灵魂,以一个法官对审判事业的无限忠诚,捍卫好法律的尊严,为共和国的天平增添新的光彩。

窗外的雪依然飘着,整个世界已晶莹剔透。“瑞雪兆丰年”,明年老百姓的日子应该更好吧?!

陈建平，男，1968年6月生，江西临川人。1991年毕业于西南政法大学。同年就职于江西省高级人民法院，现任该院审判委员会委员、民四庭庭长、三级高级法官。历任书记员、助理审判员、研究室副主任、研究室主任等职。曾赴美国、英国参加司法合作培训交流。

访美散记(二则)

陈建平

之一:美国程序主义的哲学批判和反思

——从一个游戏展开的司法思维方式比较

楔子:游戏里的哲学

纽约大学法学院 Oscar G. Chase 教授在给我们讲授“替代式纠纷解决办法”(Alternative Dispute Resolution,ADR)的一堂课上,首先在电子屏上给出两段英文,我们努力地看也没看懂。Oscar 说:“我并不是要你们看懂这些文字在说什么,我只是要大家做一个游戏,请你们每个人独立地数出在这些文字里包含了多少个字母 F,然后告诉我你的答案是什么?”

我们 22 人至少给出了七种答案,分别是 10、11、12、14、15、16、18。Oscar 教授得意地笑了,他说:“正确的答案只有一个,究竟是几我也没数。这个游戏的目的就是要让我们明白,事实如此简单地摆在我们面前,但发现事实真相远比我们想象的要难得多。”

一、美国司法制度的哲学基础:事实妥协和程序主义

Oscar 教授认为这个游戏隐含的道理是解释 ADR

在美国出现、存在和发展的哲学出发点——正因为事实不容易被发现，所以仲裁[1]不要求依据事实，只要求程序公平、公正。Oscar 教授进一步指出，当仲裁被诉至法院，法院也很少推翻仲裁裁决，即使仲裁在事实上可能有错误。

其实，这个游戏中被美国法学者揭示的道理不独是 ADR 的哲学基础。如果我们作进一步的分析就不难发现，在美国程序主义理论和司法程序架构中，这个哲学观点无处不在，并由此决定了美国式的司法方法的价值取向。

继续以 ADR 为分析对象，美国的 ADR 通常包括三种形式：一是仲裁；二是调解；三是谈判。[2] 这些纠纷解决方式都允许当事人在事实方面作出妥协和让步，甚至对于事实的妥协和让步没有任何原则限制。例如，两个美国人做上面的游戏，解决他们争议的结果就可能是：只要双方同意，“F”字母可能是任何一个数，甚至可以是0（事实上通常不会产生这样的极端结论）。因为，在美国人看来，只要 ADR 的中间人（仲裁员、调解员）是中立的、无偏私的，程序就是公平的，结果也就是公正的。

美国的陪审团制度也蕴含着这套哲学。陪审团的成员进入法庭之前也像我们做游戏一样，看见两段文字不知道是要读懂内容呢还是要数字母？开庭以后，陪审团的成员也不能看各种报纸电视关于有多少个“F”的报道。陪审团只管听两方当事人说，然后根据法官的规则提示决定哪方当事人说得有道理。只要陪审团一致认为哪方有道理，那“F”字母就照他说的个数算。法官的裁决就以陪审团的决定为基础。[3] 尽管陪审团只是由那些随机产生的、可能毫无法律经验的普通公民组成，但程序公平，因而结果也被认为是公正的。

---

〔1〕 ADR 方式之一，美国仲裁与我国仲裁的概念不同，其分两类：一类是公共仲裁，即当事人按照合同中的仲裁条款，申请美国仲裁协会指派仲裁员仲裁，此类仲裁裁决后当事人一般不能再向法院起诉。另一类是私人仲裁，即当事人发生纠纷，共同商量请一中间人裁决，如当事人不服可向法院起诉。

〔2〕 Oscar 认为，第三种方式不属于 ADR 解决方式，因为美国民事诉讼中 90% 的案件都是在法院通过这种方式解决的。

〔3〕 如果陪审团认定被告无罪，法官绝对不能改变陪审团的决定；如果陪审团认定被告人有罪，在有些情况下，法官可以改变陪审团的决定。

美国刑事诉讼中的诉辩交易也是如此。诉辩交易中,只要犯罪嫌疑人认罪,公诉人就将以轻罪起诉,法官也不再问事实。在我们访问纽约法律援助中心时,就有律师指出,诉辩交易很可能使那些打不起官司又不愿在监狱里多待的无辜之人被迫认罪。[1]

二、我国的司法哲学:与美国程序主义的理论比较

美国的这种哲学理念和思维方式与我们显然有很大的不同。同样是找字母的游戏,中国人的哲学观点则是发现真理虽非易事,但一定能够发现。因此,在解决真理争议中,我们信奉的哲学是“实践是检验真理的唯一标准”。于是,当两个中国人做这个游戏对结果产生争议时,中间人(裁判者、调解人、仲裁人)通常要了解游戏的内容,要自己数一数有多少个“F”,也许结论与双方当事人不一致,但大致有个数(10 ~ 20 之间)。因而,当双方协商同意认为只有 6 个“F”或 30 个“F”时,中间人是不会同意这个协商结果的,因为在这种调解中我们是有原则的——既要平等、自愿,又要查明事实、分清责任。

在中国不仅强调调解人对事实的调查,正式的司法裁判程序更是强调法官要“以事实为基础”。那么谁对事实有发言权呢?没有调查就没有发言权,没有正确的调查也没有发言权[2]——这是一个颠扑不破的真理。基于这一命题,我国诉讼法几经修改,都始终没有放弃法官可以进行庭外调查的权利。如果将司法查明责任等同于当事人举证责任,是程序极端主义表现,是不符合与马克思主义实践论的。若以数字母游戏为例,我们的合议庭不仅要听双方当事人如何数字母,而且要自己数一数。我们数的方法大致有两种:一是一个人数,两个看着他数;二是三个人(假设合议庭是三个人)各数各的,最后少数服从多数。不论是哪种方法,从理论上讲最后的结论比起美国陪审团的结论都要科学得多。

---

〔1〕 在美国,犯罪嫌疑人错误逮捕,事后被判无罪也不能获国家赔偿,除非能证明警方有明显的故意。犯罪嫌疑人即使知道法院在未来的判决中可能判自己无罪,但经过诉辩交易被判有罪所要遭受的牢狱之也比等待无罪判决所遭受的牢狱要轻得多。

〔2〕 王均伟:“不做正确的调查,同样没有发言权”,载 http://news. xinhuanet. com/theory/2010 - 05/17/c12101706. htm,2014 年 10 月 23 日访问。

与诉辩交易相反,我国刑事诉讼法中一个重要的证据法则是“重证据,不轻信被告人口供”。这一法则从理论上完全排除了被告人无辜而获罪的可能,其较之于诉辩交易的优越性是不证自明的。

三、中美司法制度的实践反差:关于司法错案的思考

一个显而易见的问题是,中美之间在司法领域存在诸多的现象反差。在美国人看来,司法错案通常是可以谅解的。美国大法官罗伯特·杰克逊曾经说过:“我们并不是因为没有错误而成为终极权威,我们只是因为终极权威而没有错误。”正如他们的诉辩交易极有可能错误,他们通常也不认为那是错误。在我国,这样的错误是绝对不可原谅的。我们一直试图做得更好,就算我们有了“重证据,不轻信当事人口供”这样的规则,可是也无法避免类似“佘祥林案件”的发生。那么问题的根源是什么?事实上我们已经知道了答案——逼取口供。按照口供找证据常常成为刑事诉讼中难以杜绝的顽症!在美国,即使是犯罪嫌疑人认罪,他们也通常是自愿的,他们一旦被逮捕就有获得律师帮助的权利,在律师到达之前他们有权保持沉默。同样有错,但错的方法不同。因此,我们常常会见到当事人在法院门口喊冤,而美国的法院门口却绝少发生这种现象。

哲学的优越并不必然进入实践的完美,而制度的完善也有可能弥补哲学的不足。这当是我们学习和借鉴必须明白的重要问题。

之二:对美国司法权威的现象性观察和思考*

——非理性信仰的理性力量

美国司法的高度权威和美国法官的崇高地位几乎是一个不争的事实。我努力地探寻着其中的奥秘——从司法独立到法官的遴选制度,从对抗式审判方式到陪审团审判,从诉辩交易到替代式纠纷解决方式。这些美国的经典司法制度似乎都无法解释那样的结果。

---

* 2005年笔者参加了最高人民法院与美国天普大学司法合作培训项目,赴美国纽约、费城和华盛顿等地学习考察,是以有此学习体会。

在这次中美司法合作项目的培训中,无论是美国的法学教授还是检察官、律师、法官,甚或是非法学的语言教师,他们最津津乐道的就是司法独立。他们不厌其烦地讲述着“马伯里诉麦迪逊案件(1803年)”如何确立了联邦最高人民法院的违宪审查权,无比自豪地颂扬着他们的法官终身制。对美国人来说,没有比司法独立更完美的司法制度了——尽管“司法独立以不同的形式出现,由不同的法律条文、政治传统、经验、时间累积演进的文化期望而构成,并且持续地启发辩论和自我反映”。[1]

但是司法独立就必然有实在的司法权威吗?答案显然是否定的,所以才有美国历史上一份法院判决引发一场内战的事件。[2] 但这样的事件毕竟只有一次。更多的情形是——“布朗诉托皮卡教育委员会案(1954年)”的判决在引起白人公愤的情况下,艾森豪威尔总统派出联邦军队护送黑人学生上学;“米兰达诉亚利桑那州案(1966)”确立的米兰达规则受到当时的警察和国会激烈反对,却被不折不扣地执行;即便是贵为总统的尼克松在法院的命令之下,也不得不交出那些让他丢掉宝座的录音磁带……

美国法官的遴选同样也不足以使他们当然地赢得崇高的地位——联邦法官的终身制[3]越来越遭到质疑,甚至党派的影响从来就没有淡出联邦法官的提名和任命过程。州法官的有限期任命或选举制度使他们在审判案件时不得不考虑州长或选民的意志。错综复杂的法官遴选方法为什么能导向基本同一的社会评价?

那么美国的具体诉讼制度是否能够保证足够的公正以取得民众的信任呢?对抗式审判方式确实有利于保障当事人的诉讼地位平等,但美国成文法和判例法的庞杂,使得一个好的(通常意味着昂贵的)律师几乎成为当事人诉讼成败的关键,因而庞杂的法律体系几乎可以削减这种形式上的平等。陪审团审判的制度设计来源于美国宪法,其宗旨是保证司法民主,然而在美国人信奉的高度职业化的司法领域,由缺乏专门训练的普

---

〔1〕 Mira Gur – Arie 和 Russel Wheeler:《司法独立在美国当前的问题及相关的背景》,美国联邦司法中心。

〔2〕 1857年斯科特诉桑弗特案。

〔3〕 联邦法官中也有一部分是任期制的,如联邦破产法院的法官。

通民众深刻参与司法,岂非自相矛盾(陪审团独立对案件事实和证据的决定权无疑是巨大的,以至于使我十分怀疑他们是否真的能够胜任)?为应对诉讼“爆炸”而采取的诉辩交易和替代式纠纷解决方式很难说不是权宜之计,其放弃的客观真相想必美国人自己也心知肚明。

然而,据美国盖洛普公司在全美国进行的一项民意调查显示,美国三权政府中,民众对法院的信任度最高。民众相信法院仅仅是因为他们相信!

美国宪法第一修正案写道:“国会不得制订设立宗教或者限制其自由实践的法律。”这是一条关于不得设立国教、政教分离和信仰自由的规定。但是令我感到奇怪的是在美元纸币或硬币上无一例外地印有这么一句话——In God We trust。我参观访问了好些个美国法庭,在那里法官坐席背后的墙上也嵌有这样一行文字。我们还知道,在美国的法庭上,证人作证之前必须手按《圣经》宣誓将如实作证。

上帝是不存在的,当美国的莱特兄弟造出世界上第一架飞机飞上天空后就已经发现了。也许上帝的确不存在于外在的宇宙,但是在他们心中,上帝就在那。就像相信上帝一样,他们相信法院,相信法官,司法因而也就有了至高无上的权威。[1]

---

〔1〕 需要强调的是,法官的高度自律乃是司法权威形成的前提和基础。

宫鸣，女，1970 年 9 月出生，国际商务交易法法学硕士，香港城市大学中国法官 JSD 项目候选人，四级高级法官，现任济源市人民法院党组书记、院长。1991 年开始，先后在河南省高级人民法院研究室、《河南审判》杂志社、全国法院业大河南分校、河南法官进修学院、河南济源中级人民法院工作，曾担任河南法官学院学员处处长、济源中级人民法院党组成员、副院长，主管民商事审判、研究室工作。多次参与中加、中德、中澳等司法合作及法官培训项目。宫鸣，现任河南省济源市人民法院院长。

再谈法官的坚守：持正守恒

宫　鸣

人生充满了不确定,你只能努力;

人生充满了不确定,实在不用想太多;

你不要问我未来的二十年会怎样;

没有人能告诉你,有人是因为别人跟他说怎么活才活下来的吗?

——台湾新竹清华大学校长陈力俊

我们这代(中国)法官,处于一个伟大的时代。中华民族的崛起和中国梦的实现必须依托法治的力量,法官在法治不断发展的进程中责无旁贷。

——万鄂湘[1]

我们假设:世界上没有法官这个职业群体,社会矛盾是否就不会产生或者无法解决?或者,有了法官这个职业群体,社会矛盾就一定会完全消失吗?当然都不是。问题再延伸一步:没有法官,社会可以正常发展吗?

---

〔1〕 现任中华人民共和国全国人民代表大会副委员长,原最高人民法院副院长。

当然也有可能,因为即便没有法官这个职业,还可以有这样那样的矛盾调处群体存在。可以出现一个这样的推断:尽管主要社会矛盾的产生和发展有其自身客观规律,法官可以解决一定的社会矛盾纠纷,但法官的角色从理论上说是可以被其他群体替代的。像大多数行为一样,法官行为注定要和社会融合,"法官的努力"可以被社会发展进程所接受或者排斥从而表现为促进或阻碍的形式。由于这个过程是一个优胜劣汰的过程,因此直接或者间接地影响社会的进步。如果这个假设成立,一名法官,像社会上其他职业人群一样,是不是都冷静地思考过,我们的存在,我们的职业地位,是与生俱来的,由别人或政策赐予的,还是由我们的职业行为赢得的?

一、有所为:公平正义的时代不会自动到来

公平正义的时代不会因为无意识的行为自动降临。法学理念、规则体系无论多么完美,徒法不足以自行。况且,法学理念有时候是会发生背离生活的现实的,[1]"无漏洞的概念与法条体系"一样会影响人们去"发掘事物的正义与常识",公平正义的时代只有通过行为人有意识的创造才能到来,法官责无旁贷。中国法官行为的社会认可度一度被质疑,极少数法官的负面信息被大量转载扩散传播,但依然改变不了大多数法官探寻正义的脚步。历史见证发展,有为才能有位,这是不变的实践。现实中还有很多问题需要法官自己去解决:1. 社会期待的公平正义没有标准答案,它会随着评价主体、本土资源差异、年代时段变化而变化。

在这场考试中法官既是考官又是考生,尽管特殊,却都不是唯一,而且还常常会有意无意地混淆或被混淆这一角色:"司法专职主义"与"法治的群众路线"相互交织的中国特色法治道路赋予法官更大的责任。

凌斌博士在他的《法治的中国道路》一书中提到,如何实现公平正义

---

〔1〕 朱寅昊:"法律个别化的成因及其实践",载《政治与法律》2013 年第 12 期。

是古今中外所有法律人不可回避的难题,几千年前的“孝公难题”[1]如是,当前“让人民群众在每一个司法案件中感受公平正义”亦如是。即便是最普通的案件,波澜不惊,还是有可能把这个古今中外探寻了几千年的老问题展现在我们的眼前。这是职业带给我们思考的机会,也是我们时刻警醒反思的助推。

一起普通的劳动争议案件,法院判决用人单位应当履行办理社会保险及支付其他相关费用的义务。问题在于,执行过程中,该用人单位虽为独立法人,因参保人员少无法开立独立户,在用人单位向法院缴纳所有判决要求的费用之后,因当事人拒绝到劳动部门进入公共账户而无法实际执行到位。原因是当事人称听北京一位律师说,法院的任何其他入户方式都是在骗他,要让他本已胜诉的判决沦为一纸空文,几乎每三句话中都能听到当事人的儿子一句这样的口头语:“你去问问北京的律师,我说的对不对”,而当法院和劳动部门都表示可以直接向律师解释的时候,当事人拒绝提供律师姓名……却天天推着因公致残的父亲滞留在法院大厅讨“说法”(正义),并不分昼夜不断向各级党委政府领导发送法官偏袒一方当事人长期不执行的信息。

“房是我盖的,我想给谁就给谁,对我不好就是要收回来!”

两个儿子都已经成家,本已儿孙满堂的李某已经年过70。丈夫去世时,在有见证人见证的前提下,李某将自己和丈夫所盖的两处房产(土地性质为农村宅基地)分给了两个儿子,并约定他们轮流赡养李某。共同生活中,李数次与两个儿媳、孙子发生口角,遂诉至法院,要求二子返还房产,给付赡养费用并要求儿子搬出二处房产。法院判决驳回其返还房产的请求,支持赡养费请求。至此,李某成了法院的常客。两年后,在法院和政府的协调下,村委为李某租用了一间住房并按期将法院从二子处执行到的赡养费送去,李某依然天天到法院“上班……来请也不回,不和他们同住,他们从我的房子里搬出去,以后谁(包括她儿子以外的其他人)对

[1] 《商君书·定分》。转引自凌斌:《法治的中国道路》,北京大学出版社2013年版。因“徒法不足以自治”,孝公提出了一个经典问题“法令以当时立之者,明旦,欲使天下之吏民,皆明知而用之,如一而无私,奈何?”。意为立法之后,要想在旦夕之间,使天下的所有官员和百姓都能明确知道和严格服从法律并且能够保证法制统一、执法公正,该如何是好呢?

我好就给谁。”二子:“我们的房子里给她留房间,随时可以回来,她不来我们也没办法。”

这两个例子仅是大量涉诉信访的缩影,让他们服判息诉的路还很长:中国的老百姓即便是大字不识,也敢宣称法条的真谛,通过信访(应当是古代拦轿喊冤文化的传承)公开指挥评判法官办案。甚至“不懂法”可以成为公然违法的“合理说辞”,无论是“自上而下一劳永逸地从整体上尽快确立政府信用和法律权威”还是“自下而上循序渐进地从个案上逐步培养司法公信和法治信仰”,[1]形成公平正义价值观的全社会普遍共识,都任重道远。

“法官”只是一个舶来的名字,它的尊荣应当来自它个性群体的实际作为而不是“与生俱来”的特殊地位。

在中国,这个职业群体原本是地方官职责的一部分。即使在“法官”地位较高的美国,法官的地位也是几代大法官持续努力的结果。现任首席大法官布雷耶这样描述“它在美国宪政体制上的无上权威,并非一朝一夕确立”,“历史上大法官们也会犯糊涂、做错事,而且,当法院判决不被主流民意所接受,甚至遭遇总统、国会的抵制时,司法的作用将无从发挥”,“经过几代大法官的孜孜努力,美国的官员和人民,才将遵从最高人民法院的宪法解释,视为一种公共习惯”,并提醒自己的同事:[2]“绝不能滥用人民对最高人民法院的信任,否则,司法权威荡然无存的历史,仍然可以重演”。

中国人民法院及法官要获得与自己期望值相符的社会认可,还有许多问题需要面对:

(1)法官的“神版”描述和现实“人版”法官的差距令诉讼参与人感受到巨大心理落差。对于法官的职业道德及业务技术颇多描述,简言之必

---

[1] 凌斌:《法治的中国道路》,北京大学出版社2013年版,序言第3~6页。凌博士将专职主义法治归纳为“是从顶层设计出发一举奠定法治的伦理基础,自上而下一劳永逸地从整体上尽快确立政府信用和法律权威”,“即用平等、民主、开放的程序正义以及铲车、水枪和手铐的暴力机器,建立法治的权威”;“法治的群众路线则是从底层基础出发逐步积累法治的伦理资源,自下而上循序渐进地从个案上逐步培养司法公信和法治信仰”。

[2] [美]斯蒂芬·布雷耶:《法官能为民主做什么?》,何帆译,法律出版社2002年版,第15页。

须品行高尚、法律精通、铁面无私、世情练达、左右逢源、群众公认等。这样的不会犯错的“神版”法官当然越多越好,20万中国法官立刻达到这一期望的可能性并不大的现实也不能回避。法官的“人性”属性注定还会有这样那样的个性或共性缺点,克服的过程中也需要社会的包容和理解。

(2)“粗放式”社会发展线条与“精细化”立法模式的不相称。

中国仅用30年的时间完成了社会主义法制体系的建设,这首先是一个奇迹。另一方面,却带来了一个必然的疑问:有多少是本土社会规则和政策的延续与继承,有多少是源自于本土之外的“舶来”?这些立法都是基于社会现实还是逻辑?“大量立法的妥协为法律的执行留下了隐患,即便是最正直的老法官也常常会面临取舍的艰难,甚至说理的孱弱。”短短30年间的8000余部2500000余万条的法律法规政策,读完读懂对一个专职法律人而言尚是难事,仅靠一般意义上的“普法”如何能够深入“寻常百姓家”?不能和社会互动的法律只是“抽象的法”,或者说并不是我们所说的实质意义上的法。快速立法又缺乏和社会的互动,极易形成客观性的法律选择性使用。由于很难辨别法律选择使用的主、客观原因,给包括法官在内的社会各主体“有法不依”预留了空间。

中国经济发展初期的“猫论”指导思想在一定时期内引导了社会经济的快速攀升,也给社会“粗放式”发展提供了基本支撑。法治是一种许诺,走在斑马线上是安全的,可是,若不能真诚落实法治,斑马线将成为死亡线,死因则是对制度的信赖。[1] 正是这个原因,庞大的法律体系之下依然不乏见法治乱象。唯一的解决方式是“法官不仅应进行思考,他也可以而且应该要去感受,也就是说在对制定法进行适用前,他应该先让制定法受其法感之批判”。[2]

(3)职业思维的缺失和社会支持乏力。

法官不是“官”。[3] 法官职业化的提法再次回到民众的视野,遍查权威性官方文件,没有给法官职业化概念一个确切的中国式法律内涵,只是

---

〔1〕 邓子滨:《斑马线上的中国——法治十年观察》,法律出版社2013年版,第1~8页。

〔2〕 [德]鲁道夫·冯·耶林:《法学是一门科学吗?》,李君韬译,法律出版社2010年版,第81~83页。

〔3〕 指中国国家公职人员评价体系中的公务员,或者代表行政官员。

提到建立符合“职业特点的”司法人员管理制度……健全法官、检察官、人民警察“职业保障制度”。

法律职业共同体的缺失与法律人职业特点的凹陷使得规则尚未建立或被执行,法律市场竞争无序还未得到基本解决。甚至部分律师发现,初次涉诉的当事人对于上访老户的信任程度甚至远远超过执业律师。法律执业群体因为业内纪律和法律、程序的约束、规范化的行为制约了执法过程与现实社会的互动及回应,无法满足每个诉讼参与人对自己的案件有基于自身价值观的判断,从而可能因为任何第三方信息的介入破坏法律职业市场的均衡:路人、报纸、媒体、法律工作者甚至其他信访人的因素都可能出现。执业律师的收入有时候还不如上访老户:公民代理案件,可包出庭应诉包代理上访,“法”“访”两路通吃。这是任何一个法律职业人员无法完成的工作事项。[1] 民本法治的异化现象出现。“北京律师”一案中至少包含了这样的信息:(1)北京是最高国家机关所在地,因为北京所以正确;(2)律师比法官可信;(3)法官是和当事人对立的,律师或者其他当事人才是自己的同盟军。要解决他的问题只有一条路,按他自己的说法去做,否则就是徇私枉法。他的“说法”才是法。这些情况恰恰也从反面印证了法律职业群体的专业化程度低的现象。而这一领域,恰恰应该是法官可以用专业知识矫正的领域。“周遭牵制性因素的环境消融固然重要,法官的自律自省也不可或缺。”[2]

其他还有社会资源控制力的制约、信息资源的对称等因素都应当克服。这虽然和司法的功能仅处于国家治理体系的末端有关系,但和法官们不关心时事,认为自己只要坚守程序正义即可的法律思维方式也应该有一定联系。法官行为在很大程度上受客观因素制约,依然无法改变法官在司法决策中的主导性地位。

法治社会的建设是一个过程,因此,法官的解读角度必定需要是多元的。出于多文化的、惰性的职业利益的和无知的因素,有人倾向于认定法律是从书本中找到的一个东西,一个预先程序化的、可以通过逻辑和职业

---

〔1〕 按照法律规定,公民代理不允许收费,但出于利益共同体的考虑,受益当事人不会举报。

〔2〕 倪洪涛:“司法如雪”,载 http://www.21ccom.net/articles/dlpl/szpl/2014/0203/article_99937.html,2014 年 2 月 17 日访问。

敏感预测的自动控制系统,但其实不然。研究法律的法学是一门科学。[1] 法学体现的是人们"经由制定法塑造"社会变迁的存续过程,目的是以一种具有安定性的法律语言,以便让人们能够在思想上掌握这种变迁。法官在法律续造过程中扮演的应当是领导者角色:"实际案件"为"法律命题"展示了"它的运动,它对生活的影响"。"法官经常不得不对某项法律命题进行适用,而且还会得出一项连他自己都想控诉的结论"……"倘若在他心中的感受还没有灭绝,那么他就会在其法感为对抗这样的命题而凸显出来的对立见解中,看到对法律命题进行重新审视的契机"。[2]

二、有所不为:法治无定式

法治一词源于西方:[3]"法治,一个无比重要的、但未被定义,也不是随便就能定义的概念。它意指所有的权威机构,立法、行政、司法都要服从于某些原则"。[4] 法律与政治密切相关,那么某些原则是什么?是法律?法规?政策?还是兼而有之?司法当然也要遵循这些原则。司法是一柄双刃剑,"利用法庭燥火的权力的同时也面领着危险。人们在使用有效的武器中获得象征性的权力,可以得到严肃的处理结果。但同时也会面临着失去对武器控制的危险,因为司法程序一旦开始运转就不能停"。[5]

(一)现实中的实用主义司法何以产生:不能孤立看待能动司法、权宜司法与两个效果[6]的统一

我们不支持以能动司法为名肆意践踏法律的行为,却支持法官是"活法"的精神。能动司法、权宜司法、两个效果的统一在政治经济社会领域

---

〔1〕 [德]鲁道夫·冯·耶林:《法学是一门科学吗?》,李君韬译,法律出版社2010年版,第81~88页。

〔2〕 同上注,第79页。

〔3〕 因法治一词不是中国传统上的"法制",因此在定义上选用的是西语概念。

〔4〕 [英]戴维·M.沃克著:《牛津法律大辞典》,北京社会与科技发展研究所组织编译,光明日报出版社1988年版,第790页,转引自李贵连:《法治是什么——从贵族法治到民主法治》,广西师范大学出版社2013年版。

〔5〕 王贵国主编:《中国法官》(第1卷),序言,万鄂湘,2013年3月。

〔6〕 指法律效果和社会效果的统一。

被视为司法接地气的良好途径,但在法律界却是颇有争议。回到上面提到的两个普通案件,从司法角度讲,上述两个案件的法律关系简单得不能再简单,但接触这些案件的各级人民法院院长、主管院长、主审法官、执行法官换了一个又一个,没有人能够说服几个当事人中的任何一个,却反使许多办理案件的法官数度产生困惑、迷茫和无奈:我们还能做什么?人民法院代表国家行使司法权、依法执行、赠与、赡养等法律上的语言和概念不可能说服他们,不达目的誓不息访的信念始终支撑着他们的行为。在他们眼里,这才是公平正义,总会出来一位"青天",是不是法官都无所谓,程序不程序的他们也不在乎,一句话为他们"摆平"这一切,哪怕遥遥无期,甚至失去更多。有趣之处在于,一旦他们一时语塞,过几天依然会找到另一个自己接受的说法继续出现在法院办公场所。这里面不仅仅是我们常说的老百姓对法律的不理解,还有底层的实际的利益:期望的生计和幸福。此时,怕是再高度复杂和极端精细的法律和程序都无能为力。故此,现实中的法律实用主义自然能够有自己的市场,认同应当以对正义富有义务感、对制定法持批判态度的法官人格,取代无感情的涵摄机器,"那种完全不顾其裁判所带来之结果,并且将责任完全推给立法者,而仅对法律的条文进行机械性适用的法官,其实不能被称为法官;他只是司法机器中一个无感情、死板的齿轮"。[1] 如果理论家能够轻易发现立法上的漏洞,那么立法者大可自行填补,而现实的情况则是所有存在于制定法之上的缺陷,通常要在个别案件上,这件事情才会显示出来。[2] 填补的方式仍需在适用中得以检验。但那些为了追求一时的安定而突破法律底线,放弃法的基本原则的做法更不可取。

（二）中国的社会传统必须体现在司法过程中:正义不能曲解也不可抄袭

社会学家这样描述中西司法文化冲突:第一,西方社会注重个人,中国人注重家庭和社会;第二,西方人注重法律的形式,中国人注重法律实质;第三,西方人重法治,中国人重人情。最重要的一点:中国司法虽然引

---

〔1〕［德］鲁道夫·冯·耶林著:《法学是一门科学吗?》,李君韬译,法律出版社2010年版,第81页。

〔2〕同上注,第83页。

入了西方司法的理念：法官只管形式上的平等，不管实质上的平等，但讽刺的是，这一点理念的引进并没有给中国法官带来任何通向正义的坦途，相反，成为激发社会对法院司法不公的诠释。中国法官对自然科学的跨学科性研究可以不如英美及欧陆，但是对社会学领域的内在规律把握必须到位。

中国的国家政体、自由、气候、土壤、民族精神、风俗习惯、贸易、货币、人口、宗教，加上中华法系的法律渊源、立法者的目的以及作为法律建立起来的基础的条件、社会秩序之综合[1]不同于世界上任何一个国家和政体。独特的社会历史留下的痕迹根深蒂固，注定中国法的精神不可能和世界上任何一个国家相似，包括法治发达国家。借鉴吸收人类历史上的优秀法律文化成果不是形式齐备，而是融生共长、为我所用、扬弃自由。对于外国法而言，中国法也是一样的道理。

传统的经典并不是人为可以轻易改变的，顺应司法客观规律才是上策。

适者生存同样适用于法律的移植和继受。“要房子”案件就是一个典型的西方法律移植和继受带来的问题。按照中国传统的道德理念：就老人而言，“少时从夫，老来从子”，不疼惜自己孩子的父母至少不被大众接受；对儿子而言：“百善孝为先”，孝即是顺，连父母都不孝顺的人怎可能有良好的社会人际交往？例如，为什么对正在进行的挑衅行为予以反击，为正当防卫的行为具备正当性，但对已经发生过的行为予以反击是报复行为则失去了正当性的意义？为什么始源于中国法的“亲亲得相首匿”原则在普通法系获得了光大，反而在中国本土法律体系中失去了市场？

（三）法治不是万能也无定式

“事实告诉我们，法治这东西是八面玲珑的。它可以和君主同居，也可以和民主结合，还可以和独裁握手。”[2]法治的根本是良法善治，不是形式上的组织形式。法治国家并非仅有一种政权组织形式，改良将长期

---

〔1〕［法］孟德斯鸠：《论法的精神》，商务出版社1985年版，第309～316页。
〔2〕蔡枢衡：《中国法理自觉的发展》，清华大学出版社2005年版，第58页。

存在于任何一种形式之中。

法官应当拥有司法智慧,而智慧和遐想的差别在于智慧不会漫无边际,它植根于现实生活却要超脱于基本思维方式,同时可以为不同群体接受,至少不能轻信和盲从。“法律从来不像我们看到和以为的那样单纯、独立、客观、精确、严密和坚实。在其不偏不倚、客观而坚硬的外表之下,法律是多面的、复杂的、含混的、多变的,它深深植根于人类生活之中。”[1]一名职业法官每天都会面对大量的社会负面情绪,要考虑案件规则的全面性,还要考虑法律与社会的道德冲突。这不是案件本身的处理过程可以单纯决定的因素,它来源于形色生活各个因素的不同排列组合。世界上没有整齐划一的执法和守法标准。

在一个存在竞争的社会中,利益博弈的参与方往往是两方及以上,那么“决策的结果不仅依赖于某个参与者的抉择、决策和机会,而且也依赖于竞争对手或其他参与者的抉择、决策和机会”。[2] 法官并没有例外。与许多其他高声呼唤司法改革的阶层如法学家群体不同,中国法官是现实社会中最期盼司法改革然而却不愿宣之于口的一个群体。源自21世纪初以法院为主导的大规模司法改革虽然自认为引进了世界上的优秀法律文化成果,但其直接结果却是由上而下对司法的不信任和中国的法官彻底被从神坛上拉下:部分不堪信访之扰选择沉默或是干脆离开这一队伍。正是绝大多数还是选择坚守法律良知才又找到了新的希望。这一次,已经更加成熟,大家都知道法治之路上还有许多坎坷,正如开篇中的诗句,这仅仅是不确定的外在因素,可以肯定,它并不影响任何一位法官凭借司法的良知在法治建设的道路上前行。

不崇外,不媚俗,坚守传统,积极借鉴,我们自己的法治注定不走寻常路。法官的持正守恒的品格终究会带来法治的春天。

---

[1] 梁治平:《法律背后的故事》,广西师范大学出版社2013年版。

[2] 钱卫清:《法官决策论——影响法官决策的力量》,北京大学出版社2008年版,第3页。

姜霜，女，1972年10月出生，中共党员，河北邯郸人，先后获河北大学法学学士、中国人民大学法律硕士学位，1994年在河北省邯郸市中级人民法院工作至今，现为四级高级法官。期间：1994年11月至2003年1月先后任行政庭书记员、科员级助理审判员；1999年至2001年在中国人民大学攻读法律硕士；2003年2月至2012年3月任立案庭副庭长；2004年3月参加国家法官学院举办的清华—美国天普大学法律硕士培训，并于2005年7月5日至22日出访美国；2012年4月至今任立案一庭庭长。

勤奋好学，努力上进，清正廉洁、追求正义。作为一名法官，我期望通过自己所办理的每一起案件，都能让当事人切实感受到司法的公平与正义，进而推动中国法治的一小进步！

香港的法律制度与启示

姜　霜

作为中国高级法官博士项目2013级博士研究生，我有幸随同全国其他23名高级法官于2013年9月15日至11月15日，一同到香港城市大学深造。在香港学习期间，我们参观了香港的立法会，与立法会主席曾钰成先生进行了座谈；到香港廉政公署听取了该署社区关系处首席联络主任廖秀芳女士关于香港反贪倡廉情况的介绍；参观了湾仔区域法院和高等法院，旁听了该院正在审讯的两起案件，听取了两个法院的首席大法官郭启安、张举能有关香港法院及案件情况的介绍；另外，我们还听取了香港保安局局长黎栋国先生关于国安局的介绍，参观了罗文锦律师楼并与大律师们交流了关于陆港两地案件的委托代理情况。

这次学习，虽时间较短，但香港的法律制度给我们留下了深刻的印象。随着陆港两地经济、文化交流的不断加深，两地司法互助协作也日益扩展，因此借鉴学习香港的法律制度，对内地正在进行的司法改革也不乏启迪意义。

一、香港的审判制度

《香港特别行政区基本法》(以下简称《基本法》)第2条规定,香港特别行政区实行高度自治,享有行政管理权、立法权、独立的司法权和终审权。

(一)司法独立

在香港,无论是立法、行政、司法人员,还是律师或法律学者,均从三权分立角度认识和看待司法独立原则。他们认为,香港特别行政区权力架构的基础原则是立法、行政、司法三权分立,司法独立是三权分立的核心概念,是香港法制的首要原则。司法的独立就是法官的独立,法官审理案件,只服从于法律,法官在法制中扮演确保行政行为和立法行为符合《基本法》和法律的重要角色。

(二)司法终审

回归前英国枢密院司法委员会作为最终上诉法院,行使终审权,反映了香港作为英殖民地的政治和法律地位。回归后香港享有司法终审权,终审权属于香港特别行政区终审法院。这是香港司法制度发生的最重要的变化,反映了"一国两制"原则下香港司法体制的高度独立。

(三)陪审团制度

香港在审理重大刑事、民事案件时实行陪审制度。陪审团原则上仅适用于高等法院,区域法院不设陪审团。陪审团一般由7人组成,但也可经法官下令由9人组成。香港法律规定陪审员是公民的一项司法权利和义务,除某些人士可豁免出任陪审员外,每一个身心健康、品格良好、熟悉中英文、年龄在21~65岁之间的市民,都有资格出任陪审员。高等法院司法常务官每两年编制一份陪审员名册,并每周随机从中抽选出若干陪审员。当事人及律师可拒绝5名而不需任何理由。超过5名时则须有说服力的理由。陪审团成员在法庭上确定、宣誓并被告知陪审的案件后,即被集中和隔离,受到严格的监控,禁止与外界接触,禁止与法院有关人员就案件交换意见,直到就案件的事实作出裁决意见为止。陪审团是诉讼案件的事实认定、裁判胜负或者罪名成立的裁判主体,而法官和书记则仅仅是主持裁判程序和记录陪审团裁决意见的主体。决定案件胜败的裁判权掌握在陪审团手里。

(四)遵循判例原则

遵循判例原则具体体现在:(1)终审法院的判例对所有下级人民法院及其自身具有约束力;(2)区域法院的法官不受本院先前作出的判决的约束,但必须遵循上级法院的判决和自身审理的上诉判决;(3)裁判署法庭受高等法院和终审法院判例的约束,除此之外,不受任何其他法院包括区域法院判决的约束;(4)区域法院和裁判法院的判决一般不具有判例的约束力;(5)其他普通法使用地区的司法判例可作为参考。

(五)司法诉讼模式上实行当事人主义

在诉讼中,法院充分尊重当事人的诉讼权利,法官严守中立立场,不介入诉辩双方的辩论,不主动调查事实,整个诉讼程序体现了诉辩双方的对抗。

二、香港的法院体系

香港的法院分为三级:基层人民法院、高等法院、终审法院。

(一)基层人民法院

基层人民法院由区域法院、裁判署法庭和审裁处及专责法庭组成。

1. 区域法院。回归前称地方法院,负责审理索赔金额在 5 万元以上 100 万元以下的民事案件。有权审理除谋杀、误杀、纵火、贩毒、强奸等严重案件以外的所有可公诉的刑事案件,也有权审理裁判法院移送的判处监禁刑期最高为 7 年的简易程序案件。区域法院审理刑事案件,不设陪审团,由法官单独审理。区域法院设立家事法庭,专门处理婚姻诉讼(离婚、赡养费、管养权)和领养案件。

2. 裁判署法庭。又称裁判法院,是初级刑事法院,一切刑事案件都必须先经此法庭受理,作初级审讯。其一般有权判处 2 年以下监禁和罚款 10 万元以下。所有刑事检控均需在裁判法院展开,律政司司长可根据罪行的严重程度,将案件移交区域法院或高等法院原诉庭审理。裁判法院还设有少年法庭,审理对不满 18 岁人提起的刑事控诉案。

3. 审裁处和专责法庭。全港设有 4 个审裁处和 1 个专责法庭。土地审裁处主要管辖有关土地、住所、物业管理等方面的争议。劳资审裁处主要审理在香港境内违反雇佣合约和学徒合约的案件。小额钱债审裁处采用简易、灵活的程序审理5万元以下的索赔案件。淫亵物品审裁处负责裁定有关物品是否淫亵或不雅。死因裁判法庭负责调查在香港发生的需要报告的死亡案件。

（二）高等法院

高等法院设上诉法庭和原讼法庭。上诉法庭主要审理不服原讼法庭或区域法院、审裁处作出的民事或刑事判决的上诉案件。原讼法庭由25名法官组成，其民事、海事、刑事管辖权均没有限制。对于严重的刑事案件，均由原讼法庭1名法官连同由7人或9人组成的陪审团共同审理。原讼法庭也有上诉管辖权，审理不服聆案官、裁判法院、劳资审裁处、小额钱债审裁处、淫亵物品审裁处、小额薪酬索偿仲裁处的裁定而提起的上诉。原讼法庭还负责外国判决和仲裁裁决的登记与执行。

（三）终审法院

终审法院是香港最高上诉法院，代表香港司法独立形象，维护香港法治。其由首席法官、3名常任法官、1名非常任法官组成，非常任法官由香港或者世界上其他实行普通法地区的法官担任。其审理范围包括：不服高等法院上诉法庭的最终判决，争议事项所涉金额或价值达港币100万元或以上的案件；上诉法庭或终审法院认为该上诉涉及的问题重大等理由而必须由终审法院裁决的，可酌情决定是否受理。因此，每年能在终审法院开庭审理的案件极少。

三、香港的法官制度

在香港，法院和法官是法律和正义的守护者，享有崇高的社会地位。为了保证司法独立和法官中立，香港建立了一套完备的法官制度，从任职资格、遴选程序、任职承诺、任期、福利待遇、免职等各个方面提供了充分的制度保障。

（一）法官任职资格。《基本法》第92条规定，香港特别行政区的法官和其他司法人员，应根据其本人的司法和专业才能选用，并可从其他普通法适用地区聘用。因此，要担任法官，必须具有司法和专业才能。在实际运作中，法官必须具有在香港或其他普通法适用地区取得的专业法律资格及相关经验。较高级的法官一般从香港杰出大律师中聘用,或者从司法机构内部或律政司高级人员中提升。此外,根据《基本法》第 90 条的规定,终审法院和高等法院的首席法官必须由没有外国居留权的香港永久居民中的中国公民担任。

(二)法官委任程序。《基本法》第 88 条规定,香港特别行政区的法官,根据独立委员会的推荐,由行政长官任命。根据《司法人员推荐委员会条例》规定,独立推荐委员会由 9 名委员组成,分别是 3 位法官、3 位律师、3 位业外人士,3 位法官中必须包括终审法院首席法官,并作为当然主席,3 位律师中当然包括律政司司长。除两位当然委员外,其他委员均由行政长官任命。在独立推荐委员会会议中,如果超过两票否决,决议便不生效。委员会提出委任建议后,由行政长官任命。终审法院法官和高等法院首席法官的任命,还需由行政长官征得立法会同意,并报全国人大常委会备案。

(三)法官任职承诺与自律慎独。法官在获得委任后,必须向行政长官做出承诺,任期完成后不得做律师。法官不能去娱乐场所,不能参加私人聚会,更不能与律师、当事人在法庭外接触,一旦被发现有违规行为,只能辞职,且辞职后也不能做律师。这使得法官一旦被任命便不再与私人执业律师有任何联系。这种慎独,保证了法官在审理案件时,不会受到任何外在感情的影响。

(四)对法官职务行为的保障。《基本法》第 85 条规定,司法人员履行职责的行为不受法律追究。根据这一规定,法官在履行审判职责时,即使出现"错案"也不需对此承担责任,不需对此受损害的当事人承担民事赔偿责任。这使得法官不必担心因工作失误而被控,从而其能够毫无顾虑地依法独立审判。当然,法官的职务违法和职务犯罪不在豁免之列。

(五)法官的任期与退休。通常情况下,香港的法官可以一直任职到退休。区域法院法官的退休年龄为 60 岁或 65 岁,高等法院和终审法院法官为 65 岁。法官退休后,可以获得稳定的生活保障,特区政府将按不低于原来的标准,向其本人及家属支付退休金,酬金、津贴和福利费。

(六)法官的福利,薪金、津贴。香港法官的薪酬和待遇优厚,最高人民法院法官的薪金与政府司级官员等同,地方法院法官的薪金与政府部门首长相同。一个基层裁判法院的法官,月薪可达10多万元;首席大法官,月薪可达20多万元;另法律还规定法官于任职期间薪俸固定,不得减少,这就是说不管什么原因,法官的薪金只能增不能减。

(七)法官免职。根据《基本法》第89条、第90条的规定,香港特别行政区的法官只有在无力履行职责或行为不检的情况下,行政长官才可根据终审法院首席法官任命的不少于3名当地法官组成的审议庭的建议,予以免职。终审法院首席法官只有在无力履行职责或行为不检的情况下,行政长官才可任命不少于5名当地法官组成的审议庭审议,并根据其建议在征得立法会同意后免职,免职决定须报全国人大常委会备案。

总之,香港法官的任职资格要求较高,任免程序严格,任期有保障,职务行为不受法律追究,法官与律师业界限分明。以上种种制度安排均有助于保障法官的职业素质和中立地位。

四、香港的律师与公证制度

香港的律师制度基本上沿袭了英国的律师制度。香港的律师从职业范围上分为大律师和律师两种。大律师又称"诉讼律师",律师又称"事务律师"。

(一)大律师

大律师是指有资格在香港各级法院进行刑事辩护和民事诉讼代理的律师。大律师只能单独开业,不能与其他大律师合伙开业。大律师办理业务是受律师委托,自己不能直接接受当事人委托。当事人先委托律师,再由律师转聘大律师。同样,大律师不能直接向当事人收取律师费,只能向律师收取。在香港取得大律师资格的条件是:取得一所香港大学或一所英联邦大学的法学学士或相同学位,修习一年香港大学或城市大学法学院的法律深造文凭课程;在具有5年以上执业经验的大律师的指导下实习1年;经过高等法院的确认仪式。目前香港有约750名执业大律师。大律师的行业组织是大律师公会。大律师公会负责监察大律师的事务,约束大律师的操守行为。

(二)律师

律师是香港律师队伍的主力军,目前香港约有4000名执业律师。律师除了不能办理高等法院的诉讼业务外,可以办理包括在区域法院出庭在内的各类律师业务。律师执业有三种形式:一是个人开业;二是与其他律师合伙组建律师事务所;三是受雇于其他律师事务所或作为顾问律师。在香港取得律师执业资格的条件是:在一所香港大学或一所英联邦大学获得法律学士学位或相同学位;修习 1 年香港大学或城市大学法学院的法律深造文凭课程;在一家律师事务所实习 2 年;经过高等法院的确认仪式。律师的行业组织是香港律师会。律师会不仅负责维护律师的专业水平及职业操守,也负责签发律师执业证书。

(三)大律师与律师的关系

大律师与律师是两种不同类型的律师,业务范围、实习条件以及行业组织都有所不同。不过,两者之间没有高低之分,也没有隶属关系,各在自己业务范围内为公众提供法律服务。大律师和律师在一定条件下可自愿转换,但任何一方不得身兼两职。

(四)公职律师

香港律师除了从业务范围上分为大律师和律师外,还可以根据工作性质分为私人律师和公职律师。私人律师即私人执业者。公职律师又称政府律师,是取得律师资格后被政府不同部门雇用的官员,包括公职大律师和公职律师。公职律师的主要职能是参与政府立法,为政府部门提供法律意见,代表政府出庭诉讼等。

(五)公证制度

香港没有专门的公证人,公证人由律师兼任,公证业务变成一项普通的律师业务。不是所有律师均可以办理公证业务。根据香港法律,从事律师业务 10 年以上,为官方和社会公认的公正廉洁、业绩优良者,才可以申请为公证律师。香港目前约有 400 名律师获得认可执业为公证人。法律公证人公会是公证人的管理组织。终审法院首席法官主管委任香港公证人事宜。

五、几点启示

香港是世人公认的国际贸易中心、金融中心、运输中心、国际旅游地区和国际信息中心。香港之所以取得如此大的成就,除其他方面的因素外,香港完善先进的法律制度所起的作用功不可没。通过此次学习,香港法律制度的诸多方面带给我们若干有益的启示。

(一)香港的法院不是按行政区划设置的,有利于维护司法独立

香港的终审法院、高等法院、区域法院管辖的地域范围相同,区别只是级别管辖不同。在基层司法机构中,裁判法院分布于港岛、九龙、新界各区内,地域管辖不以行政区域为界限,法院设置脱离行政区划,有利于维护司法的独立性和统一性。相比而言,内地法院严格按行政区划设置,不利于克服地方保护主义的干扰。在此次十八届三中全会上,党明确提出要深化司法体制改革,其中之一就是要探索建立与行政区划适当分离的司法管辖制度,以保证国家法律统一正确实施。

(二)香港基层司法机构设置体现了专业性特点,具有借鉴意义

香港的土地审裁处、劳资审裁处、小额钱债审裁处、淫亵物品审裁处、死因裁判法庭均属专业性法院,专门负责审理特定类型的案件。这种法院设置有利于维护法制统一,保证案件质量,也方便审判管理。内地法院虽也设有专门法庭,但在制度设计理念和细致程度上均有差距,因此,香港的做法值得我们借鉴。

(三)香港法官制度的许多方面值得借鉴

香港法官坚持精英化的价值取向,贯彻“精英、经验、年长”原则,通过严格程序,将业界表现卓越、品格优秀、声望一流的少数精英推选任命为法官,有利于保证法官队伍的素质;法官由独立委员会推荐并由行政长官任命,有利于保证法官的中立地位;法官任职承诺有利于树立法官在公众心目中的中立形象;法官职务行为不受法律追究,有利于法官独立行使职权;法官任期、退休制度,对于保证法官廉洁和中立都具有积极意义。借鉴香港法官制度的经验,我们也在加快建设法治中国,加快建设公正高效权威的社会主义司法制度。十八届三中全会后,内地司法改革的大方向就是去地方化、去行政化,确保法官依法独立、公正行使审判权,推动省以下地方法院人财物统一管理,健全法官统一招录、有序交流、逐级遴选机制,健全法官职业保障制度,目的就是让人民群众在每一个司法案件中都感受到公平正义。

（四）两大法系间法律制度的渐趋融合是一个必然

大陆法系国家重理性，以“立法至上”为法治的主流意识形态，法官要严格依照法律规定审理案件，而普通法系国家重经验，以“司法至上”为法治的主流意识形态，法官可以造法。借鉴香港普通法系的遵循先例原则，内地法院建立了典型案件的案例指导制度。借鉴香港普通法系的陪审团制度，内地法院也在加快实施陪审员的倍增计划。内地的审判方式由职权主义向当事人主义转变，即由纠问式审判转为对抗式审判，法官居中裁判。相较而言，香港法院也适度引入职权主义发挥法官能动作用，克服诉辩双方过度对抗所造成的诉讼迟延、诉讼成本增加等弊端。

（五）香港裁判文书说理透彻值得我们借鉴

源于普通法系的香港法院，其判决书的格式和表达方式与内地法院相差很大，他们更多是遵循先例，判决书往往引用大量的判例来说明理由。因此判决书的理由阐述得相当充分，法官围绕一个有争议焦点常常会不惜笔墨，从判例、法理、日常生活经验等各个方面进行分析，有的判决书竟长达百页，不亚于一篇学术论文，读后让人倍感信服。美国联邦最高院的法官斯蒂文斯认为，“评价一个大法官成就的标准，就是看他在职期间写出了什么样的判决意见”。香港的裁判文书不仅是一篇表现法律精神的法学论文，还是一篇展现法官个人风格、闪烁法官个人智慧、充满思辨色彩的法学美文。这种裁判文书的书写风格对我们长期受控审式、纠问式审判模式，职权主义色彩浓厚的大陆法系的内地法院也有着积极的借鉴作用。我们的裁判文书一般保守简单，说理缺乏针对性、具体性和深入性，说服力不强。我们应当借鉴香港裁判文书的详细写法，融法理逻辑、经验智慧、文采风格于一体，让人望而叹止，神圣不可侵犯，那我们内地法官的权威何尝不可建立！

六、结语

作为中国唯一的普通法司法管辖区，香港的法治是大众公认的核心价值，它的一系列法律制度在“一国两制”下不仅运行良好且更充满活力。“他山之石，可以攻玉”，我们在依法治国、司法独立与公正前进的道路上还任重道远。

郭文东，男，1971年8月出生，毕业于中山大学，获经济法学硕士和法律硕士双硕士学位。1994年在广东省佛山市中级人民法院工作至今，从事过刑事审判、执行、法律研究、涉外商事审判和立案审判等工作，先后担任执行局副局长、研究室主任、涉外商事审判庭庭长、立案庭庭长等职务，2006年晋升为四级高级法官。现为审判委员会委员，研究室主任，香港城市大学法律学院2013级博士研究生。

曾在国家级法学刊物上发表论文多篇，主持或参与完成多个省部级以上重点调研课题，撰写的论文多次在全国法院学术论文讨论会和全国法院执行工作理论研讨会上获奖。

冲突、互信和制衡

——从个案漫谈司法与传媒的关系

郭文东

去年9月，当我收拾行装前往香港，开始自己攻读博士学位的求学之旅时，内地法院刚刚审完或者正接连审理着一批社会关注度极高的刑事案件：薄熙来、李某某、“表哥”杨达才、“房姐”龚爱爱，且北京摔婴案、首都机场爆炸案、南京饿死女婴案等相继进入法庭。一时间，各类媒体报道铺天盖地，有的将案件渲染得关系复杂如同谍战片，情节跌宕恰似宫斗剧。随即而来公知名人的唇枪舌剑，普罗大众的喋喋争论，轰轰烈烈地轮番上演，时人称之为“秋审季”。彼时我虽身处香港城市大学，学业也算繁重，但得益于便捷的网络资讯，并未置身事外。在注目这桩桩件件大案要闻之余，我心中颇震撼于这其中传媒作用于司法的微妙与复杂，一时想写点什么，就当是漫谈吧。

一、传媒之于司法的喜与悲

进入法院工作已近20载，岁月留痕，我从懵懂青年成长为一名高级法官，也见证了我国审判工作逐渐褪去神秘色彩,走入公众视野的过程,这其中传媒功不可没。90 年代中期,我始到佛山中级人民法院工作,其时司法与传媒交汇甚少,通常只有在召开宣判会枪决一批罪犯时,有关消息才会见诸报端,采用的还多是法院提供的通稿。大多数情况下,我和我的同事们可说是在耳根清净的情况下,"静悄悄"地从事着审判工作。当时的风平浪静,曾令年轻的我以为世事皆清明。不料随后的几年间,内地经济社会和传播媒介突飞猛进发展,方方面面的社会活动被纳入法治轨道,传统意义上的传媒格局也一朝打破,社会公众更有意愿与精力监督司法活动,敏锐的传媒开始了对司法的密集关注,二者的关系翻开了新的篇章。

近些年来,传媒与司法良性互动的案例并不少见,其中典型的当属刘涌案。刘涌身兼黑社会性质组织头目、企业集团董事长、人大代表、民主党派负责人等多重身份,以其为首的犯罪团伙长年为非作歹、肆虐一方,情节极其恶劣。该案具备的反常性、显著性等新闻价值因素,导致了传媒的高强度报道。当辽宁省高院在二审中将刘涌改判死缓,而其团伙中地位较低、作用较小的另一成员却被核准死刑立即执行时,舆论媒体对此给予了广泛关注和强烈质疑。最终,最高人民法院对已经终审的刘涌案重新提审,判处刘涌死刑立即执行。该案被普遍认为是媒体的舆论监督发挥了重大作用。又如,同样广为人知的许霆案、邓玉娇案、云南处女卖淫案、吴英案等,在这些重要案件的处理过程中,都可以看到传媒以各种形式(包括微博、博客等自媒体)的着力参与。这些案件的最终处理结果也都与民意和法律相一致,促成了司法和传媒的共同进步。

另一方面,伴随着传媒对司法活动的深度参与,媒体频繁越界也带来了与审判独立公正价值的冲突。比较典型的如河南张金柱案。原河南省郑州市公安局二七分局局长张金柱因酒后驾车肇事致一对父子一死一伤,因企图利用权力逃避法律责任,媒体通过激烈的报道在全国范围内掀起巨大的冲击波,激起人民群众无以抑制的愤怒,直接导致法院以交通肇事罪和故意伤害罪对其判处死刑。面对明显畸重堪称残酷的量刑,张金柱临死前哀叹:"我死在记者手中",而判决书中"不杀不足以平民愤"的表述也基本印证了这个说法。在这个案件中,传媒以高度的敏感性揪出了当代中国潜在的官民对立这一社会症结,并以民意之名剥夺了一个人的生命,为媒体审判作出了荒诞又悲凉的注解。其他如邱兴华、李昌奎、药家鑫等案,都多少与此类似,不再赘述。在这些案件中,一些恶意媒体监督所造成的媒体审判,不仅影响了司法的公正与独立,也严重破坏了新闻媒体的社会形象,违反了新闻职业道德,导致了司法和传媒的双重损害。

二、香港司法与传媒间的尊重和平衡

2005年后的几年,作为法院研究室的负责人,与媒体联络是我的职责。回顾与传媒打交道的日子,我既欣喜于传媒对司法之推动作用,也心有余悸于一些传媒对审判的过度甚至恶意干预,尤其对那些在这冲突与碰撞之中无辜牺牲之人更有很多悲悯与惭愧之心。即便如此,我在内心中仍对传媒抱有很大期待,因我坚信现今司法最大顽疾在于不公,在于不能取信于民,而唯有公开才能带来最大的公正,带来真正的司法公信力。这正是现代传媒能够发力的地方。因此,我们需要传媒。

相比于内地正进行的如火如荼的大案要案审判季,香港这一时段的司法活动波澜不惊,稍显平静。我们都知道,香港现行法律制度堪称英美法的典范,而被诟病甚深的"媒体审判"一词正是源于英美法系国家。与我国内地由具有专业能力的法官(部分案件包括陪审员,但不具主导作用)组成审判组织不同,英美法系国家多采取由普通社会公众组成的陪审团制度来处理案件。一旦案件触及传媒的兴趣点,面对传媒一贯擅长采用的主观、煽动、激情等强度报道,不具备丰富审判经验和专业法律素养的陪审团成员显然更易被媒体舆论左右,从而影响案件处理。这种案例在英美法系国家屡见不鲜。此外,香港地区比我们内地更强调新闻自由的价值,新闻媒体的影响力也更胜一筹。从这个意义上说,香港司法活动所面对的媒体审判风险,远高于内地。因此,我很好奇香港司法是如何有效避免这种风险的。

所幸在香港城大求学期间,因为一个案件,我对香港司法与传媒的关系有了近距离接触和观察的机会。香港旺角青年周凯亮涉嫌弑父母一案等待审讯时,香港《苹果日报》及《爽报》刊登了被告在羁押期间的访问。香港律政司认为此举可能影响到对被告的公平审判,故于2013年7月控告两报及其总编辑藐视法庭,8 月再控告参与采访并扮演重要角色的两名记者藐视法庭,要求判处两人入狱或罚款。初初在香港报刊上读到这则消息,我略微诧异。毕竟,其时周凯案并没最终定谳,结果尚未酿成。而那些在张金柱等案件中起到推波助澜巨大作用的内地媒体舆论,在大错铸成之后都能不了了之,我们连有深度的反思都未见到,更遑论追究法律责任了。两相比较,一时觉得香港有些机械司法、小题大做了。再一思索,心中便充满了感动与敬重。正如香港律政司发言人所说,港府尊重新闻自由,但同时有责任维护公共利益,确保每个刑事被告人在不受干扰的情况下被公平审讯。回头细细查了一下香港有关法律,更能发现,原来香港对传媒报道案件有着严格的规制:案件在审理期间,媒体只能动态报道,不得评论;更不得对案件审判结果先行作出判断。法院宣判后、上诉前,媒体可以评论;所有诉讼程序终结后,媒体可以评论,但不得对司法机关、法官进行人身攻击,比如恶意中伤法庭、谩骂法官、没有根据地指责法官在审判案件时存在偏私,否则,都会受到“藐视法庭罪”的刑事检控。反观内地一些传媒,其中不乏主流媒体的一些王牌法治栏目,往往是案件尚没进入法庭,便已迫不及待、肆无忌惮地描绘案件过程,剖析作案细节,臆断作案动机,批评贬低被告人人格。节目末了,还总不忘斩钉截铁地加上一句有罪推定的解说——等待某某(嫌疑人)的必将是法律的严惩,俨然有罪定谳无疑。殊不知,若在香港,此恐早已构成藐视法庭罪。内地与香港观念在现实上的巨大的差异,不由令人深思。

香港传媒与司法之间所体现的互信与尊重、统一与平衡,我深以为然。言论自由当然值得尊重,但确保任何面对刑事起诉的人均得以公平审讯,更是体现了个体生命的人权以及刑事司法审判的独立,这种价值也绝对值得维护。

三、审判独立和表达自由应该得兼

诚然,作为人类文明制度中的两项珍贵财产——审判独立和言论自由,其关系有时是竞争性的,但司法和传媒之间存在基本的、必要的依存关系。司法活动所囊括的丰富内容,对传媒具有永恒的吸引力。现代传媒所拥有的信息传播力量、广泛社会影响、舆论监督作用,也使得司法再无法忽视它们的存在和作用。在我国内地,传媒舆论监督早有明确的政策和法律依据。《宪法》第35条明确规定:“中华人民共和国公民有言论、出版、集会、结社、游行、示威的自由。”第41条规定:“中华人民共和国公民对于任何国家机关和国家机关工作人员,有提出批评和建议的权利……”这确立了传媒监督的法律依据和宪法地位。概括地讲,传媒正当监督司法是建设民主政治的需要,是人民群众言论自由的需要,也是公众知情权的需要,是审判公开和司法公正的需要。2010年10月,最高人民法院发布了《关于人民法院接受新闻媒体舆论监督的若干规定》,对传媒监督司法活动也作出了更明确和具体的规定。

但观望近年来的态势,这些早已在规范层面解决的问题,在现实中仍屡屡碰壁、冲突不断。有人归结于司法机关对传媒的倨傲和规避,也有人指责传媒妄图摆布司法的种种恶迹。如果说我们仍寄希望于现代传媒无条件充当司法机关的新闻发言助手,这明显过于牵强和幼稚。要知道,二者在特性、职责、规律方面均不相同,表现出的矛盾和冲突是自然而不可避免的。司法活动要求审判人员在办案过程中必须排除外界不正常因素的干扰,以不偏不倚的态度平等对待各方当事人,并全面掌握案件事实信息,以作出符合公平正义价值目标的裁判结果。传媒基于“受众是上帝”的逐利需求,往往热衷于炒作社会热点案件里面的个别敏感信息,捕捉阅读人群猎奇的目光,容易出现与司法机关意愿背道而驰的现象。强行要求传媒跟随司法机关意愿进行报道,即使这报道是多么的枯燥和无趣,以至于不能吸引人群前来付费购买,是不公平也是不现实的。更何况自媒体的出现使得人人成为记者的实然状况,也使司法机关无从下手把控舆论。但是,一切权利均有其边界,对一些不谨慎甚至恶意传媒的无限纵容,必然带来对司法独立公正的严重侵蚀。选择互动和互信,走入平衡与契合,是摆在司法和传媒面前最好的道路。相关举措已有太多有识之士进行论证,我在长期对司法和传媒的思索中,对其中一点感慨颇深:应对传媒监督关键在于苦练内功、提高司法水平、完善司法公开、主动接受监督。传媒之所以能够在过往的部分案件中,屡屡通过舆论掀起巨浪,根本在于人民群众对我们司法工作能否坚守公平正义缺乏信心,因而转头依靠传媒舆论的力量。因此,追求通过摆布传媒以解决舆论危机的做法,无异于缘木求鱼。把司法审判的各项工作做好,提高工作质量,实现司法公正,才是实现司法与传媒良好互动的根本前提。同时,我们强调传媒正当监督,也要坚守独立审判原则,避免一些传媒恶意监督造成的媒体审判问题。

当然,谈及媒体审判,还须厘清一个似是而非的认识上的误区。在我国内地,很多时候,传媒舆论并不是直接对法院和法官造成压力,从而影响案件处理结果的。真正常见的情形往往是:传媒通过一定强度的报道将司法活动的有关信息传递给民众,民众在对各种信息进行判断、评价的基础上形成舆论压力。而这种舆论压力增强到一定程度,即能够引起对司法机关有影响力的行政或其他权力的关注,进而对案件审理预先作出批示、定下裁判基调,司法机关最终按照这种批示和授意作出裁判。从表面上看,好像是媒体报道干扰了审判进程、影响了司法独立,而背后真正的原因却是行政或其他权力起了最终作用。这不是真正意义上的"媒体审判",而是"权力审判"。因此,如果不是从司法权力的配置及其运行的根本制度上着手,而是臆测并夸大传媒对司法的负面影响力,过多要求传媒舆论承担责任,其结果只能是南辕北辙了。联想到我所在的佛山中级人民法院,自 2009 年即开始了以审判长负责制为核心的审判权运行机制改革,通过去"行政化",希望达到"审理者裁判,裁判者负责",最终实现审判独立和司法公正的目标。若能摆脱"行政化","权力审判"也就有希望永远消逝。如今回望这近五年的改革之路,从理念的发轫到方案的确定,从内部的运行到最后成为全国法院的改革试点,每一步可谓充满艰难坎坷,但这项由陈陟云院长经数年构思并主导推行的改革之前瞻性、首创性和引领性毋庸置疑,值得我辈奋勇前行。

司法与传媒要建立并保持良性互动关系,对这一点,最高人民法院院长周强也有充分认识。在近期的一次座谈会上,他强调,一方面,人民法院要自觉接受舆论监督,尊重新闻传播规律;另一方面,媒体要尊重司法规律,依法进行舆论监督。人民法院在审理和执行案件中,对舆论监督既不能无动于衷,也不能为舆论所左右。

行文至此,我想引述美国联邦最高人民法院威廉姆·布伦南大法官的一段话作为结束:"媒体和法院在相互拥抱中紧紧联系在一起,虽然这种拥抱有时并不舒服,但我们仍需要拥抱彼此。我们的利益相互缠绕,彼此无法逃离。”既然如此,在未来的日子里,就让我们以更宽容的态度相互拥抱吧,愿司法与传媒,在互动中互信,在尊重中制衡,在平衡中契合,共同推动法治的前行!

黄胜春，男，汉族，江西省全南县人，1966 年 10 月出生。法学硕士，2013 年入读香港城市大学中国高级法官博士项目。先后在检察院和法院工作，历任检察院书记员、助理检察员、检察员，海口市中级人民法院书记员、助理审判员、审判员、研究室副主任、主任、行政庭庭长、院审判委员会委员、院审判委员会专职委员等职。现为海口市中级人民法院党组成员、副院长，三级高级法官。兼任海南政法职业学院法律专业行业指导委员会专家委员，海口市政府法律专家咨询委员会专家委员，海南大学兼职教授，法学硕士研究生导师，海南省法学会理事，中国民事诉讼法学研究会理事。海南省首批审判业务专家、海南省首批杰出青年法学家。公开发表的法学论文、专(合)著累计 100 余万字，其中在全国法学、社会学杂志上发表法学论文 50 余篇，在核心期刊上发表的法学论文 12 篇，被中国人民大学资料转载中心《诉讼法、司法制度》全文转载的重点论文 6 篇；公开出版的专(合)著 17 部；参加或主持调研课题 9 项，其中参加国家级重点法学研究项目 3 项(其中任副主编的有一项)；主持重点调研课题 5 项。获奖调研成果 35 项，其中获省级以上奖项的有 11 项。

法官自由裁量权的正当性

黄胜春

法官享有自由裁量法权是一不争的命题。但我国内地对“自由裁量权”有着天然的抗拒感，法官的自由裁量权一直以来被作为负面的现象而加以规则、约束甚至打压。显然这是内地法治进程中很不正常的现象。在法院改革被提到异常高度的今天，我们对法官自由裁量权应当要有个重新认识。

一、法官自由裁量权存在正当性的含义

在社会领域，“正当”一词是指人们基于特定价值尺度对社会秩序、制度、行为和思想所做出的判断：符合人们所认同价值的秩序、制度、行为和思想，被认为具有正当性；反之，则被认为不具有正当性。[1] 正当性一词在英语中有三种对应的译法：validity, due process, legitimacy，即有效性、程序公正、合法性。裁判权的正当性自古以来存在神意论、国家机关的强制论、民主立

---

〔1〕 转引自朱良好：“司法裁判正当性来源的法理追问”，载 http://www.civillaw.com.cn/Article/default.asp? id = 36333，2014 年 3 月 4 日访问。

法论、实体法规范论数种学说。[1] 这些学说均有一定道理,人们的认同即合理性,民主立法论实体法规范论即合法性,但是,这些概念欠缺一点即没有意识到正当性源自现实生活需要,即必要性。根据物质决定意识的唯物主义理论,只有物质生活的需要才有可能产生相应的意识,正当性亦脱离不了这一规则。由此可以推出法官自由裁量权作为审判权的一部分,自由裁量权正当性的含义是:法官自由裁量权是指基于现实生活的需要,法官按照法定程序行使自由裁量权且产生符合多数人所认同的公平正义的价值观念的结果。它包含三方面的内容:其一,法官自由裁量权作为审判权的重要组成部分,它的存在有其客观必然性。其二,法官自由裁量权是基于现实生活的需要而存在,它的存在有其内在必要性。其三,法官自由裁量权行使的结果必须符合多数人所认同的公平正义的价值观念,它的存在有其合理性。其四,法官自由裁量权必须依循一定的程序、按照一定的规则来行使,它的存在有其合法性。

二、赋予内地法官自由裁量权的必要性

内地法官的自由裁量权的正当性首先根源于现实必要性。从历史发展与现实必要可以总结出其附随性,最后是由于现实必要性而得到了法律认可,具有合法性。

(一)法官自由裁量权的历史发展证明了其正当性:古往今来均是审判权不可分割的一部分

从前述历史发展中可以看出,法官的自由裁量权是审判权的不可分割的一部分。例如,成文法产生之前,习惯法居于主导地位,法官行使自由裁量权是自然而然之事。虽然 19 世纪作为反对司法擅断形成的大陆法系的严格规则主义有一定进步意义,但仅到 19 世纪后期,机械司法受到普遍指责,自由裁量权又得到了振兴。严格的规则主义存在仅不到一个世纪,与自由裁量权从古到今的存续是无法相比的。起源于英国的近代意义上的法官自由裁量权是与衡平法相伴而生的事

---

[1] 朱良好:"司法裁判正当性来源的法理追问",载中国民商法律网,http://www.civillaw.com.cn/Article/default.asp? id=36333,2014 年 3 月 4 日访问。

物。在我国,法制建设时日短和奉行宜粗不宜细的指导思想决定了法官自由裁量权存在的正当性。可见,法官自由裁量权作为自由裁量权的一种是可以从古今中外法官自由裁量权的历史发展中得到正当性的历史依据的。

(二)内地的现实需要证明了其正当性:飞速发展的社会经济决定其存在的必要性

必要性是指社会生活的现实需要,是法官自由裁量权的根本来源,在国内外均有明显的体现。必要性包括以下四方面,具体到我国现实国情,更是特别强调法官自由裁量权的必要性:

第一,填补现行法律或判例之"黑洞"或"漏洞"的需要。成文法不可避免地会有立法空白与立法模糊,有些是立法者认为时机不成熟而有意不作规定或留给较低的法律渊源先做试验,有些是因疏忽而未作规定,有些是因为社会变迁后,立法未及修订等。这些均需要法官自由裁量权予以弥补。英美法系奉行遵循先例原则,判例法本身就需要法官对判例中所包含的法律原则进行提炼、归纳、总结,本身就蕴含了法官自由裁量权的内涵。遵循先例原则在实践中有三种可能:一是先例可以适用于当前案件的情况下,先例的价值不仅仅在于它能够引导裁判者作出裁判,而且同时还在于约束裁判者,也提供一定程度的自由裁量。[1] 二是先例部分适用于当前案件的情况需要法官运用自由裁量权斟酌决定多大程度上采用先例所体现的精神与原则。三是先例不适用于当前案件,无先例可循时,需要法官更大的自由裁量权。

第二,弥补法律滞后的需要。法律制定后不能朝令夕改,成文法固有的特征决定了法律颁布具有一定的稳定性,但社会生活却一直处于变动状态,法律的稳定性与社会生活变化发展之间存在矛盾。这决定了法官必须有一定自由裁量权来应对社会生活中的新问题。在英美法系,同样也存在法律的稳定性与灵活性的矛盾问题。英国著名学者伦敦经济学院教授尼尔·德克斯布里(Neil Duxbury)在其著作《先例的性质与权威》

---

〔1〕 Stephen Waddams, AUTHORITY, PRECEDENT, AND PRINCIPLE, 59 *Univ. of Toronto* Law Journal, Winter, 2009.

(剑桥大学出版社2008年版)指出："普通法体系同时需要稳定性与灵活性，先例原则同时满足了这两种需要，如果只取其中一者，绝对严格的适用先例或适用先例过于宽松都不能同时实现法律的稳定性与灵活性相结合这一目的。"在英美法系，为处理法律的稳定性与灵活性的矛盾，也需要法官自由裁量权。

第三，实现个别正义的需要。成文法国家的法律具有普遍适用性，不是针对个别情况制定的。法官自由裁量权是实现实质正义的必要条件。就英美法系而言，有时候遵循先例会带来个案的不公正，无法实现个别正义。罗德曼彻离婚案的上诉法院法官在判决书中明确指出"为使双方当事人之间的补助救济诉讼实现公正，授予法官广泛的自由裁量权是一项合法的实践"。[1]

第四，调和不同法律渊源之间矛盾的需要。在我国内地，有些渊源的冲突是《立法法》未明确规定协调依据的冲突。例如，同等级别的渊源之间的冲突，如何协调？某一诉讼双方当事人处在不同省份，各省对同一问题均有自己的省级地方立法，这种冲突需要审理案件的法官运用自由裁量权作出适用的决定。

第五，我国内地现实国情更是强调法官自由裁量权。我国内地法制建设时日短的历史情况、幅员辽阔的地理情况、成文法的立法体例的具体国情成为法官自由裁量权必然存在的依据。我国内地全面法制建设始自十一届三中全会以后且初期立法奉行的"宜粗不宜细"和"成熟了的先规定，不成熟的暂缓规定"的指导思想。一方面法制建设时日尚短，另一方面是"宜粗不宜细"的指导思想。这造成我国法律体系中立法不能反映现实的情况大量存在，立法不能回应社会需要的空白大量存在。现在又适逢经济全球化浪潮袭来，我国也正处于社会转型时期，立法赶不上社会生活的千变万化，面对着纷繁复杂、数量激增的纠纷，法律滞后的矛盾异常突出，同其他国家一样，为解决法律不能及时反映现实的矛盾，法官自由裁量权的存在成为必然。

---

〔1〕 Radmacher, formerly Granatino v. Granatino, Sub nom NG v KR (prenuptial contract), Court of Appeal, Civil Division, [2009] EWCA Civ 649; [2009] All ER (D) 31 (Jul), 2 July 2009, judgement, pp. 51 – 53.

我国幅员广阔,经济发展不平衡,立法要兼顾全国的情况,只能是放宽幅度,在一定幅度范围内允许法官自由裁量。典型的例子是,交通事故或人身损害赔偿数额问题。各项赔偿数额的计算均是以所在省上一年度的均年收入为依据来计算,我国东部与西部的人均年收入相去甚远,故立法只能对计算方法作出规定,具体数额留给法官根据各省公布的数据予以裁断。

由于我国采用成文法的立法体例,前述的其他各国存在的法律的"黑洞"或"漏洞"、法律滞后、无法体现个别正义、不同法律渊源之间存在矛盾等情况在我国均有不同程度的存在,并且有些情况还较为严重。这一切均呼唤我国法官自由裁量权来解决矛盾。正是由于上述必要性而使法官自由裁量权发挥对应的功能成为必要,法官自由裁量权的必要性与其发挥的积极功能是法官自由裁量权正当性的重要证明之一。不能因法官自由裁量权本身存在被滥用的可能和群众的误解而拒绝法官自由裁量权。

(三)附随性与客观性证明了其正当性:客观存在而不以人的主观喜好转移

附随性是指法官自由裁量权是审判过程中固有的、并存的因素,是法官行使审判权所不可回避的、无法摆脱的、附着于审判权的一部分。无论是前述的古今中外的历史发展还是当下国内外社会生活的现实需要都表现出民商事审判法官的自由裁量权是附着于民事审判权的一部分,是客观存在的、不可回避,是不能因人的主观好恶而以主观意识剔除的东西。之所以将附随性与客观性专门予以强调,是为说明我们必须正视它的存在,才是科学的态度,不能认为提及法官自由裁量权就是审判权的滥用,民主进程与法制化程度与法官自由裁量权有一定联系,但却不是绝对、必然的联系。英美法系国家民主化程度较高,也不是对自由裁量权一味放任,不进行任何控制。大陆法系的德国、法国并未因严格限制法官自由裁量权而影响到其民主化与法制化发展。我国封建社会君王、官吏擅断权力极大也并未体现出任何民主化迹象。当前,我国在进行民主与法制建设过程中需要民商事审判法官拥有广泛的自由裁量权,当然对待法官自由裁量权要扬长避短,因势利导。

（四）法律规定证明了其在法律上的正当性：经由法律授权而获得合法性

法官自由裁量权的必要性，经过法律确认后，就具有了合法性，其体现在三方面：一是主体合法。我国《宪法》第 123 条、[1]《法官法》第 8 条第 1 款第 2 项[2]实质上间接地赋予了法官自由裁量权的合宪性与合法性的性质。二是符合实在法的规定。我国现行的民商事实体法、程序法或明示或暗示地多处体现了法官自由裁量权的内容。三是行使程序符合规定。在裁判文书中要对为何行使自由裁量权、在何种程度上行使裁量权作出说明，甚至要作出量化的详细的说明。能做到这一点的自由裁量权方在程序上合法。这方面，是我国目前审判实务中所欠缺的，是需要深入研究的问题，是司法改革的方向。

（五）当前司法理念的要求证明了其正当性：法官自由裁量权是能动司法的必然要求

2009 年 9 月初，最高人民法院院长王胜俊同志在江苏调研时指出"能动司法是新形势下人民法院服务经济社会发展大局的必然选择"。能动司法理念成为我国当前司法工作的指导思想。能动司法也称司法能动主义（judicial activism），历史渊源已久。大陆法系由于受成文法传统的限制，法官的能动性受到极大限制，仅在法国大革命以后，法官的能动性才开始加强。英国具有判例法的传统，英国法的产生与发展就是一部法官能动司法的历史。[3] 美国的能动司法是一种法官的能动性高度发挥的司法模式，联邦最高人民法院的宪法解释和司法审查将法官的能动性发挥到极致。20 世纪 40 年代，正式出现了能动司法的概念，60 年代，司法界正式开始使用能动司法的概念。[4] 受其历史渊源的影响，在国外，能动司法的主要是在司法审查和法官造法的角度上对法官能动性的界定。

自新中国成立以来，我国一直在实践着能动司法，但是直到 20 世纪

[1] 该条和第 126 条规定，"中华人民共和国人民法院是国家的审判机关，人民法院依照法律规定独立行使审判权，不受行政机关、社会团体和个人的干涉"。

[2] 该条款规定，法官依法审判案件不受行政机关、社会团体和个人的干涉。

[3] 房东升："能动司法及其在新中国的实践"，南京师范大学 2009 年硕士学位论文。

[4] 范进学、冯静："司法能动主义在中国：司法哲学之可能走向"，载《云南大学学报》2010 年第 2 期。

90 年代末，西方的能动司法的概念才正式在我国开始传播。我国的能动司法理念与西方能动司法理念不完全等同，有着自己独特的内涵：我国的能动司法与违宪审查无关，我国能动司法是指在法官在司法过程中，在遵循一定法律原则的前提下，灵活处理案件，以期实现比僵硬的适用法律更良好的法律效果、社会效果、政治效果的理念与实践。其内涵主要有两层：一是司法机关有一定的独立于立法权和行政权的倾向；二是司法权积极参与社会，通过广泛的司法参与推动国家在政治、经济、社会层面的广泛进步。[1] 新中国成立之初直到改革开放前，为维护新生国家政权的需要，能动司法主要体现为镇压反革命，维护无产阶级专政。改革开放以来，能动司法性的方向是为经济建设服务。这都是能动司法在国家政策中的体现。直至 2001 年 12 月通过的最高人民法院《关于民事诉讼证据的若干规定》才从法律上肯定了法官在举证责任分配、证据的审查判断、非法证据的排除适用、证明标准等方面的自由裁量权，彰显了一定的司法能动性。[2] 这几方面，与法官自由裁量权的分类有着惊人的一致，不谋而合。

能动司法在司法过程中主要体现在程序问题处理中的司法能动性、事实认定中的司法能动性、法律解释与适用中的司法能动性以及作出判决时的司法能动性。无论是在个案审判实践中还是在最高人民法院宏观工作指导中，能动司法确实存在，法官可以在个案中行使自由裁量权能动地处理程序问题、认定事实、评判证据、能动地适用法律、作出裁判或进行调解，诠释法律不局限于法律条文本身，注意利益平衡，协调好法律效果与社会效果的关系。最高人民法院通过颁布司法解释、针对具体案件作出批复以及在《最高人民法院公报》、《人民司法》等刊物上发布案例等途径能动地指导各级法院的工作。

根据能动司法在司法过程中分为具体案件裁判与最高人民法院的宏观指导两类。能动司法的优势体现在：一是具体案件审理中贯彻能动司法理念可以实现个案正义。法律总会存在立法空白、局限性、滞后性等问

---

〔1〕 吕明："从司法能动到司法克制"，载《政法与法律》2009 年第 9 期。

〔2〕 剑扬、舒秀琴："论能动司法的实现"，载 http://www.dffy.com/faxuejieti/zh/200911/20091110223527.htm，2014 年 3 月 5 日访问。

题,可能会导致个案中的实质不正义,而贯彻能动司法理念、灵活地适用法律正可以弥补这些缺陷,实现个案正义,得到的结果也比依靠国家强制力或空口劝说更有说服力,进而增强司法权威,有利缓和法律和社会之间的矛盾。二是最高人民法院对各级法院能动的宏观指导工作有利于弥补法律空白、有利于积累司法改革经验、有利于法律体系的完善,从而加强权利保护。久而久之可以积累立法经验,促进立法改革。这两个层次的优势又与自由裁量权的各级功能不谋而合。

从法官自由裁量权的分类和功能与能动司法的体现及优势惊人的一致性,可以得出结论,法官的自由裁量权是对当前能动司法理念的最好回应,是贯彻能动司法理念的必然要求。法官自由裁量权是能动司法的重要内容之一,两者相互呼应、相得益彰。这一点是法官自由裁量权在司法理论上的正当性证明。

综上所述,法官自由裁量权的正当性是在历史发展中得到了证明,是现实生活中的必然要求,存在有着不以人主观意志为转移的客观性,经由宪法法律授权而得到了合法性,是对当前能动司法理念的约好回应,因而具有十足的正当性。我们有充足的理由向社会宣示:法官享有自由裁量权有其正当性。

三、宣示法官自由裁量权正当性的意义

自由裁量权之“自由”让非专业人士望文生义,有意或无意地曲解为“恣意”、“随意”,涉及诉讼问题、司法权行使领域时,有些当事人与法院对某些问题认识不同,有些裁判的确存在或程序上或法律适用上或事实认定上的瑕疵,也有小部分当事人无理取闹,只要自己官司输了,就心存不满……出于各种原因而形成一种偏见或说是误解,将法官自由裁量权理解为司法擅断,是不受法律约束而由法官任意胡为。许多法官矫枉过正,由于惧怕当事人误解,害怕遭受惩罚而不敢行使自由裁量权,僵硬地办理案件,也带来了与滥用自由裁量权一样的后果。为纠正非专业人士的错误认识,为澄清当事人的误解,为支持法官正确行使审判权,理直气壮地运用自由裁量权以实现公正司法,很有必要论证法官自由裁量权之正当性。法官自由裁量权之“自由”与通常意义上的自由有类似之处,通

常意义之自由,也并非不受约束。例如,至少要受宪法法律约束,不得攻击国家政权、阴谋推翻社会主义制度,不得侮辱诽谤攻击他人。法官自由裁量权作为审判权的一部分,比通常意义之自由受到更多约束,按照其自身规则运行,受诉讼程序约束,受审判权内在特征的约束。

总之,经济飞速发展,立法严重滞后是我国的现实状况,而法官自由裁量权存在绝对的现实必要性。我们对待法官自由裁量权应当采取宽容的态度:承认并宣示其正当性,也正视可能的滥用等异化的可能性。在承认其正当性的前提下,对法官自由裁量权进行适度的规制。如此,可以支持法官正当行使自由裁量权的合法裁判行为,可以在一定程度上令当事人息诉服判,可以向非专业人士澄清误解,最终实现司法公正之目的。

葛迪，男，生于1972年6月，法律硕士，四级高级法官。1994年从西北政法学院行政法系毕业后，分配至海南省高级人民法院工作；1996年9月调至陕西省高级人民法院，历任书记员、助理审判员、院办公室秘书科科长、审判监督庭副庭长，审判管理办公室副主任、主任。近年来，作为主要撰稿人参与完成《社会转型期人民法院职能的转变》、《应对民诉法审监程序修改的调研》等全国、全省法院重点调研课题。

法官职业化是法官独立的前提。

法官随感

葛　迪

法官是个亘古恒新的职业，历史上圣人、巫师、獬豸、哲人都曾被赋予法官角色的象征。无论怎样定位，在正义与邪恶之间、是与非之间，做到泾渭分明、不偏不倚，恰当地安排和调整利益，维护社会公平正义，从来都是法官的天职。

法官这一职业推崇正义，对客观理性的要求很高，没什么诗情画意，更不允许浪漫多情。但是，面对复杂的世俗纠纷，面对中国特有的人情社会，法官应有的担当是什么，该如何在审理案件中平衡法理与情理，却是一个与理论关系不大的命题，需要每个法官内心恒久的感悟和修为。

一、现实环境下中国法官的角色定位

作为法官，首先得知道自己从哪来。1994 年，我在海南省昌江黎族自治县人民法院的一个小法庭做书记员。卡夫卡也曾干过这个角色。我的职业生涯一开始就和普通百姓的生活保持了很近的距离，从中看到的是中国最基层的社会矛盾和民生疾苦，以及独特的民间秩序。法庭里整日处于吵闹状态,不时传出哭喊叫骂的声音,表达着各种极端的情绪。面对最普通的形形色色的民众,面对看似琐碎却棘手无比的诉讼事务,实际上就是面对人生中的生与死、爱与痛、是与非,也面对着正义与邪恶、卑鄙与善良。法庭里有一位姓符的法官至今我还记得。当时他50多岁,生于斯长于斯,从军队复员转业回来已近30年。因为学历不高,“衙门”太小,他能做到的最高职务无非就是庭长,最多副科级而已,而此前,他已经在基层人民法院法官这个职位上做了20多年了。符法官每年个人办案近百件,大多是婚姻、家庭和邻里纠纷,几乎全部调解结案。按照当下的标准,他一定可以入选“最美”乡村法官了(可是,这种“最美”往往包含着一个人的无限艰辛和一群人的茫然无助)。要知道清官难断家务事,何况是在没有多少法制环境的海角僻壤。昔日的乡亲爱人一旦闹将起来那是比仇人还要眼红的,但他接诉处理的案件若干年来上诉的屈指可数,往往是双方当事人打着进来,过两天分别带着笑意来道谢,那满满的感激可能是一只土鸡,也可能是自家地里新摘的芒果和蔬菜——当然,这些照样被符法官或者说着笑着,或者“骂”着就拒绝了。符法官跟我说过,他文化程度不高,但他深谙乡土民情,“法官只要把世事人情都照顾公平了就行得通”。民间有高人,也有高明的智慧,他们讲不出概念、说不出理论、写不出论文,却满嘴是风趣睿智的话语。基层语境中没有形而上和伪问题,全都是些实实在在的题目。这些题目,符法官做的顺利圆满,为什么?如他所说,我本来就是老百姓,当然明白百姓的心思。

随着在高级人民法院供职愈久,工作的环境仿佛逐渐远离了柴米人生,这种具有乡土气和民间智慧的法官越来越少见。一是中国传统意义上的法官首先是政治家,县官大人同时也是法官,这是行政、司法合一的封建体制所决定了的。即使目前,对法官的价值认可大多也表现在职级上,其职业特点也更多是被“官”的光环笼罩,而官与民是有别的。二是法官越来越专业化,高学历、高层次、高水平成果成为追逐目标,至于接不接地气,似乎并不重要。随着年龄增长,内心逐渐自觉地追求清醒平和,职级和专业高端固然有价值、有吸引力,但从事法官职业的初衷依然在心内扎根,符法官的话也一直在耳畔萦绕。

法律是一种抽象化智慧,往往将具体生活中极其复杂的东西浓缩成十分简单的表述。法治作为一种强调社会整体秩序的理性建构,会在无意中忽略甚至压抑个体生命的内心感受。但从根本上来讲,作为社会矛盾纠纷的一锤定音者,法官的洞察力和感悟力终究离不开对人间万象的直接面对。法学家喜欢渲染司法职业的专业化,我却更愿意相信"人同此心,心同此理"。法律是一种社会规范,所有的法律规定无外乎天理人情和具体国情。中国传统的正义观中,格外重视情理的价值评判。中国的理既是世俗法律的渊源,又是世俗法律的补充,更是对世俗法律的超越。这些经数千年积淀形成的价值信念、伦理规范、道德观念、风俗习惯、意识形态等,洞穿时空,影响至今。它以一种无形的存在影响着民众的内心世界,成为规范和调整人们行为的非正式规则。虽然在强大的社会变迁中,这些规则不可避免地受到了不同程度的冲击,但其仍具有难以割舍的情结,成为代代相传的文化之一部分。做法官,首先就要懂社会、懂人心,既需要揣摩、思考、默语静观,更需要倾听、走访和主动对话。类似田野调查的工作、县里乡上的事情、生活中的世故百态都是理解和应用法律过程中必不可少的功课。法官所面对的法律事实,从根本上来讲也是社会事实。法条没有穷尽法律,法官担负着阐释法律的职责,而阐释法律离不开对社会现实的透彻理解。同样的事情,不同的人看到的内涵不同,得到的结论也很可能迥然不同。

大学毕业至今20年过去了,我和每一个法官一样,在成长中接受了诗意、浪漫、幻想的流失,但多年前在符法官身上感受到的东西却清晰依旧:法官就是把世事人情都照顾公平才行得通,我们来自乡土,植根于乡土,服务于乡土。

二、法官要协调法理与情理的现实矛盾

近些年,陕西法院在工作中推行了"审判五进(进农村、进社区、进学校、进机关、进军营)"和"征询旁听庭审群众裁判意见"等活动。每每到案件实地调查、开庭,或者到基层调研,都有不少触动和收获。传统与现代、落后与改革、旧观念与新体制长期并存的状况,使中国问题在司法领域充斥着复杂性与严峻性。以简单粗暴的思维和方法,无法应对我们的法律实践。法律规定的适用和解决现实问题的统一调和在这片土地上将

会是一个长期的过程。包括法官在内的法律人往往对法治理想青睐有加,却忽略了对现实需要的理性回应。

今日中国,地域发展的不平衡更需要规则体系的网络化。成文法的统一性和社会规范的多元化相辅相成,作用于不同空间、不同社会关系层面,平复并维护秩序稳定。面对鲜活的现实,法官需要一个社会学的视角,理解道德规范、公序良俗,甚至乡规民约、惯例等对人的行为产生的影响,接受其作为民间守法基础的合理性,在裁判逻辑和法律思维中增加"对情理和常识的重视",摆脱适用法律的教条化。这种关注引领法官更好地理解法律的原则和精神,从简单强调条文绝对主义、惟法条是从,到平衡"文本的法"以外的规则因素,在案件裁判中合理恰当地选择法律。与此同时,还应看到,情理与法在一系列问题上虽是精神契合的,但在具体个案的表现难免会有差异,这需要法官用智慧消除和淡化冲突,使裁判结果最大限度被社会认同。为此,法官必须深入社会,对各种社会关系广泛深入地参与、了解,在各类矛盾和利益冲突中去发现法律、理解法律,这才是法律本身发展以及法官个人发展的不二法门,否则,司法就会反日常、反人性。

吴经熊先生说:"吾人研习法律,应当知道'正义'是以'真'为基础,以'善'为目的,而以'美'为本质……正义的'美'是不能用言语来描写的。"反观当下,我们研习法律的功利目的过于强烈,表达过于直白,法律职业理想囿于实用,法律思想也不免浅薄。法官的安身立命之本固然是法律知识与技术,但是,仅有此是远远不够的,把法官仅当成饭碗是危险的。就如同一个医者,如果只是拿病人开刀做了实验,自己的医术从此高明了,从业风险也降低了,可仁心不存,仁术何来?英国近代著名法官柯克一再强调,法律是一门艺术,需要长期的学习和实践。的确,法律知识无法同一个人的人生经验分离开来,一个好法官的高明不在于照本宣科,而在于在规则与事实之间游刃有余。法律不是世俗理性,却又植根于世俗生活之中。金科玉律并不排除世俗,只有不断地追问现实生活的合理性、正当性,才能准确判断真与假、是非和曲直。司法权本质上就是判断权,只有正确合理判断,法律规则才能渗透到人世生活中,最终形成人们对法律的内心认同。

当然,这绝不是要混淆法律和社会政治、人理伦常等的边界,更不是要弱化司法独立性和权威性。现在中国推崇和谐司法,最重要的首先就是审判案件要坚守独立和规则意识。但同时,中国特色的司法实践又赋予了司法理念新的内涵:在坚持司法权威性的同时,增加司法的亲和力;在遵守程序公正及形式合理原则的同时,强调对弱势群体和实质正义的关注;在司法的刚性和被动中,注入人性化和多元化元素。这些微妙的变化,出发点和落脚点就在于强调司法的纠纷化解效能,强调在个案中实现社会效果与法律效果的统一,这样才能真正实现"案结事了人和",而欲达致此目的,则必须情理与法理并重。

三、当下中国法官的社会使命

法律总是或多或少地影响着人们的生活和心灵。法官代表国家所作的裁决不仅可以影响或改变一个人、一个家庭的命运,而且它阐释的规则和彰显的价值可能会传递得更远。从某种意义上说,法官的影响力的大小,可以看作社会法治成熟程度的一个标志。中国的法官并不在知识分子的主流位置。长期以来,中国法官群体里面很少产生过思想家、哲学家甚至是名副其实的法学家。中国法官的话语影响力似乎仅仅局限于政法界,事实上,有公开场合发言机会的也大多是法院院长这样的行政角色。法官群体更多的是一个沉默的司法事务的忙碌者,而没有真正成为社会不可或缺的法治精神的代言人。

毋庸讳言,当下中国整个社会体系面临道德危机和秩序危机。建立在平等、自由、权利、正义等价值体系基础上的"诚信",是眼下最稀缺的社会资源。频频爆料的新闻事件不断突破公共领域的伦理底线,在感叹世风日下、人心不古的同时,引发的躁动、恐惧使人人都失去了安全感,激化了的社会矛盾不断演变为一个个活生生的司法案例。中国又是个熟人社会,欠缺的是对规则的承认、尊重和信仰,凡事依托人情、人际网络的运作模式,当事人不相信司法制度,"案子一进门,两头都托人"。打官司请律师,不关心你的专业素养和职业经验,关心的是你在法院有没有过硬的关系。通过关系运作寻求公正的方式,使法官承受了不能辩白也无法辩白的来自公众的不信任压力。公众对法院的满意度降低,司法腐败成为街谈巷议的焦点,法官职业成为高危职业之一。

法是一种公平正义的行为习惯,法治的根基在于信仰与习惯。法制精神反映着一个时代、一个国家或者地区人们的生活方式,也体现着一个民族长久以来形成的独特的民族精神。一个国家的法律一定体现了它特有的文化。中国社会传统思维中比较欠缺理性,人治的色彩浓厚地涂抹在每一个盛世颓朝。但是,进入了一个如此嘈杂混乱的后工业时代,在社会分工越来越精细、社会连接越来越密切、人和人的关系无比复杂而纠结的今天,法律规则与法律话语确实应当贯穿于人的生活始终,人们如同需要水和空气一样,需要法律的诠释与运用,社会如同需要筋骨血脉一样需要法治的维护。博登海默说:"法律作为一种行为指南,如果不为人知而且也无法为人所知,那么就会成为一纸空话。"不同于小国寡民时代的老死不相往来,在当代中国,处理人与人之间的权利纠纷与冲突是莫大的难题,这其中法律信仰和法律思维是最重要的。一个心智全面发展的现代人,都应该有基本的法律意识和思维,安全、秩序、权利、合作是现代人生道路上不可或缺的东西。法律理性带给人们克制、从容、有序,可以最大限度地遏制极端、任性、盲目、冷漠等,而这意味着价值取向的成熟。正如伯尔曼所说,"法律不仅是世俗政策的工具,而且还是生活终极目的和意义的一部分"。

法官是法治社会中纠纷的最终裁决者,也是法治精神最好的代言人。对于芸芸众生而言,他是帮助人们解脱困境、处理纠纷与冲突的最好仲裁者,同时法官有义务通过自己的对讼争的裁决,通过自己的言行,向大众示范,如何用法制的眼光看待和解读世界,营造一种常态的生活环境,因为理论和价值的构建比只解决某些实际问题影响的面更广,层次上更高,虽然它的成效最缓慢。在我看来,好的法官应该是这样的:厚爱于人,薄念私利,尚法忠诚,修正其身。他能维护人的尊严、理解人性的弱点、善于理性沟通,通过每一件讼争的裁决,告诉人们怎样能离我们理想中的文明、民主、自由的生活更近。法官应当是在法制环境下话语权最多的人,因而,他要担当一个淳良的导体,无论社会环境多么嘈杂、混乱,他都要保持说服的努力和抗争的勇气,有义务向整个社会传达法律理性、维护法律氛围。

《金刚经》中有一个故事,讲的是生命中有三重力量:一曰对抗;二曰尊重;三曰牺牲。牺牲的境界对我辈凡夫俗子来说不是能轻易做到的,但法官至少应该拥有对抗的锐气和尊重的理念。作为仲裁者,法官在执法裁决过程中一方面是用暴力的手段对抗虽少但危害极大的各种邪恶,但更多的则应该是用非暴力的手段订正虽多但危害较小的各种错误,尽量尊重个体,尽量保障个体对安全、秩序、权利的需求,抑恶扬善、定分止争,实现社会生活的稳定、和谐。

蒋新华，女，1962年5月出生，中共党员，研究生学历，1984年毕业于西北政法大学法律系，分配至乌鲁木齐铁路运输中级人民法院，历任书记员、助理审判员、审判员、经济庭副庭长、庭长、研究室主任。2001年以全新疆第一名的成绩公选到乌鲁木齐市中级人民法院任党组成员、副院长；2009年12月调入新疆高级人民法院任审判委员会委员、民二庭庭长；2013年6月任新疆高级人民法院党组成员、副院长。期间于2003年在清华大学学习公共管理，2006年赴美国伍德柏瑞大学学习政府公共管理，2009年中央党校新疆班学习，2012年9月赴香港城市大学参加第六期中国高级法官研修班学习(SJ)，2013年9月参加香港城市大学与国家法官学院联合举办的中国高级法官博士班(JSD)学习，担任新疆财经大学等6所大学的客座教授和硕士生导师，兼任多家法学研究专业委员会副会长或理事，被清华大学、国家法官学院、浙江大学等多所大学邀请作专题、法律讲座百余场。在核心期刊发表多篇法学文章，并获多项论文奖。多次评为优秀公务员、荣立三等功二次、2010年当选新疆十大优秀法学家、2011年当选“全国审判业务专家”、2011年被中宣部中国法学会评为2006年至2010年全国法制宣传教育先进个人。2011年被最高人民法院评为全国审理破产案件先进个人。

天平的分量

——来自天山之麓的法官情怀

蒋新华

虽然距离大海最远，上苍却用大海一般宽广的胸怀，带给我无数相互追逐浮想联翩的浪花；虽然身处大漠深处，生活却像无声的绵绵细雨，润泽我浮沉跌宕绚丽多彩的人生。在浪花与细雨的融汇中，在法与情的交织中，伴随着30载年轮的默默更替，我犹如沙海中沉淀的一粒沙，怀着对法律的尊仰和眷恋，执著地守护着社会的最后一道防线，无怨无悔。特别是当我有幸步入香港城市大学攻读法律博士的殿堂时，内心澎湃和对梦想的渴望令我动力有加。因为一名西部法官承载的不仅仅是对法律的挚爱，还有对法律价值的定位和对天平分量的衡定。

一、梦的色彩

好梦成真是亘古以来最浪漫的期盼、最美好的向往。童年时代的梦总是多姿多彩，常常植根于脑海深处令人回味荡然。小学三年级时，当我人生第一篇小作刊登于报时，就为我的梦想饱蘸了童话般的色彩，也承载了我少女时代渴望成为一名新华社驻外记者的遐想与期许。粉红色的浪漫之梦毫无声息地深深镌刻在我青涩的童年记忆之中。那时每当我看到新华社发布的新闻就感到非常神圣和向往。文化闭锁的70年代,我就读小学旁边的一个小小书店就成了我追寻梦想的知识乐园,每天放学后必去光顾,而寥寥无几的书刊也很快就成了我家书柜中的新客。古训云:读万卷书,行万里路,阅人无数。这也成为了我们家的家风。在那个商品匮乏、知识贫瘠的时代,每当父母去外地出差,逛书店则成了我的首选。犹如蚂蚁搬家式的购书,使我拥有了各种书籍。在知识熏陶和感染下我悠然地享受着书中每一个文字带给我的睿智和快感,细嚼着精神食粮的甘醇与厚重,品味着"小荷才露尖尖角"的非凡感受。我记忆犹新的美好童年,就是这样娴舒自由地漫步在浩瀚的书海中,欢快幸福地行走在祖国大地的山水间,尽情地汲取着知识的养分,领略着辽阔大地的秀美景色和风土人情,追随着太阳的脚步,轻松地走向高考,走近圆梦的世界。

事不遂愿,填报高考志愿时,一向给我厚爱与自由的父亲却改变了我多年梦幻的色彩,为我选择了从未感知的法学专业。惊愕之余,我无奈地遂从了父亲的意愿,诚惶诚恐地跨入了毫无感性认识与兴趣的法学门槛。那一刻,我编织多年的"记者之梦",就这样被如山的父爱挥笔改颜换色了。

二、厚爱如山

俗话说"父爱如山,母爱如水",那种山水辉映的厚爱是用言语无法表达的。父亲厚重沉稳和博学多识,从小就让我感受到言传不如身教的无限魅力和强大的感召力,而且这种影响一直延续至今,甚至深深地影响到我已是研究生毕业的儿子;母亲的秀外慧中和知书达理,从小就熏陶着我对人生价值的定位和气质品位的定格,因此,由我母亲抚养成人的我的儿子也是在沉稳中蕴含着绅士般的儒雅。父母秉持对儿女"授人以鱼,不如授人以渔"的古训,用博大有余的胸怀和厚重无边的深爱无私地、不图回报地成为我人生之路的方向盘和助推器。父母不仅是我的第一老师,也是我一生永远读不尽的最好教科书。为了让我专心致志地学习和工作,他们含辛茹苦地替我承受着育子的重任,直到儿子就读名牌大学并远赴海外留学。

我走上法官这条路，就是出于对父亲职业的一种尊重和敬仰。作为我人生第一导师的父母，在我的成长之旅中，无论我走出哪一步，都伴随着严父的教导和慈母的嘱咐。父母教会我“宠辱不惊”的淡定，也使我崇尚“上善若水”的宁静。工作中无论遇到困难和挫折，父母总是在第一时间，用雪中送炭般的温暖为我舒心解难，坚定我对未来的信念和前行的脚步，使我时刻感受到行进中的力量和父母之爱的伟大。当我取得成绩时，父母又总是掩饰心中的喜悦，像久旱的甘霖，润物般平息我起伏的情绪，以平凡的心态淡泊名利。

2001年我以新疆第一名的成绩，从乌鲁木齐铁路运输中级人民法院研究室主任，公选到乌鲁木齐市中级人民法院任副院长。上任前，父亲送给我一句话“千里之行始于足下，让组织和家人放心”，至今我还铭刻在心难以忘怀。2010年我作为全疆公检法系统唯一的候选人当选“新疆十大优秀法学家”，父亲看着证书沉默了许久说道“成绩只属于过去”，言简意赅的七个字，令我感悟良多，受益匪浅。2011年我被最高人民法院授予“全国审判业务专家”，作为全疆唯一的当选者，进京领奖后，我第一时间将喜讯告知父亲，并期待着与他分享的快乐情景。父亲的目光却久久地停留在荣誉证书，脸上仍旧平淡如常，然后语重心长得说“木秀于林风必摧之，只有抱朴守真，方可宁静致远”。我担任新疆高级人民法院副院长后，父亲叮咛我“高处不胜寒，要虚怀若谷，严于律己，宽以待人”。虽然，每一次成绩的取得从父亲的表情上看都很平静，从未赞扬过我，但是，我深知他的内心的不平静和喜悦，只是他以深邃和淡定深深地影响着我，无声地鞭策着我，使我退却感性，让位理性，始终让我在法官之路的行进中“不以物喜，不以己悲”。所以，每一次接受专访时，我都会情不自禁地表露出对父母的深深感恩和无限眷恋。因为，我肩上所扛的天平分量中有父母和家人无私给予和支持的亲情砝码，在我心中重如泰山。

三、法的诠释

30年风雨春秋，我走过了三个法院经历了多个岗位，最深的体会是在法、情、理的交织中，中立角色对天平分量的影响，因为公信是建立在公平公正砝码上的社会认可度。

科学家亚伯·爱因斯坦说:“毋须做成功之士,宁做有价值的人。”对此,我感悟颇深。虽然当初选择了与自己梦想甚远的法官之路,但是,既然选择了就应义无反顾地坚守永恒,做一个对社会有价值的人,既是人生的不懈追求,也是法官神圣职责的崇高境界。

每当工作中遇到困难,萌生退缩之念时,父亲的激励总是令我孜孜不倦,“人生之路犹如登山,每一个高度都意味着不同的景色,唯有坚持,才能攀高望远”。因此,无论是做书记员、审判员、审判长,还是庭长、副院长,我都能理性地面对,始终以平静之心淡泊法律以外的名和利。我对法的诠释有着浓厚的炽热与执著,因为我对法的敬仰已深深地植根于心。

司法实践中,针对弱势群体案件和容易引发社会不稳定因素的集团诉讼的案件、新型和疑难案件,我都亲力亲为,真实感受作为一名中国法官践行司法为民的不易和分量以及当事人对司法公正的期待与渴望。新疆德隆事件爆发后曾轰动全国,其两大公司破产案堪称史无前例的特大案件,因为案件涉及多家关联公司和子公司的兼并、重组、破产等一系列法律后果,其难度和复杂性可想而知。作为审判长,在巨大挑战面前,为最大限度地保护债权人的合法权益,在坚守法律底线的前提下,拓宽审判思路,充分发挥债委会的特殊作用,采取“三勤”工作方法,规范资产处置,降低清算成本,力争资产效益最大化,使案件平稳推进。在彰显法律刚性的同时,也让债权人感受到法律柔性带来的人文色彩。

法官是正义的化身,对法的最好诠释就是在公平正义中寻求法律与事实的融合点。作为一名中国法官不仅仅需要具备深厚的法学理论功底,还必须具备法律以外的综合素质,在天平的两边衡定法律砝码的同时,社会效果也不容忽视。记忆中,经历的两个案件至今仍值得回味:

一名维吾尔族当事人的妻子因临产住进某医院,产妇因患有妊娠综合征,难以自然分娩。他一时难定主意,入院几天后终于签字同意剖腹产手术。结果产下一重度脑瘫患儿,由此发生医患纠纷。原告认为儿子脑瘫的后果是医院医疗过错所致,医院抗辩是原告迟迟不肯签字导致产妇宫内缺氧羊水老化所致,双方互推责任。一气之下原告把孩子撇手医院扬长而去,并一纸诉状以人身损害赔偿将医院告上法庭,诉讼请求高达

900余万元。虽经法院多次开庭调解,都无果而终。案件转到我手里时,已过去了近2年,患儿也在出生医院的新生儿室留滞了2年多,给医院带来了经济和声誉双重影响和压力。原告从此也走上漫长的进京上访之路,并提出由主管院长承办此案。接案后,我确认此案不能机械适用法律条款就案办案,最好的解决途径就是在互谅互让的基础上达成调解协议。虽然医院诊疗过程没有过错,但医院惧怕患者的高额索赔和闹访,擅改入院时间,其行为也是法律所禁止的。在双方激烈的矛盾争执之下,面对这一特殊案件,我反复耐心细致地给原告释明案情和法律适用,还专程去医院看望患儿,并认真研究《古兰经》中伊斯兰民族的习俗,最终使双方当事人达成调解协议,历时2年多的难案终于画上了圆满的句号。

由此可见,在民庭做一名法官,不能只按法律条文机械地去判案,还应在"情理"上作考量,有时要设身处地地为当事人的困境着想。法院是化解社会矛盾的具体执行者,法官的法理功底固然重要,但是社情、风俗民情、交易习惯等也不能忽视。只有把司法为民落实在具体的办案的每个环节中,才能取得息诉服判的效果。

2004年,一名聪慧漂亮的8岁女童,因阑尾炎住进某医院。这原本是个简单的手术,但却因麻醉过量而使女孩永远地离开了她的至爱亲朋。失女之痛无异于晴天霹雳,痛不欲生的父母将医院诉之法院,仅精神损害赔偿一项就高达200万元,远远超出了法律规定的赔偿限额。大概也是出于同情,一审法院支持原告诉讼80多万元,其中仅精神损害赔偿就高达35万元,当时创下国内精神损害赔偿之最。医院提出上诉后,亡女家人情绪异常激动,誓言如改判将以死抗争。一边是高悬的法律之剑,一边是丧女后失去理性的闹访,在情、法、理的抗衡中,唯有调解,别无选择。

家境殷实的亡女父母,痛失爱女给精神上带来了难以愈合的创伤,其精神损失是无法用金钱取代的。媒体的整版报道、家人的不依不饶,加大了案件审理的难度,特别是开庭审理时,因院方藏匿病历,导致医患双方矛盾不断升级。案件进入二审后,合议庭难以下判,就将案卷摆在了我的案头。3年多的时间,一次次耐心的调解和对亡女父母的精神抚慰,使他们随着岁月的流逝逐渐趋于理性。每当想起爱女,伤痛之时,家人就会来到我的办公室,以泪洗面,倾诉伤情。每一次接待,我都极具耐心地倾听并做疏导和安抚工作,并鼓励家人面对现实,走出痛苦,为新出生的儿子的健康成长翻开新生活的美好一页。在我晓之以理、动之以情的多次调解中,长达4年多的人身损害赔偿纠纷,终于在2009年新年钟声即将敲响之际有了一个理想答案:双方当事人在调解书上签字言和。

诠释此案,我感悟时间是最好的润滑剂,对待这类案件不能不考虑时机。虽然,一、二审的赔偿数额没有变化,但是结案方式不一样,取得的效果是截然不同的。因为是调解结案,所以一般不会引起涉诉上访加剧当事人之间的对立情绪,更重要的是不会因案件判决形成一个司法判例。作为一名法官,应当在熟悉法律规则的前提下,学会换位思考,培养仁厚善心,用自己的形象诠释法律的理性与公正。因为"司法为民"不能是空头支票,更重要的是行为兑付。

四、守望天平

乌鲁木齐市中级人民法院分管民事审判的副院长一干就是8年多,其承载的压力和重负曾使我产生退却思想。但是,工作中遇到的印象最深的两件事,用无言的行为,激励我继续前行,坚定了我守望天平的明志和恒心。

2007年深冬的一个清晨,雪花飞舞,寒风刺骨。上班后的我像平常一样与民庭庭长共商工作之事,不经意间抬头才发现,门边的沙发上安静地坐着一个穿戴严实的老太太,我很疑惑,因为记忆中没接待过这位老人。这时庭长问道:"您的案件都胜诉了,怎么还跑来找蒋院长?"老太太答道:"我找院长是表示谢意的。"我赶紧说:"您从未找过我呀,我并不知道您是哪个案件的当事人?"老太太径直走到我办公桌前,认真地说道:"我有个案件,邻居借了我的八千元钱不还还赖账,我把他告到法院。一审法院判我胜诉,对方坚持上诉。还威胁我说他和你关系很好。我当时想,这下可完了,现在谁不知道关系的厉害呀?在忐忑不安的3个月期待中终于等到了一份维持原判的公正判决书,虽然这之前我并没有找到你,判决书拿到后,我很激动,我认为法院是公正的,最重要的是你领导的法官好。所以,无论如何得当面感谢你。"

说着,老太太从怀里掏出一团卫生纸,包裹着两个类似参状的根茎物,并说:“你别怕,我知道好法官是不会接受别人的礼物的,我要送你的是两个三七花的根。你把它种在花盆里,来年春天它就会发芽开花,花开时很好看,还有淡淡的香味,愿你的生活像开花时那样漂亮,法院也像三七花那样清香!”

与众不同的表达方式令我惊诧和感动,顿时眼圈一红,伸出双手接过老太太的三七花的根,溢于言表。

当着老太太的面,我郑重地把三七花的根交给民庭庭长,发自内心的感慨与动情,常言道:“公平判决本来就是我们的天职,当事人却给了我们饱蘸深情的质朴表达与真挚谢意,这对我们法官是莫大的鞭策,你就把它放在民庭的会议室,每周五开会时,当看到三七花开时,千万别忘记老百姓对公正司法的评价和要求,让‘司法为民’与三七花同在,把人民满意根植于心。”

虽然,我至今也不知道老太太的姓名,但是她朴实真诚的话语却成为我与天平同行的座右铭。虽然,三七花最终未能如愿开花,但是老百姓对公平正义的期待之花却永远盛开在我的内心深处。

新疆有机化工厂因资不抵债进入破产程序,在发放职工经济补偿金时,早年离开该厂的一名职工在破产程序即将完结时,找到法院,请求发放经济补偿金。面对已核实并报财政批准的经济补偿金名单,怎么也找不到他的名字。当事人情绪激动地对我说:“不错,我是离开企业有一段时间了,但我为什么离开呢?就因为企业那时很困难,我是本着为企业减轻困难才主动离开的,说我不是厂里的职工,那是说不过去的。”从此后他就成了我办公室的座上客。

于是,我立即调取档案查看历史记载,全面了解了这个当事人的现状。这名当事人的家庭生活非常困难,家中还有晚期癌症患者,如不妥善处理他的经济补偿金问题,可能会引发不稳定因素。于是,下厂区,跑财政,找破产清算小组核查,让合议庭查找充分依据,费尽周折,在多方努力下,终于让这位情绪激动的破产企业职工如愿以偿。

经济补偿金下发不久,当事人再次来到我的办公室,把一纸袋恰恰瓜子放到我的办公桌上,坦言道:“就是一包不值钱的瓜子,确实为了表达感激之情,请您收下,瓜子最贵的是仁心,你就有这颗仁心。”

我心潮起伏地送走这名当事人,回到办公室才发现瓜子袋上还贴了一个纸条,上面写着:“蒋院长:真的很感谢,没有您为我的辛勤付出,我就拿不到救命的补偿金,瓜子虽小仁心重,请接受这份感激之情,我代表我们全家……”

朴实的语言和独具匠心的表达方式就像一颗石子投入平静的湖水,激起人民对法官公信力期望的层层涟漪。

事情已过去多年了,每每想起都历历在目。三七花根茎、一包瓜子,在一个倡行公道正义,为弱者呐喊的法官眼里有着多么重的分量啊!

一片仁心可对天,对于法官是如此重要。守住正义,守望天平,既是社会赋予的重任,更是对法的崇尚和无悔的追求。

五、身历心悟

美国学者哈罗德·伯尔曼在其名著《法律与宗教》一书中指出:“法律必须被信仰,否则它将形同虚设。”因为法律不仅是社会秩序的紧箍咒,也是约束公民行为的试金石,所以信仰法律是社会进步的标志。作为一个法律人的角色定位,不仅要秉持天平的衡定,还应要具有对法律的信仰,更重要的是法官的法治思维。30 年的法官生涯,让我在坎坷中经历了不平凡的岁月与历练,其中遇到的难题犹如哥德巴赫猜想,从中折射出司法公信力的根基就在于司法理念的境界。记得法国著名思想家卢梭说:“法律既不是铭刻在大理石上,也不是铭刻在铜表上,而是铭刻在公民的内心里。”从法律功能的本质去分析,法官作为法律舞台上的重要角色,应是气定神闲,不见褊狭,用自己的职业操守演绎着一个个身历心悟的法律故事。作为一名法官,令我最为崇尚的是对法治思维的培养。因为一个没有对法律持有尊崇和信仰的社会,是很难理直气壮地迈进法治社会的门槛。

我国著名学者江平老师曾经说过:“要实现真正的法治,重要的是法律理念。光有制度,缺乏理念是不行的。”长期的司法实践使我对江平老师的这番话感同身受。因为中国法官更多的是在熟悉法律规则的前提下,凭借司法经验居中裁判案件。法官的自由裁量权的行使,更多地取决于法官个人对于法条的理解和公平的衡量。但法治清明时代对法官的要求则更近乎对贤人政治的期许,因此,自我修炼、法治理念、法律方法、法治环境、法治教育构筑了培育法官法治思维的坚强堡垒。法官用现代法治理念诠释法律的理性与公正,更有利于促进法治环境的建设。正是基于对法律的信仰和对法官职业的尊崇,我在知天命之年有幸跨入香港城市大学攻读法学博士学位。在这所神圣的法学殿堂,我感知到了最前沿的法治思想和中西方结合的多元法律文化。

许多人不解地问我:“作为一名‘全国审判业务专家’和高级人民法院副院长,却还在自我加压,有这个必要吗?”其实到城大读博士对我而言,重要的不仅是获得一个博士学位,更重要的是对普通法系法律理念和法治思想以及研究方法的再认识和再体验。一个学期的学习时间如白驹过隙般飞逝,收获颇丰,感悟甚深。在东方之珠华美时尚的韵味之中,真实地品味着普通法与大陆法融合之下的香港法律的平衡之美,享受着法学巨擘带给我们冲破过去固有藩篱的国际法律视野与独具匠心的研究风范。在开拓思路与勤学苦读中,对法的内涵又赋予了前所未有的新的感知和理解。零距离亲历香港社会法治环境中的点点滴滴,用心感悟到法与社会秩序和公民法治理念与行为的丝丝入扣般的结果,使我对法律的精神、理念和信仰在此进一步得到升华。

虽然学习任务繁重,每天不辞辛苦地往返在住所与校园之间,还要承担着学术的全新重压,但是导师们严谨治学的精神和亲切的人文关怀,慰藉着我们痛并快乐着汲取法学知识的精华,倍感珍惜与不舍。在身历心悟中,我对天平的分量有了更重的敬畏,也对执著的追求信心百倍。

王贵国老师在《中国法官》代序中引用了苏轼的《和子由渑池怀旧》一诗做首言,描绘出一幅现代法官应追求的法治思想境界,激励我们在进取中不断求新。记住城大,感恩城大。风萧萧一肩霜雪,路漫漫不懈征程。我将不负众望,肩扛公平正义的天平,义无反顾,在人们敬慕的期许中,找到我人生的答案。

鲍爱武，女，1968年出生，汉族。1991年毕业于南开大学法律系，2001年获得大连海事大学国际经济法硕士学位，2004年获得美国天普大学（Temple University）LLM。曾先后在辽宁省法院经济庭、经二庭、民二庭、审监庭工作，长期从事民商事案件的审判、调研工作。是辽宁省审判专家、辽宁省社科联专家。现为辽宁省高级人民法院研究室副主任。2008年曾参加最高人民法院法官代表团赴德国参加中德法官研讨会。曾参与写作《反思与重构：经济法原理五论》、《案例评析与判案技巧——合同法案例点评》、《电子商务法教程》、《物流法律教程》等著作。2011年参与最高人民法院的重点调研课题《能动司法与社会管理创新研究》的写作。

办案二题

鲍爱武

这次到香港城市大学来学习普通法，是我第一次来到香港。所见所闻，在使我对香港有了较多的了解的同时，也促使我对从事了多年的审判工作进行了更多的反思。

一、翻译之功

我深感香港法官同内地的法官一样有使命感和奉献精神，但作为内地法官，我们在一个案件中的工作过程要再延长些，不仅要注重查清事实、适用法律，还会为当事人对案件的认同程度倾注心血。在旁听香港法官庭审时，看到有专职的翻译人员进行普通话、广东话和英文的翻译工作，在此我想用翻译作比，说说内陆法官的工作过程。

仔细想来，我们法官的审判工作和译员的翻译工作也有相通之处。审判工作不是一台自动售货机，把诉状和案件受理费放进去，判决书就自动送出来。恰恰相反，在错综复杂的事实和层层架构的法律面前，法官要反复推敲，慎重判断，要进行理解、转换、表达——从一纸诉状送进法院，到法官发出判决的过程，相当于把原码换成译码的工作，它其实就是一个法官呕心沥血的审判过程。

解构事实。我们裁判的标准是以事实为依据，以法律为准绳。所以法官面对的第一关是事实认定关。往往扑面而来的是当事人的讲述，大多讲述是时间、地点、人物组合而成的生动描述，a story，更有的如莎士比亚的戏剧，人物众多，情节跌宕起伏，极富历史感和命运感。法官在这一环节中的工作，就是把老百姓讲述意义上的事实翻译为裁判框架里所要求的法律意义上的事实。

对于事实的解构必须是提炼的、转换的、整合的。查事实是为了把它类型化地匹配于相关法律之中。老百姓口中的描述性事实还需整合，所以案件事实应是最贴近于可适用的法律的事实关键点的组合。例如在借款合同纠纷这一类型中，常见的事实关键点有借款期限、借款数额、利率、归还数额、尚欠数额、贷款人银行的扣息日期、银行发出催收通知的时间、签收催收通知的主体、债权转让的主体、债权转让的通知时间和方式……所以事实的解构应是以关节点为纲，在关节点确定以后，纲举目张，带起全案事实。一般来说，首先是把"白话"转换成法言法语，即把老百姓讲述的事实去粗取精，在内心形成一个初步的事实图像，建构起一个合情合理的、符合逻辑的动态"电影画面"。随后，应对法言法语进行再次升华，运用法律思维，给位于重要关节点的事实贴上标签，标明其法律含义。例如，对于加盖公章这一常见的行为，在不同情况下，有时可以翻译为承诺（如当事人在合同上盖章），有时为同意（如村民之间转让承包的土地，村委会在转让协议上盖章），也有时为追认（如已超过代理期限的代理人，在与相对人继续为法律行为时，委托人在相关法律协议书上的盖章）；又如，付款行为可以翻译为对合同的履行（比如买卖合同中给付货款的行为），也有时经过对案件事实的提炼和整合之后，在裁判框架里表示诉讼时效的中断（比如借款合同纠纷中，在借款合同到期后 2 年内，借款人向贷款人的还款行为）等等。经过翻译的事实，就像木匠打好的家具，环环相扣，榫卯合缝，放在那里稳稳当当，四脚落地，浑然一体。

事实的解构不仅有赖于法官对事实的总体把握和对法律的谙熟，也是对法官法律功底的考验。从繁杂的当事人事实里翻译出的内容越专业、越稳妥，这个案件的事实就愈清晰、愈确切。尽管其他法律人如律师，在代理活动中也会提出观点来完成这种法言法语的转换，但从一方当事人利益出发的这个角度，决定了它与法官以中立立场出发而对案件事实做出的解构不可比肩而语。具备这种把平常百姓话语系统里的法律文本转换成法律人话语系统里的语言的能力，是处理好案件的第一步。

解读法律。事实和法律是一对永恒的搭档，它们仿佛热恋中的一对，互相纠缠，须臾不分。不进行法律的适用，就确定不了事实；不确定案件事实，则不能进行法律适用。法律是尺，是矩，要用它来衡量事实，必须找到最正确、最适当的那把尺子。在这一对中，法律的品质是简单的、统一的、稳定的，而事实生活在现实社会之中，它本性缤纷多彩、变动不居，即使同类纠纷，甚或我们常说的"串案"（关联案件）也会呈现出多样而丰富的特性，更何况一些法律规定之间不可避免存在冲突、漏洞或者滞后之处。选出一把合适的尺子需要多方考量。如何以法律之不变适用于案件之万变，也是考验法官翻译功力的战场。

我们找法经常遇到的情况大体上有三种：其一，有法律；其二，没有法律；其三，有法律，但属于不确定概念。在第一种有法律的情况下，又分两种情况：第一是有一条法律。这种情况最为理想。我们要做的是考察它的适用范围有多大，是否能够包含本案事实，它的构成要件是什么，法律后果是什么。第二是一经检索，有多个法律规定可以适用于本案。这种情况比较多见。例如，关于人身损害赔偿问题，《民法通则》有规定，《消费者权益保护法》也有规定。此时应考查几个法律的位阶，按照特别法优于普通法、强行法优于任意法、例外规则排除一般规则等基本原则来选择适用法律。第二种情况是没有法律可以适用。这种情况并不鲜见。例如我们近期在审判中遇到的几个问题都未找到直接的法律规定：对反垄断法纵向垄断协议，是否适用举证责任倒置原则？农村自留地是否允许自由流转？交强险投保人在驾车肇事后有逃逸行为时，是否可以要求保险人向其支付其已付出的救助费用？……没有法律规则的情况叫做法律漏洞，此时我们应以类推适用、目的性扩张、反对解释、比较法方法等方式进行漏洞补充。因为法官不能拒绝裁判。第三种情况是有法律，但属于不确定概念。例如，法条中出现了"显失公平"、"合理期限"、"正当理由"、

“不合理危险”等规定。在这种情况下，我们应结合案件事实，论述这类概念是什么含义，即采用价值补充等方法使其具体化。

解读法律是一种全面的、综合的考量。除了法律本身，我们通常还需要考察上下位法之间的承继关系，新旧法的不同，立法本意，相关司法解释，最高人民法院的批复、判例、会议精神，立法动向，相关政策……学术界的观点也会给我们解读法律带来不可忽视的影响。在廓清相关法律条文中存在的矛盾、漏洞之后，得出可以适用于本案事实的法律精髓：这是一个地地道道的翻译过程——透彻地理解原文，随后综合运用对译、移位、增补、删除、保留等翻译技巧，再用标准的汉语表达出来。

优秀的法官可以翻译得合理合法，他们通常边翻译边思考，不断地进行逻辑判断，判断其基本逻辑和基本常识，务求把事实和法律对接得严丝合缝、滴水不漏。解读法律是一个发挥法官能动性的过程，对法律精神理解得越透，对社会生活了解得越深，就越能够脱离自发，越能够远离按图索骥、机械办案。

真是应了那句话：法官乃会说话的法律，法律乃沉默的法。

解答疑惑。由事实到法律，由法律到事实，经过多次整合之后产生出了判决。我们的这个底色是法律思维的成果充满了法言法语，老百姓能否看得懂，社会能否接受？因此在很多情况下，我们还需要把它逆向翻译回去，转换成通俗易懂、形象贴切的群众语言和平常思维，尽可能让老百姓听得清、看得懂，完成一个从小众走向大众的转化过程，即判后答疑。

一般来说，翻译要达到信、达、雅，就是要翻译正确，符合原文的意思；要通顺、晓畅，符合基本常识和基本逻辑；更高一些的要求，雅，是要语句优美，用词造句讲究，译出文采和意境来。信达雅的要求我们完全可以借用一下。我们讲给当事人听的时候，首先必须是准确的，不能误译；其次要符合他的接受习惯，按照他的思想和情绪，以他能听得懂、听得进的方式来翻译。有时直来直去、开门见山的直译不奏效，那么技巧性强一些的意译方法如比喻、互文、借代、婉说都可拿来一用。我们有很多法官在做当事人工作时或娓娓道来，或慷慨陈词，甚至说得当事人痛悔不已，落下眼泪。这些都是善于翻译的好法官。借助翻译之力，如果能说得听者动容，由衷信服，深感法院公正高效，是为民司法的好法院，那才是对法官的最高褒奖。

徒法不足以自行。法官诠释法律、适用法律、解答疑惑,在法律和当事人之间还有法官这道桥梁。没有生命的法律和活生生的当事人之间的距离或是千里迢迢,或是近在咫尺;百姓对法院的工作或是拒不接受,或是深切认同,很大程度上在于法官的工作。习近平总书记说,要让人民群众在每一个司法案件中都感受到公平正义,讲的也是让法律为老百姓带来伸手可及、可触可感的公正感。审理案件多年,在经历了奔涌而来的案件所带来的错综复杂的矛盾之后,不免对法官工作有了更深刻的认识和新的体悟。我想,我们裁判案件就像搞翻译,只有巧借翻译之力,放大翻译之功,才能放大法官在这个多彩的世界中所能有的作为。

二、规则之下,情理之中

裁判案件不可避免要遇到信访问题。它让每一个法官五味杂陈。我想聊聊产生信访的合理一面。

让我们先从一个假定出发。假定案件的裁判过程是在一个理想状态下运行:法律完备且上下位法布局合理,法律之间既无重叠也无漏洞;司法架构合理高效,审判权独立顺畅运行;法官法律素养深厚,审判经验丰富,品德高尚,熟悉社情民意;人民群众普遍得到良好的教育,具有成熟的公民心态,等等。假设我们就在这样完美的环境下进行了一个民事案件审理。我们都知道,案件事实在民事案件中往往呈现得并非泾渭分明、非此即彼、非黑即白,要确定案件的事实必须适用民事审判的证据规则即优势证据规则。在民事案件审理中往往出现这种情况,听甲方诉说,感到甲方有道理,再听乙方说,又感到应支持乙方。这是民事案件审理中的正常现象。只有在两造俱到,对证据进行全面地辩证地分析判断后,方能辨识出哪一方当事人的证据证明力处于优势。即使证据力只是51%,微弱地优于49%,他就应当胜诉。我们经常比喻裁判是一个天平,左右两边等重。其实哪边证据重了,裁判就会倒向哪边。优势证据规则让很多模棱两可、黑白不明的案件事实在规则的框架之下有了结论看,这就是它的意义所在。但是49%这方往往会倍感委屈。这不难理解,在情理之中。况且优势证据规则也有可能让案件的客观事实和案件呈现出来的事实背道而驰。

要作出判决,除查明案件的事实之外,在很多情况下还要判明当事人双方责任的轻重,有时会出现划分责任比例的情形,比如当事人双方三七比例分担责任。但责任分担为什么是三七而不是四六?很多时候法官经过缜密心路历程作出的判决,未必能够得到当事人的认同。从不同的角度看待一个事物,会摄取到它的不同面貌。角度决定观点。当事人尤其是败诉方,并没有义务从中立的角度看待案件。没得到法官支持那一方可能会对裁判有不满。这亦在情理之中。

理想状态下的、全然处于规则之下的裁判,尚且会引起当事人的不认同感,何况我们并不生活在真空里,我们并不在真空里裁判。

我想到了电影《唐山大地震》中的一个情节。救援人员发现主人公方登和她的弟弟同时被一块楼板压住了,很难施救。救了这个伤及那个,救了那个这个必不能保,只能二中选一;如不选择,救援人员马上去另一个废墟救援,两个孩子都将失去生存的机会。此情此景,其他人可以绕开,主人公方登的母亲却无法逃避。这让母亲如何选择——这就是规则。方登目前选择了救弟弟。后来方登侥幸没有遇难。楼板压过来虽然没有压灭她的生命,但是压得她几十年郁郁寡欢,梦魔连连。对地震的惊恐、对母亲的幽怨、对弟弟的嫉妒,让她无法释怀。她就一直生活在这些重负中。方登的幽怨可以理解。我也很理解方登母亲的困境,处在那个关头她必须做出选择,做出裁判。她作出的任何一种决定都有她的道理,我们都可以理解。

如果方登不走出那个梦魔,仍然背负着那个重负,她将无法找到未来的快乐。忽然想到在美国大学的录取季,各个大学的录取信(或拒绝信)各有千秋,颇有趣味。斯坦福大学的是:“你没有被录取。不要打电话来询问。所有的决定都是最终决定,不可能更改。”不觉又想起那句名言:不是因为我的判决是正确的,它才是终局的;恰恰相反,因为我的判决是终局的,所以它才是正确的。

图书在版编目(CIP)数据

中国法官　第二辑 / 王贵国主编. —北京:法律出版社,2017.1
ISBN 978 - 7 - 5118 - 7394 - 1

Ⅰ. ①中… Ⅱ. ①王… Ⅲ. ①法官—工作概况—中国 Ⅳ. ①D926.17

中国版本图书馆 CIP 数据核字(2014)第 302457 号

中国法官　第二辑 | 王贵国 主编 | 责任编辑 黄琳佳
装帧设计 李　瞻

开本 720 毫米×960 毫米　1/16　　**印张** 20　**字数** 292 千
版本 2017 年 1 月第 1 版　　**印次** 2017 年 1 月第 1 次印刷
出版 法律出版社　　**编辑统筹** 学术·对外出版分社
总发行 中国法律图书有限公司　　**经销** 新华书店
印刷 北京嘉恒彩色印刷有限责任公司　　**责任印制** 陶　松

法律出版社/北京市丰台区莲花池西里 7 号(100073)
电子邮件/info@ lawpress. com. cn　　销售热线/010 - 63939792/9779
网址/www. lawpress. com. cn　　咨询电话/010 - 63939796

中国法律图书有限公司/北京市丰台区莲花池西里 7 号(100073)
全国各地中法图分、子公司电话:
第一法律书店/010 - 63939781/9782　　西安分公司/029 - 85388843
重庆公司/023 - 65382816/2908　　上海公司/021 - 62071010/1636
北京分公司/010 - 62534456　　深圳公司/0755 - 83072995

书号:ISBN 978 - 7 - 5118 - 7394 - 1　　**定价**:80.00 元
(如有缺页或倒装,中国法律图书有限公司负责退换)